医学生职业生涯规划与发展

唐闻捷　王占岳　主编

ZHEJIANG UNIVERSITY PRESS
浙江大学出版社

编　委　会

前　言

一个人若是看不到未来，就掌握不了现在；一个人若是掌握不了现在，就看不到未来。这两句话说明职业生涯规划的本质和精髓。当今社会每个个体都被安置在不同的岗位、职业角色中，经历着不同的起起落落和悲欢离合，人们也开始越来越关注自己的职业发展、职业健康和职业生涯，希望自己走得高、走得远、走得精彩……而为了让大学生更好地踏上自己的职业道路，国内高校也越来越重视学生职业生涯规划教育，不少职业生涯规划书籍进入了大学生的视野，帮助同学们"拨开迷雾"认识自我、探索世界、抉择发展、做出规划。但是综观国内职业生涯规划领域，大多数书籍都是"大一统"地针对所有专业的学生，殊不知，如今的职业社会已经非常专业化，不同职业的发展方式、专业技能要求、职业环境却是天差地别，已有的书籍在针对性上就显得有些欠缺了。随着社会经济的发展，人们对健康的需求发生了变化，医疗卫生行业呈现出自己的规律和特点，但是国内专门用于指导医学生职业生涯规划和发展的书籍却十分稀缺，于是本书便应运而生了。

本书的特点主要有以下几个方面：

一、面向医学人才，有很强的针对性。

本书对以往的职业生涯规划的教学模式进行了改革，在实施职业生涯规划教育遵循共性与个性相结合、阶段性与持续性相结合、以医学生为主体的原则，特别注意针对不同专业、层次、阶段的医学生，提出了不同的指导意见和建议。

二、理论联系实际，有较强的可操作性。

编者们在编写的过程中努力摈弃晦涩的理论阐述，注意理论和实际的结合。通过案例讨论、课程知识和拓展阅读等方式来增强可读性和趣味性；通过案例、测量量表等工具来增强教材的实用性和可操作性。

三、紧扣时代脉搏，体现医学人文性。

随着医疗模式由传统的"生物医学模式"向"生物—心理—社会医学模式"的转变，医院的服务理念也从"单一解决临床问题"向"更加注重人文关怀"转变。医疗工作者在具备专业知识和技能的同时，也要注意从道德情操、沟通交往、批判思维等方面来提高自己的认识。本书在医学生职业生涯规划过程中，注意把思想教育的引导和文化情感激发切实地结合起来，以此来提高医生的人文修养。

本书共有八章，由唐闻捷、王占岳担任主编，陈金锋、许慧清、吴蕾蕾、郑节霞、陈乃车担任副主编。全书各章节编写分工如下：第一章许慧清，第二章郑节霞、梅思佳，第三章吴蕾蕾、林虹，第四章彭红雷、肖云泽，第五章管素叶，第六章周烁、陈小英，第七章何碧如，第八章陈金锋。

在本书的编写过程中，我们参阅了国内外学者关于大学生职业生涯规划、心理学等相关方面的著作和论文，并引用了一些资料。温州医科大学附属第一医院副院长潘景业教授，温州医科大学附属第二医院副院长、第二临床医学院院长李昌崇教授在百忙之中抽出时间审阅了我们的文稿，并提出了宝贵的意见，中国工商银行温州分行也给我们提供了很大的帮助，在此，我们一并表示衷心的感谢！

这是一本写给医学院校大学生看的书，也是写给关心大学生、医学生职业成长的家长和教育工作者看的书。我们真诚地希望此书能够帮助同学们更好地认识自我、探索工作世界、规划大学生活，为将来走出学校，穿上神圣的白大褂，为广大人民的健康福祉贡献自己应有的力量做好准备。我们也希望有更多的人能与我们一起投身于医学生职业生涯规划教育的工作中，一起来关注医学生的职业发展。

鉴于我国高校开展职业生涯规划类课程的时间还很短，经验、案例积累都还欠缺，加上编写时间较为仓促，多数作者日常教学、管理任务繁重，因此本教材疏漏难免，欢迎广大师生在阅读、使用过程中对教材的不足之处提出宝贵意见和建议，以便今后进一步修订、完善。

本书编委会

2013 年 5 月 23 日

目　　录

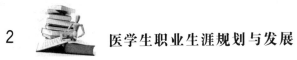

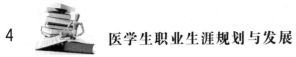

第一章 绪 论

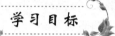

学习目标

1. 了解当代医学职业发展与就业的时代背景。
2. 初步了解医学职业生涯的特性。
3. 正确理解当代医学生开展职业生涯规划的重要意义。

 案例分析

小林医生辞职引发的思考

内科医生小林最近做出了一个惊人决定:辞职不干了! 他准备下海去从事医药推销工作。

一个人要成为一名医生是要经历非常艰辛的长期的学习和实践的。一般而言,品学兼优的高中生才有机会报考医学院校。多年来,医学院校的高考录取分数线在同批次招生中总是以高分胜出的。更何况,医学学制五年,比普通本科多一年时间。期间医学生历经见习期和实习期,尤其是实习期间更是紧跟老师身边,加班加点,通宵夜战,从临床一线摸爬滚打,才能掌握基本的临床技能。医学院校本科毕业再加上同样艰辛的三年研究生学习,经过职业医师考核获取职业医师资格证书,终于走上医生工作岗位的小林已经工作两年多了。他的这个决定是出人意料的:内科医生辞职,去从事医药推销工作,工作虽然与临床医学专业相关,但是药品推销成为他的主要职业!

【讨论】

1. 为什么他要改行呢? 改行之后的他是否实现了自己的愿望了呢?
2. 你认为学习临床医学专业,以后一定会从事医生职业吗?

请开展一个调查,某一届临床医学专业的毕业生中有多少人不再从事医生职业了,是什么原因引起的?

第一节 医学职业发展的时代背景

卫生事业是国家社会经济发展的重要组成部分,与人民群众的健康息息相关。医学人才是卫生事业的第一资源,医学教育是卫生人才队伍建设的重要保障。全面提升医药卫生人才培养质量,探索具有特色医学教育发展道路,是医学教育事业改革与发展的中心任务之一。医疗体制改革对医学人才的需求体现在以下几个方面。

一、医疗卫生体制改革是保障人民健康权需求的体现

医学是一门"健康所系、性命相托"的重要学科。医药卫生事业关系到亿万人民的健康,关系千家万户的幸福,是重大民生问题。深化医药卫生体制改革,加快医药卫生事业发展,适应人民群众日益增长的医药卫生需求,不断提高人民群众健康素质,是贯彻落实科学发展观、促进社会经济全面协调可持续发展的必然要求,是维护社会公平正义、提高人民生活质量的重要举措,更是全面建设小康社会和构建社会主义和谐社会的一项重大任务。

2009 年 4 月,中共中央、国务院出台了《关于深化医药卫生体制改革的意见》以及《2009－2011 年深化医药卫生体制改革实施方案》。医改的总体目标是建立覆盖城乡居民的基本医疗卫生服务制度,为人民群众提供安全、有效、方便、价廉的医疗卫生服务。让百姓无病防病,有病能看得上病、看得起病、看得好病。当前,卫生事业进入了一个重要的改革发展时期。深化医疗卫生体制改革是保障全民健康的重大实践行动,也是协调推进社会经济建设、扩大内需的重大发展工程。2009 年以来,医药卫生体制改革已初见成效:卫生事业财政投入力度不断加大,个人卫生支出在卫生总费用中所占比重连续下降;基本医疗保障面大幅扩大,全民基本医保覆盖了全国 95％左右的人口;基本公共卫生服务均等化取得新进展,国家基本公共卫生服务项目、重大公共卫生服务行动在全国范围内开展;基层医疗卫生服务能力明显增强,2000 多个县级医院和 3 万多个基层医疗卫生服务机构得到改造建设,以全科医生为重点的基层医疗卫生队伍建设规划正在启动实施。随着医药卫生体制改革的发展以及社会对医学人才的需求,当前医学教育工作的重要性日趋突显。

二、医学人才的培养是医疗卫生体制改革成功的关键

随着医药卫生体制改革的深入,一些结构性问题日益凸显,其中医药卫生人才队伍建设滞后的问题尤为突出,已成为深化医改的重要制约因素。目前,我国卫生人才队伍建设存在着突出问题:首先是卫生人才总量不足。与欧美等发达国家相比,我国每千人口执业医师数、注册护士数还有较大差距,仅与中等收入国家接近。其次,卫生人才素质和能力有待提高。据调查,2010 年,中国农村卫生技术人员中,具有本科及以上学历的人员仅占 14.3％,具有高级专业技术职称的人员仅占 3.9％。在许多乡镇卫生院,可胜任医疗卫生服务工作的人员严重缺乏,一些正常业务工作不能得以开展,所配置的一些医疗设备也不能充分发挥效益,农村卫生队伍尤其薄弱。再者,卫生人才结构和分布尚不合理,人员分布的城乡、区域差别明显。同时与医学教育和人才培养相关的政策环境有待进一步完善,尤其是吸引和稳定基层卫生人才的保障措施亟待加强。如何与医药卫生体制改革紧密结合,推动医学教育改革,为我国医药卫生体制改革和医药卫生事业发展提供坚定的人才保证,意义重大。全面有效地推动新医改工作,其中一个重要的环节和前提是必须建立一支数量足够、定位准确的医疗卫生队伍,培养符合新时期我国卫生事业改革要求的医务工作者。医学生是卫生事业发展的生力军,是卫生事业发展的希望和未来,作为后备人才,也是推动医学发展和进步的源动力。

三、合理配置医学人才是推进医疗卫生体制改革的重要路径

新医改政策明确指出,要制定优惠政策,鼓励优秀卫生人才到农村、城市社区和中西部地区服务。对长期在城乡基层工作的卫生技术人员在职称晋升、业务培训、待遇政策等方面给予适当倾斜。中小型医院及乡镇卫生院与城市社区卫生机构将会一定程度地缓解大医院人员冗余的现况。在良好待遇的基础上,在中小型医院工作或许会得到更大的展示空间,这也成为医学生就业选择时值得考虑的一个方向。基层医疗卫生事业大有希望,医学生在基层、在农村大有作为。而现实情况是我国农村和社区所需的医学人才明显不足,高素质的医学人才更为缺乏,我国医学生就业形势逐年严峻,就业率呈逐年下降趋势。这就需要我们开展医学生职业生涯辅导,帮助医学生根据中国卫生国情的需要,制定合理的职业生涯目标和途径,最大限度地实现个体与用人单位的双赢,使国家社会资源、人力资源得到优化配置与合理利用。

深化医药改革强调,要构建健康和谐的医患关系。加强医德医风建设,重视医务工作者人文素养培养和职业素质教育,大力弘扬救死扶伤精神。医学生在埋头书本、苦学专业课程的同时,更应重视养成良好的医德风尚并增强自身的社会责任感。高尚的医德情操是医务工作者努力学习、勤奋工作、追求真理、发展科学的积极促进力量。它能激励医务工作者为解除患者疾病而积极思考、刻苦钻研和忘我劳动,使医疗卫生工作更好地为人民服务。新医改政策将使医学类毕业生的就业方向发生变化,城市重点补充社区,农村重点补充乡镇,整个医学生就业重心将下移到基层,基层医院将成为近几年接收毕业生的主力。

拓展阅读

以全科医生为重点加快培养高质量医药卫生人才
为提高全民健康水平提供有力保障[①]

新中国成立以来,我国建立了较为完备的医学教育体系,培养了大批高素质医药卫生人才。改革开放以来,我国医学教育事业得到了进一步的发展与进步。随着经济社会的发展,人民群众对医疗卫生服务的期待与要求越来越高,而高素质医药卫生人才是满足人民期待与要求的重要保障。如何从国情出发,紧扣需求,尊重规律,以用为本,借鉴国际有益经验,建设由院校教育、毕业后教育和继续教育所组成的中国特色医学教育体系,创新人才培养模式,提高医药卫生人才培养质量,是贯彻落实国家中长期教育和人才规划纲要的重要任务。

国家中长期教育、人才规划纲要对教育和人才优先发展、深化改革作出了战略部署。国家中长期教育规划纲要确立了终身教育体系的发展目标。2005年,教育部、卫生部就成立了医学教育宏观管理部际协调机制,针对医学教育改革发展,支持卫生事业改革发展等重大问题定期进行沟通与磋商,相互支持与配合,取得了明显成效。一些省市也相继建立了教育厅(局)和卫生厅(局)之间的协调机制,收到了很好的效果。医改启动实施以来,两部合作更加密切,2010年10月,教育部、卫生部联合下发了《关于共建部属高校医学院(部、中心)的意

见》，决定首批共建10所部属高校医学院，出台了5个方面10项内容的具体措施，目前已初见成效。两部还将开展与省级地方政府共建地方医学院校试点，强化医学教育的国家整体规划。现在，教育部会同我部决定共同实施临床医学教育综合改革方案和卓越医生教育培养计划，规范医学类专业办学，推进院校医学教育改革发展，培养优秀医学毕业生，建立全科医生制度和住院医师规范化培训制度，为合格医师的培养明确了规范的路径。教育部、卫生部两部的协同努力既体现了医学教育改革发展与卫生事业改革发展的紧密结合，也体现了院校教育、毕业后教育、继续教育一体化系统建设的整体考虑。国家中长期人才发展规划纲要将全民健康保障工程列为12项重大人才工程之一，把临床医学、公共卫生、护理、药师等专业人才列为社会发展重点领域急需紧缺人才范畴，提出了具体的发展目标。上述战略安排凸显了高质量医药卫生人才培养的重要性和紧迫性，也为医学教育改革与发展明确了奋斗方向，教育部、卫生部相关工作安排体现了教改与医改的有机衔接。

建立全科医生制度是推进医学教育改革、加快高质量医药卫生人才培养的重要举措。2010年，国际著名的医学杂志《柳叶刀》发表了国际上20位著名医学教育家联合撰写的《新世纪医学卫生人才培养：在相互依存的世界，为加强卫生系统而改革医学教育》，文章总结过去百年的医学教育经验，展望未来百年的医学教育变革。100年前美国《普莱斯顿法案》推动科学融入医学体系，促进近代医学的发展。当前，医学正酝酿着新的革命，其引领变革主要基于社区的健康促进工作。全科医生培养制度的建立和实施，已经成为这场新变革的核心。全科医生是一类重要的复合型医学人才，主要在基层承担预防保健、常见病与多发病诊疗和转诊、病人康复和慢病及健康管理等一体化服务，被称为居民健康的"守门人"。其培养目标要求职业操守、人文素养、学科综合、实践能力等多方面素质能力要素有机融合。全科医生国内外医疗卫生实践表明，能否培养大批合格的全科医生，建立以全科医生为核心的基层卫生服务团队，提供以预防为主、防治结合为特征的基层卫生服务，形成基层首诊、双向转诊、上下协作的医疗卫生服务体系，将直接关系到重大疾病的有效防控、人民群众健康水平的提高和医疗费用的合理控制，真正体现中国特色社会主义卫生事业的公益性。目前，在我国，合格的全科医生十分匮乏，注册全科医疗科的执业医师仅有8万余名，占执业医师总数的4.3%。在重视基层卫生的国家和地区，全科医生一般可占到医师总数的1/3甚至1/2以上。2011年7月，国务院印发了《关于建立全科医生制度的指导意见》（以下简称《指导意见》），对建立中国特色全科医生制度作出了全方位的顶层设计，要求"到2020年基本实现城乡每万名居民有2～3名合格的全科医生，基本适应群众基本医疗卫生服务需求"。我们要充分认识建立全科医生制度的重要意义，把大力培养合格全科医生，作为当前和今后相当长的时期我国医学教育和卫生人才队伍建设的重大任务，各地、各有关部门要高度重视这一任务的有效落实，为其提供充足的财力、物力、政策等资源保障。

第二节　医学职业生涯的特殊性

一、医学职业生涯的长期性

医药卫生人才的培养非一朝一夕所能完成，更不可能一蹴而就，而是一项长期性的工作。

（一）医学教育学制的趋长性

医学作为生命科学的一部分，分科越来越细，知识量大，由此形成医学教育课程多、课时量大、学制长等特点。国内医学学制 3～8 年不等，国外医学生要想就业，学习时间普遍比其他专业学习时间要长得多。世界高等医学教育发展趋势就是长学制教育。我国卫生部和教育部 2001 年 7 月联合颁布的《中国医学教育改革和发展纲要》也明确提出高等医学教育在坚持现有学制的基础上，逐步扩大长学制教育。而医学教育是精英教育，一名医学临床工作者的成长道路是漫长的，医学的本科教育只能算是从业的启蒙。

（二）从业后成长的周期长

医务工作者除应掌握扎实的医学基础理论和系统的基本知识外，还须兼备丰富的专业医疗工作经验和熟练的医疗操作技术，才能解决复杂疑难的重大医疗技术问题并开展科研。医务工作者成长过程大概需要十年甚至几十年的时间，一份研究诺贝尔物理、化学及医学奖获得者年龄分布的资料，显示了医学职业的晚熟性。26～30 岁，物理、化学奖获奖人数分别占本项获得者的 16.2%、10.9%，而医学奖人数仅占该项获奖者的 5.8%，36～40 岁，物理奖为 12.6%，化学奖为 22.1%，医学奖高达 33%。综合分析显示诺贝尔医学奖获得者取得成果的最佳年龄区在 31～45 岁，占获奖者的 65.1%。总之，由于医学实践性强，医务工作者的成长过程具有晚熟性，职业成就短期不明显，往往随着医务工作者年龄、经验和资历的增长职业成就才能有所体现。

（三）技术知识更新快，需终身学习

知识经济时代，知识每五年更新一次，科学技术的快速发展推动医疗设备、技术不断更新，医疗工作也逐渐向数字化、信息化转变，再加上各个医学学科之间不断相互交叉、彼此渗透以及边缘学科的不断兴起，使得医务工作者的工作与以前相比发生了很大的变化。新时期医务工作者不但应具有扎实的医学专业知识、良好的外语水平，而且还要有一定的人文、社会科学知识，才能适应现代医学的生物—心理—社会模式。为了提高业务素质和职位竞争能力，医务工作者在工作之余必须紧跟医学前沿，不断地学习深造，进行继续医学教育，与时俱进地更新自身的知识结构，不断提高医疗技术水平和业务能力，才能增强综合能力。

二、医学职业生涯的艰巨性

（一）医学职业生涯的专业性强

医学是一门专业性很强的学科，就是医学内部的不同学科也有很大不同。因而也注定了医生是一个具有较强专业理论基础及技术水平的职业。

由于任何医疗行为都关系到人的生命安全，注定了医务工作是一项专业性强、难度高的职业。只有受过正规的医学教育并获得执业资格的人，才能从事医疗服务。医务工作的难度高主要指医疗工作专业分工日趋精细，对医务工作者的素质要求越来越高。同时，患者的医学知识匮乏、期望值过高、医疗保险不完善以及医疗费用高昂等问题也增加了医务工作者的工作难度。卫生医疗行业有严格的人才准入制度。《中华人民共和国职业医师法》、《中华人民共和国护士管理条例》、卫生专业技术资格考试、国家执业医师资格考试、国家执业药师资格考试等对卫生医疗行业的人才准入都做了严格的要求。

（二）医学职业生涯风险性大

虽然现代医学发展突飞猛进，但未攻克的难题仍然很多，加之存在个体差异，医生不可能在短暂的诊疗中全面了解病情，很多诊断与治疗方法都是具有探索性的，所以治疗过程中难免有无法预料或不能防范的不良后果。即使同一疾病在不同的患者身上也可能有不同的诊治结果，医务工作者必须面对患者的病痛或死亡，但生命对于每个人而言只有一次，作为承担拯救生命重任的医务工作者，他们从开始从事医疗工作的第一天起，就承担了不可预知结果的风险。

（三）医务工作者的职业劳动具有复杂性

医学的研究对象是人，而不是其他的客观存在的现象。人有其特殊的社会属性，是有自主意识的社会动物。机体的生理代谢指标虽然有一个稳定的界限范围，但是其机体的生理活动却是动态的、变化的，并且这些变化随时都受到自身心理状态、情绪、社会环境、主观意识的影响和制约。心理状态可以直接、间接地影响生理功能；而心理状态是他人无法把握的。即使可以作心理测试，但是由于受文化程度、社会经历、遗传等因素的影响，人们对事物的认识水平各异，同样的心理刺激，各自的心理应激也可能会千差万别。因此，人的疾病发生、发展，每个人对疾病的态度与其社会环境、地位、性格特征、经济文化水平等息息相关。也正因为如此，同年龄、甚至一母同胞的人，由于社会地位、生活环境不同，即便患同样的疾病，也可能表现出不尽相同的症状体征。这些显而易见的特殊性，极大地增加了医学科研乃至整个医疗工作的复杂性。

（四）医务工作者的职业劳动强度性高

医务工作者除了要进行具体的诊断、治疗等工作外，还需要花费大量时间去书写医疗实践记录和与患者及其家属交流沟通，教学医院的医务工作者还承担理论讲课和实践带教任务。此外，由于医疗过程的连续性和应急的工作性质，医务工作者必须经常超负荷工作，工作时间较长且工作时间不固定，学习与休息时间少。

三、医生职业生涯的人文性

医学是认识人类生命活动规律、保护和加强人类健康、预防和治疗疾病的科学体系和知识活动。一方面医学是一个科学系统，具有显著的自然科学性质；另一方面，医学不仅仅是一门自然科学，它的研究对象是人，关乎人的生命、健康，直接影响社会的生活方式和质量，更是包容人类社会多种价值观的综合体。它渗透人文与科技、道德生活与商业运作、世俗关注与终极关怀的各个层面，表达着人性、知性、理性的深刻关系，它在本质上是人学，因此，具有显著的人文科学性质。

就医学本质而言，它是以人、人的生命、人的健康为服务对象，以"向善"为基本原则，以"治病救人，实行革命的人道主义"为根本宗旨，其本质为人性化的医疗，是对人的尊重，对人的关怀，对生命和健康的珍爱，是奠基于人文、科学、哲学的学问。这就决定医学生职业生涯的人文性。古今中外的历史也表明，大凡思想圣洁、德高望重之医家，无不具有丰厚的医学人文修养。医生的人文修养决定其价值观，在社会主义市场经济的大潮中，医生的价值观、职业道德时刻受到正反两方面的影响和冲击。具有良好人文素养的人往往善于选择和坚持正确的价值观念，因而在真善美与假恶丑的比较方面更具鉴别力。对医院中的某些不良行为，只有把它放到灿烂的人文背景下去比较，才会真正感受到它的污秽和卑劣，从而促成

医务工作者价值观念的矫正和自律意识的增强。

 **拓展阅读**

外科医生钱大夫忙碌的一天①

钱证，男，32岁，上海某综合医院的外科医生。外科大夫钱证说，并非他不愿意去体会病人的感受，而是他已经累得没有精力和时间了。

"嘟嘟嘟嘟……"

一串闹铃把钱证从睡梦里拖了出来，他睁开眼睛，深吸了口气，然后摸到眼镜，看了一眼闹钟——"好不容易睡足6个钟头"。

这是早上5点45分，外科大夫钱证每天的闹铃时间，他几乎每天都是半夜12点入睡，这个时候醒来。简单梳洗一下，钱证背着包出门了，工作6年来，他的早餐都是在路上吃完的。

6点45分的马路上，晨练的老人和背着书包的学童正在赶路。此时的钱证已经换上白大褂，走在前往外科病房的通道上。走道上一些临时床位的病人早已醒来，陪夜的家属们正忙着进进出出。"哪里有点痛？""昨天吃过什么东西？""小便正常吗？"

早晨的例行查房只有半个多小时，钱证要把这些问题重复15遍，分摊到每个病人头上只有2～3分钟。要提高效率，钱证一直在改变自己的提问方式，不能问"今天感觉怎么样？"这样太虚，问题要越具体越好。钱证说，术后最担心的是病人出现并发症，这是医生难以预料的，但家属不一定因此原谅大夫，这对每个外科医生来说都是悬在头上的一把刀子。

钱证的脑子里除了要装下这十几个病人，还要准备8点之后的几台手术。

7点半到8点，两个班头的医生交接。8点准备手术。钱证给记者看了一份他们科室一周工作的排班表，一周5天的手术都是全满。钱证说，一直以来，病患都愿意选择大型综合医院，即便许多手术二级医院也能做。这种情况导致了外科的床位永远是满载状态，出院一拨，又进来一拨。

钱证说自己就像在轮子上转，一刻不停。工作6年来，钱证没有休过一天年假，基本上是两周才能休息一天，值班表排得满满的。

一台手术通常需要2～3个小时，期间医生不进食也不喝水。钱证说，因为状态必须要高度集中，喝水这样的细节都被忽略了。做完一台后紧接着是第二台，钱证说，两台手术之间基本没有休息的时间，一直都得站着。

午饭对钱证来说就像奢侈品，一个星期能吃上几次就不错了。如果一台手术的跨度正好在中午时间，那就只好错过午饭了，连吃几口点心的时间也没有。

当然，也有大的手术需要更长的时间，钱证做过最长的手术超过12个小时。第二天也没有休息，还得接着上班。

凭借影视作品，我们这些非医务工作者也大约能想象出医生的手术状态。但钱证却说，手术并不是最累的，每天手术结束后，他就得和第二天的手术病人、家属谈话，沟通，让对方

① 摘自解放网——新闻晨报（上海）。

签字。钱证一再说,这件事其实最费心力。

因为沟通不畅,家属很可能会责备,乃至谩骂医生,吹胡子瞪眼经常发生。

外科大夫有时也要去门诊坐班,上午要接待差不多 60 个病例,钱证说他的动作快,一个下午接待 100 个病人没问题。

下班回家,对钱证来说不是一天的结束,而是另一个开始。他得复习迎考,为了评职称,钱证一面要争取在国外发表论文,一面还要考博士。"还想在这行干下去,这几步路少不了。"钱证无奈地说。

钱证的太太也是一名医生,每天晚上,小两口不是伏在桌子上写东西,就是躺在床上看书,一个看外科,一个看内科,一直到深夜。

钱证的排班表:

06:45—07:30	查房,10~15 个床位;
07:30—08:00	和值班医生交接班;
08:30—15:00	手术三台;
15:00—17:00	次日手术预谈、随访。

这是钱证一天正常工作的排班表,前提是没有大手术。医院还有 24 小时值班,每隔 4 天一次,值班后的第二天还得照常 6:45 开始查房、手术。钱证说他平均每 2 周休息一天。

第三节　医学生职业生涯规划的重要性

无论是已经进入社会谋职还是仍在校的医学生,每个人都渴望成功。然而,并非人人都能如愿以偿。如今的社会发展突飞猛进,以至人们很难预料长久的未来会怎样,更难预料经历很多事情后自己会发生哪些变化。"凡事预则立,不预则废"。良好的职业生涯规划可以帮助人们充分地认识自己,客观地分析环境,科学地树立目标,正确地选择职业;也可以帮助人们运用适当的方法,采取有效的措施,克服职业生涯中的险阻,避免人生陷阱,从而获得事业的成功。

所谓"职业生涯规划",是指个人结合自身情况、眼前机遇和制约因素,为自己确立职业方向、职业目标,选择职业道路,确定教育计划、发展计划,为实现职业生涯的目标确定行动时间和行动方案。职业生涯规划对医学高等院校的大学生而言,就是在考虑自身兴趣、爱好的前提下,认真分析个人的性格特征,结合自己的专业特长和知识结构,对将来所从事工作做方向性方案。作为医学高等院校的大学生,通过职业生涯规划可以促使自己在全面、深入地分析和了解自我的基础上,制订出明确的职业目标,并且在职业目标的引领下,充分、合理地利用大学时光,提高职业素质,构建、优化知识结构。它不仅可以提高大学生求职时的竞争力,也可以使大学时期的投入实现效益最大化。

一、开展医学生职业生涯规划,拓展医学生的就业途径

医学本科生因其高度的专业性,就业去向相对单一。大多数医学生都在医院就业。产生这种就业去向单一的原因是在医院就业一方面专业非常对口,另一方面也具备了区别于

其他专业的不可替代性。专业的不可替代性让他们今后工作的技术含量高,职业发展路线明确(职称的评定),工作必然相对稳定。正因为固守这种观念,从而导致医学生的就业无法走多元路线。同时与医学院校实习培养形式有一定关系。因医学院校本科生的实习地点只有医院,学生通过在医院的实习得到了实践能力的训练,同时也确立了自己就业的理想对象——医院。然而,这种一元化的实习形式,缩小了学生的就业视野,减少了学生与医院以外的医疗卫生相关单位的接触机会,进而使医学生的就业面大受影响。这就需要医学生职业生涯规划,对医学进行相关专业的职业培训和必要的就业指导,引导他们向非公有制医疗机构及医学相关行业,如健康、保健、康复、咨询、保险业或基层就业。在引导毕业生到基层就业的同时应加强毕业生的理想信念教育,帮助毕业生正确处理个人价值和社会责任之间的关系,将个人的发展目标和整个国家、社会的需要紧密结合,逐步树立与经济和社会发展相适应的崭新就业观,化不利因素为有利因素,顺利完成就业。

二、开展医学生职业生涯规划,正确处理医学职业的流动性

随着新一轮医药卫生体制改革序幕的拉开,特别是 2009 年 4 月《中共中央国务院关于深化医药卫生体制改革的意见》的出台,提出"稳步推动医务工作者的合理流动,为促进不同医疗机构之间人才的纵向和横向交流,研究探索注册医师多点执业",意味着在新医改视角下,我国医学人才将由单位人逐步转变为社会人,多点执业和医学人才的流动势在必行。医生职业的流动性乃大势所趋,是医疗资源的自我优化过程,是时代发展、社会主义市场经济发展的必然产物。

合理医学人才流动是实现医学与政治、经济、文化和社会全面协调可持续发展的客观要求,也是消除当前我国公立医院医学人才流动过程中存在的"趋市"、"趋利"现象的必然选择。合理的医学人才流动既要使医学人才充分地流动起来,又要认真考虑人才流动的效率性与公平性,做到"人尽其才、才尽其用",将医学人才的个人发展与我国医疗卫生事业的发展需要有机统一。这就需要对医学生职业生涯进行规划,以保证医学人才流动的合理性。

三、开展医学生职业生涯规划,提高医学人才在职期间的成就感

(一)现代医学发展对医学人才要求高

现代社会对医生的要求,不仅要求其掌握高端先进的医疗技术水平,也要求其具有创新开拓能力,身心健康、德才兼备、视野开拓,且能融洽地与患者沟通与交流,为人类健康服务。培养社会需要的医学人才,必须全面培养和提高医学生的综合素质,包括加强医学人文素质培养;转变教学观念和方法;加强社会实践,培养自主学习能力,培养创新能力;培养良好的人际沟通能力等现代临床医学,要求医生的临床诊断正确、及时、全面,治疗方法合理、有效、彻底,安全措施严密、稳妥、可靠,护理方案周密、细致、贴切,医疗服务规范、温馨、人性,工作效率快捷、高效、省时,医疗费用低廉、节约、最少。对医务工作者的个人修养、心理素质、道德水准与技术提出了严格甚至有些苛刻的要求。

(二)医学专业人员工作时间长、社会责任大

在职业行为中,医生必须面对庞大的、日益增加的医疗消费群体的各种需求,还要应对紧张的医患关系。同时,医生的职业发展需要付出相当多的时间学习提高,尤其是教学医院的医生同时承担临床、教学、科研等多项任务,致使工作与生活缺乏规律,常处于超负荷状

态。同时,患者对医疗行为的不理解及医疗费用高昂导致医患关系紧张,医务工作者很可能成为医院暴力的受害者和医疗纠纷的被告,而且医务工作者经常面临危急重症病人抢救,病人的焦虑、精神紧张和烦躁等情绪变化常导致医务工作者的精神负担和感情刺激较重。医院为了维持生存,也给医务工作者施加压力,如岗位及职称晋升竞争激烈、收入与经济指标挂钩等,同时医院还会给医务工作者施加医保政策控制管理的压力,医务工作者没有更多的工作自主权,使医生处于两难的境地。

（三）医学专业人士承担着重大的社会压力

社会压力主要是公众对医疗工作的误解和媒体的推波助澜所致,表现为医务工作者得不到社会应有的理解和尊重,得不到舆论的支持和宽容。近年来,社会舆论对医务工作者的负面报道过多,导致患者对医院的不信任感增加,加之相应的社会保障机制不尽完善,社会支持度极低,医务工作者心理与职业的压力呈上升趋势。

医生作为特殊的职业群体,由于上述问题,承受着巨大的精神和心理压力,导致了医生在职期间的职业成就感低下,甚至出现职业倦怠。对医学生进行职业生涯规划,有助于能力、性格以及对所从事的事业的意义的认知与该事业要求的适配性,从而保证其对事业的持久热情、执著投入和高效工作。

第四节　本书的特色与学习指导

一、主要面向医学人才,有很强的针对性

高等医学院校职业生涯规划教育是医学院校与社会联系的桥梁和纽带,使医学生了解、掌握社会需求,以便有针对性地进行"自我改造",以成为未来社会高素质、高质量、应用能力强的医学"实用型"人才。以往的职业生涯规划教育是笼统的,既没有针对医学生的指导方式,也没有配套针对医学专业的教育资源,其针对性、实效性较弱。本书对以往的职业生涯规划的教学模式进行了改革,在实施职业生涯规划教育时应遵循共性与个性相结合、阶段性与持续性相结合、以医类学生为主体的原则,形成分专业、分层次、分阶段的指导方式。

所谓分专业指的是职业生涯规划教育应该根据专业进行细分,不同专业的学生对职业生涯规划的指导内容、侧重点以及专业需求是不同的,其教育方式也有差异。特别是医学生其专业性较强,不论是对教材、教学方式、教师队伍都有不同于其他专业的需求,因此在医学院校开展生涯规划教育,必须结合医学生专业特点,进行合适、合理的教学与实践活动。分层次指的是职业生涯规划教育面向所有的学生,但是传统教学模式并未对学生进行分类,学生的个人情况不同其需求也有所差异,依据学生需求层次分为高、中、低三级需求,针对不同需求进行不同深度教育,以便取得更佳实际效果。分阶段指的是医学生五年的大学阶段,有入门基础教育阶段、过渡阶段、临床实践阶段,根据不同阶段的特点,分期配合不同主题的理论教学和实践活动,以达到促进作用,全过程开展职业生涯规划教育,根据不同阶段的任务不同,配合开展理论和实践教育。其中,基础阶段指入学至大一阶段,理论学习指全程化职业规划教育课程中的基础知识,实践活动课安排为医学专业思想教育、新老生交流会等活

动,增加对医学专业的培养目标认识,增强学习积极性;过渡阶段指大二至大三阶段,理论课程为职业道德、工作与职业、规划步骤实施等主题教育,增强学生对医生职业道德的认知;实践课通过指导参加课题研究、临床导医、专业医生导师制等,促进培养学生从事医生工作的心理、道德、实践能力。临床阶段指大四至大五阶段,理论课程安排以求职、就业为主题的指导课程,培养学生就业技能,实践课程为职业教育、模拟招聘会、模拟面试、择业技巧培训等活动,让学生在实践中积累实战经验,明确个人目标和计划安排。

二、力求有较强的可操作性

本书按照职业生涯规划教育内容框架体系来构建,并在教材的编写过程中体现出医学职业生涯教育的规则和理念,努力使教材通俗易懂,具有可读性、实用性和可操作性。体现下列特点:

1.可读性强。文风兼具实用性和理论性,案例讨论、课程知识、拓展阅读——增强可读性和趣味性,案例选择和拓展阅读材料结合医学院校特点和大学生特点选取。同时,章前有学习目标,章后有思考题,帮助学习者明确目标。

2.实用性强。理论部分不过于繁琐,配以事例和一些测量量表,以利于理论联系实际。自我认知部分在让学生了解自己特点的情况下,着重讲述如何对照从事医学专业学习和工作应具备的不同素质,让学生探寻差异,并指导调适方法。在教材编写中体现职业医学专业和职业生涯的特点,教材中处处体现医学院校的特色,富有实践性。

3.可操作性强。本书作为一个较为成熟的医学生职业生涯规划的范本,内容详细,体现出一个正确的规划思路,使医学生在制定自己的规划时能有所参考,使其不遗漏重点又不至于目标过高而不可行。

三、自始至终体现医学人文性

随着医疗模式由传统的"生物医学模式"向"生物—心理—社会医学模式"的转变,医院的服务理念也从"单一解决临床问题"向"更加注重人文关怀"转变。这就要求医生不仅要有扎实的专业知识和技能,而且还要具备良好的"医学职业价值、态度、行为和伦理"、"沟通与交流技能"、"群体健康和医疗卫生系统观念"、"批判性思维"等综合素质能力。社会的发展,促使医疗机构提高自己的用人标准,要求医学生提高自身的综合素质。本书在医学生职业生涯规划过程中,把医学职业修养通过思想教育的引导和文化情感激发切实地结合起来,以此来提高医学生的人文修养。

 思 考 题

1.你如何理解当代医疗卫生体制改革?

2.你认为一名优秀的医务工作人员必须具备的能力是什么?

3.你希望通过对这门功课的学习取得什么收获?

第二章　职业生涯规划

学习目标

1. 掌握制定大学生涯规划的方法,明确在校期间的目标和任务。
2. 熟悉职业生涯规划的基本概念,做好大学生涯规划。
3. 了解生涯发展基本理论。

 案例分析

　　医学本科生王某,有短暂的工作经历,医学本科生陈某是他的同学。在一次"我的未来"主题班会上,王某希望自己以后成为一名出色的行政管理人员,而陈某在未来要成为一名优秀的外科大夫。

　　王某在大学期间是个社会活动家,他积极参加学生会、社团,组织过大大小小各种活动;他还是辅导员(老师)的得力助手,帮助老师处理一些日常管理事情;在医院实习期间,他作为实习组组长,深受医院、实习生和学校老师的好评。

　　陈某则不同,他每天过着寝室一食堂一教室三点一线的生活,专业知识扎实,各科成绩优秀,在大学期间就发表了3篇论文。

　　毕业十年之后,王某成为一家医院的管理人员,陈某成为一家三甲医院优秀的外科医生。

【讨论】

仔细阅读上文,深入思考后把自己的结论记录下来:

1. 你怎样理解这个故事?
2. 如果你是故事的主人公,你会怎样安排你的成功路线?
3. 这个故事给你的启示是什么?

第一节　职业生涯规划概述

一、职业生涯及相关概念

（一）什么是职业

　　职业是人们为了谋生和发展而从事的相对稳定的、有经济收入的社会活动,是人的生活方式、经济状况、文化水平、行为模式、思想情操的综合反映,也是一个人的权利、义务、职责以及社会地位的一般性特征。职业主要包括5层内容:经济性、技术性、社会性、连续性、规范性。经济性指从事职业活动的就业者能获得经济收入,并且相对稳定、持续。技术性指从事职业活动的就业者需要具备相应的知识和技术。社会性指从事职业活动的就业者,其从事的职业活动是个人在社会性劳动体系中从事的一种活动,也是为社会提供服务的过程。连续性指的是从事职业活动的就业者,其从事的劳动是稳定的、螺旋上升的,具有明显的连续性。规范性指的是从事职业活动的就业者,其从事的每一种职业都有其特定的职业规范。职业是人的社会角色的一个非常重要的方面,职业往往还成为一个人最基本的符号和最主要的特征。职业能反映一个人的社会身份、社会地位与自身的文化、能力和素质水平。

（二）什么是生涯

在日常生活中,我们经常听到"生涯"一词,如"职业生涯"、"艺术生涯"、"创作生涯"、"军人生涯"等。《辞海》对"生涯"一词的定义是:指从事某种活动或职业的生活。生涯的英文是career,从字源上看,来自罗马字 via carraria 及拉丁字 carrus,二者的意义均指古代的战车。在希腊,career 这个字有疯狂竞赛的精神的意思,最早常用于动物,如驾驭赛马(to career a horse)。在西方人的概念中,使用"生涯"一词就如同在马场上驰骋竞技,隐含未知、冒险等精神。一般来说,"生涯"通常有两种用法,一种是当名词用,有"向上的职业流动"之意,表示某种行业可由基层循级而上。另一种是当形容词用,有"职业稳定"之意,表示某种特定的就业状态。这两种用法意指"持续性"或"持久性",对个人的前程发展而言,均有跨越"时间"与"空间"的意涵。目前大多数西方学者所接受的"生涯"定义是舒波(Super,1976)的论点:生涯是生活里各种事态的演进方向和历程,它统合了人一生中的各种职业和生活角色,由此表现出个人独特的自我发展形态。生涯也是人生从青春期到退休之后,一连串有酬或无酬职位的综合。除了职业之外,还包括任何与工作有关的角色,如学生、退休者,甚至包含家庭和公民的角色。生涯不是一个静止的点,它是一个动态的历程;不只发生在人生的某个阶段,而是如影随形,相伴人的一生。同时,因为遗传、家庭、经历、所处社会环境等的不同,每个人的生涯也会不同。所以,生涯的发展是个性化的发展,即使处于同一时代或同一文化背景下的人们,因为生涯发展中其他因素的影响,每个人也会有属于自己的生涯。

（三）什么是职业生涯

职业生涯是有关工作经历的过程或结果,包括了一个人从职业学习开始,到职业劳动的最后结果。整个的人生职业工作经历,被称为职业生涯。狭义的职业生涯现定于直接从事职业工作的这段生命时光。广义的职业生涯是从职业能力的获得、职业兴趣的培养、选择职业、就职,直到最后完全退出职业劳动这样一个完整的职业发展过程。

职业生涯的基本性质包括:第一,职业生涯是个体的行为经历,而非群体或组织的行为经历。随着社会的发展,一个人并非终身都待在一个行业或组织中,个人的职业生涯更多地受到其职业兴趣与职业动机的影响,因此,职业生涯的主体是个人。第二,职业生涯是个人一生中的工作任职经历或历程。职业是劳动者为了不断获得个人收入,较为长期、稳定地从事社会生产劳动或社会工作的过程。职业生涯强调了个体在一个职业中稳定的、持续的地位,排除了各种变动的情况。第三,职业生涯是一个时间概念,是指职业生涯期。狭义的职业生涯起始于最初工作之前的专门的职业学习和训练,终于完全结束或退出职业工作;广义的职业生涯则可以从个体的出生之始到完全结束职业工作为止,包括了个体的全部生命历程。实际的职业生涯期在不同个人之间有长有短。第四,职业生涯是一个包含了具体职业内容的动态的、发展的概念。职业生涯不仅表示个体职业工作时间的长短,而且包括了职业的发展、变更的经历和过程,从事何种职业工作、职业发展的阶段,由一种职业转向另一种职业等具体的内容。

(四)什么是规划

规划,意即进行比较全面的长远的发展计划,是对未来整体性、长期性、基本性问题的思考、考量和设计未来整套行动方案。规划与计划基本相似,不同之处在于:规划具有长远性、全局性、战略性、方向性、概括性和鼓动性。规划的基本意义由"规(法则、章程、标准、谋划,即战略层面)"和"划(合算、刻画,即战术层面)"两部分组成,"规"是起,"划"是落;规划从时间尺度来说侧重长远,从内容角度来说侧重战略层面,重指导和原则性;计划的基本意义为合算、刻画,一般指办事前所拟定的具体内容、步骤和方法,从时间尺度来说侧重于短期,从内容角度来说侧重战术层面,重执行性和操作性;计划是规划的延伸与展开,规划与计划是一个子集的关系,既"规划"里面包含着若干个"计划",它们的关系既不是交集的关系,也不是并集的关系,更不是补集的关系。

(五)什么是职业生涯规划

职业生涯规划,就是个人根据自己的实际情况,结合决定个人职业生涯的制约因素和眼前的机遇,为自己确定职业目标,选择职业道路,确定教育、培训和发展计划等,并为自己实现职业目标而对行动的时间、行动的顺序、行动的方向等做出合理的安排。

大学生职业生涯规划可定义为:大学生在大学生活阶段通过对自身和外部环境的了解,为自己确立职业方向、职业目标,选择职业道路,确定教育计划(特别是大学阶段的学习计划)、发展计划,为实现职业生涯目标而确定行动时间和行动方案。

在我国,生涯规划还是一个比较新的概念。很多大学新生有生涯规划离自己还很远这样的想法。其实不然,从大一开始做生涯规划,起步已经不早了。我们必须知道,生涯规划越早开始越好。

二、职业生涯规划的意义

你或许要问:"为什么生涯要规划?"

要回答这个问题,你可以和自己玩个小小的心理实验。

首先,请你闭上眼睛,回忆一下身边有哪些东西是红色的……

这时,你能数出的东西,可能不多。

现在,请你睁开眼睛,看看周遭有哪些被遗漏的? 如果可能和周遭的几个朋友一起做这个实验,效果会更好。因为别人看到的,或许正是我们所疏忽的。借着这个实验,你可能了解到:身边的红色物体,其实一直都存在的,但当我们没有设定目标要去看它时,许多显而易见的东西,就会视而不见。可见,目标,其实就是感官的过滤器,当你有了目标,就会见所未见,并集中精力收集身边的资源,资源也会源源不绝地涌向你。

生活中,你可能也有类似的经验。如果你刚买了一部红色的自行车,你会突然发现:怎么路上跑的,有这么多和你同色、同型的车。夏天来了,如果你买了一双漂亮的凉鞋,你会发现:怎么路上有这么多和你穿相同款式凉鞋的人。这些现象,都被称为"选择性注意"。所以,当一个人的生涯发展中有目标时,他就容易集中所有的能量和资源去实现。成功的可能性会更大。生涯规划的意义主要体现在以下几点:

（一）有利于大学生成功地认识自我，发掘自我潜能，增强个人实力

"知己"过程是职业生涯规划的基础，是大学生对自己的一个客观的剖析。大学生职业生涯规划能让大学生通过自我分析，对自己的性格特征、兴趣爱好、学识水平、思维方式、能力水平以及潜能进行综合评述，正确深刻地认识和了解自己，而不是单纯考虑到用人单位的情况，比如：单位所在地点、工资待遇、单位的实力和名声等。在充分认识自己在职业选择上的优势和不足的基础上，评估个人目标与现实之间的差距，学会如何运用科学的方法采取可行的步骤和措施，不断增强自己的职业竞争力，从而拥有具有自己特色的、合理的职业定位。

（二）有利于提高大学生的综合素质，培养大学生的就业能力

大学期间是培养和锻炼能力的关键时期，特别是就业能力。就业能力是一种综合素质，包括学习能力、实践能力、适应能力、责任感、推理能力等。职业生涯规划能帮助大学生积累人生发展的各种能力（优良的品德、合理的知识结构、协调的人际关系）；其次，有效的职业生涯规划能培养大学生对各种能力的自我控制能力，比如，通过职业定位反思自己的人生观及价值观，通过对个人的评估以及对职业形势的分析，有选择有目的地完善自己的知识结构。

（三）有利于大学生协调个人生活与工作，明确工作重点

职业生涯规划有助于个人平衡工作与个人爱好之间的需求，作出更好的职业选择，以此更清楚、更透彻地实现自我认知和定位，进一步弄清自己合适从事什么职业，更加合理地安排日常工作，评价工作的轻重缓解，紧紧抓住工作的重点，为工作的需要创造最有利的条件，从而取得成功。

 **拓展阅读**

蚯蚓的故事

蚯蚓是我从小到大的朋友。蚯蚓不是原名，由于他长得黑矮瘦弱，因而得名。

我们 18 岁分开后，我在外为生活四处漂泊奔波；蚯蚓却上了大学，什么事都挺顺当。在这分开的十年里，我们几乎每隔两三年见一次面。每一次我都喜欢问他同一个问题：你将来的目标是什么？

而我得到的答案总是不相同。下面记录的是蚯蚓每次谈及目标的原话：

18 岁，高中毕业典礼上：我发誓要当李嘉诚第二！我要当中国首富！（好大的口气）

20 岁，春节老同学团聚会上：我想创立自己的公司，30 岁前拥有资产 2000 万。

23 岁，在某市工厂当技术员，第二职业是炒股：我正在为离开这家工厂而奋斗，因为在这里工作太没前途了。我将全力炒股，3 年内用 5 万元炒到 300 万元。（似乎有点实现的可能）

25 岁，炒股失意而情场得意，开始准备结婚：我希望一年后能有 10 万元，让我风风光光地结婚。（挺现实的想法）

26 岁，不太风光的结婚典礼上：我想生一个胖小子，不久的将来当个车间主任就行了，别的不想了。（是不是结婚都会使人成熟）

28 岁，所在工厂效益下滑，偏偏正是妻子怀胎十月的时候：希望这次下岗名单里千万不要有我的名字。（这时候我还能说什么）

第二节　职业生涯规划的制定步骤

　　职业生涯规划的制定其实和一次恋爱追求过程有很多相似。如对象的选择、追求的过程，都和一个人的性格和自身条件有关，是否追求成功除了和自身条件有关外，还跟周边的亲朋好友以及地域等外部环境有关。具体而言，职业生涯规划的制定应该包括自我评估、认识环境、确定目标、行动和再评估等几个步骤。

一、自我评估

　　自我评估是在认识自己与了解自己的基础上对自己做出全面的分析，主要包括对个人的职业需求、兴趣、能力、性格、气质等方面进行分析，从而确定自己适合什么样的职业，最终实现人职匹配。

二、认识环境

　　认识环境就是要了解自己所处的环境，并且根据自身所处的环境以及环境的变化不断地调整自我，从而适应这个环境。职业规划应考虑经济环境、社会的就业环境以及目标职业环境等因素。

三、确定目标

　　职业生涯目标是指个人在选定的职业领域内未来时点上所要达到的具体目标，包括短期目标、中期目标和长期目标。我们在制定职业生涯规划目标的时候也应遵循择己所爱、择己所能、择世所需以及择己所利的原则，而在确定目标的过程中可以使用目标分解、目标组合、目标选择等方法。

四、制订行动计划与措施

　　在自我评估以及环境评估的基础上，并在确定了自己的职业生涯目标以后，具体的行动变成了关键所在。缺乏行动，目标就难以实现，也就谈不上职业生涯的成功。这就需要我们制订翔实的行动计划与措施，也就是落实目标的行动与措施。

五、反馈、评估与调整

　　俗话说："计划赶不上变化。"是的，影响职业生涯规划的因素诸多。有的变化因素是可以预测的，而有的变化因素难以预测。在此状况下，要使职业生涯规划行之有效，就需要不断地根据实际情况以及在实践职业生涯规划的具体情况对职业生涯规划进行评估与调整。

第三节 职业生涯辅导理论

在 20 世纪初美国的职业辅导运动开始以后,尤其是最近三四十年,生涯辅导建立起了一系列理论模型,以便为个人做出有关职业和生活的正确决定提供支持。各种理论试图通过不同途径来揭示个人在社会角色和生涯方面的问题。

生涯辅导理论针对个人职业的发展提出了一系列的假设。这些理论提供了一些模型来帮助我们鉴别影响职业发展的各种因素,而这有助于我们更深入、清晰地理解职业发展的过程。

一、帕森斯的特质因素论

特质因素论是最早期的职业辅导理论,由帕森斯在其 1909 年出版的《选择职业》(Choosing a Vocation)一书中首次提出,在 20 世纪 50 年代非常流行,是职业辅导最基本的理论,至今仍对职业辅导工作具有重要的指导意义。由于帕森斯在职业辅导工作上作出的巨大贡献及深远影响,他被人们尊称为"职业辅导之父"。

(一)基本观点

特质因素论的基本假设是:每个人均有稳定的特质,而职业亦有一组稳定的条件(因素)。所谓"特质"(Trait),就是指个人的人格特征,包括能力倾向、兴趣、价值观和人格等,这些都可以通过心理测量工具来加以评量。"因素"(Factor)则是指在工作上要取得成功所必须具备的条件或资格,这可以通过对工作的分析而了解。将个人与职业相配,个人的特质与工作因素越接近,则个人成功的可能性就越大。

帕森斯认为,在选择职业的过程中,涉及三个主要因素,即:对自我爱好和能力的认识、对工作环境及其性质的了解、二者之间的协调与匹配。对应于这三个因素,他提出了"职业辅导的三大原则":

原则一:对自我进行探索,包括了解个人的兴趣、能力、资源、限制及其他特质。

原则二:了解各种职业,如职业的技能要求、工作条件、薪酬福利、发展前途等。

原则三:将上述两类资料进行综合并找出与个人特质匹配的职业。

(二)生涯辅导上的应用

在职业辅导中,帕森斯强调每个人都必须客观地评价自己在劳动力市场申请工作时存在的优势和劣势,并由此提出理性的策略来帮助自己做出正确的抉择。比如你的特质是一个喜欢帮助别人,追求稳定、受人尊敬,有着医学专业背景等;

医生是一个有爱心,工作稳定,社会地位高,需要很强的医学专业知识技能的职业,当你个人的特质和医生这个职业非常吻合,那个人成功的可能性就大。

拓展练习

请对自身的优势和劣势进行评估,通过头脑风暴收集与之相匹配的职业。

二、霍兰德的类型论

（一）基本观点

霍兰德（John Holland），现为美国霍普金斯大学（Johns Hopkins University）荣誉退休教授。霍兰德的理论发展，源自于他对当时测验使用的疑惑，从疑惑中产生解决问题的动力，进而发展出理论。自20世纪70年代以来，他提出了一系列的研究假设和成果。

1. 职业选择是人格的一种表现，某一类型的职业通常会吸引具有相同人格特质（Personality）的人，这种人格特质反映在职业上，就是职业兴趣。大多数人的职业兴趣（人格）可以归纳为六种类型（见图2-1）：即实用型（Realistic Type，简称R）、研究型（Investigative Type，简称I）、艺术型（Artistic Type，简称A），社会型（Social Type，简称S）、企业型（Enterprising Type，简称E）和事务型（Conventional Type，简称C）。具体类型参考第三章。

2. 个人的职业兴趣往往是多方面的，因此通常用3个字母（代表最强的3种兴趣类型）的代码来表示一个人的职业兴趣，这个代码就称为"霍兰德代码"（Holland Code）。3个字母之间的顺序表示了不同类型兴趣强弱程度的不同。

至于个人在六个类型上的得分高低，则体现出个人的兴趣（人格）分化与否（区分性，Differentiation）。如果六个类型上的得分之间有较大的差异，则代表个人的人格特质发展或对职业环境的偏好清晰。若六个类型的得分比较接近，则显示出个人的职业兴趣仍然不够明确。

3. 同一职业团体内的人有相似的人格特质，因此，他们对情境和问题会有类似的反应，从而产生特定的职业氛围亦即职业环境。工作环境也可以分为六种类型，其名称及性质与人格类型的分类一致。具体职业通常也采用上述3个字母代码的方式来描述其工作性质和职业氛围。

4. 霍兰德提出了六角模型用来解释六种类型之间的关系。在六角型模型上，任何两种类型之间的距离越近，其职业环境及人格特质的相似程度就越高，或者说它们的一致性（Consistency）就越高。例如，企业型和社会型在六角型模型上是相邻的类型，它们的相似性也最高，因为这两种类型的人都比其他类型的人更喜欢与人打交道，只是他们打交道的方式不同而已。而事务型和艺术型处于对角线的位置上，它们就缺少一致性而具有相反的特质。例如，事务型的人喜欢循规蹈矩，而艺术型的人则追求自由与个性化。

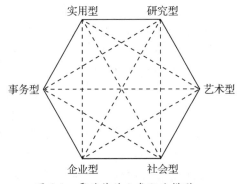

图2-1　霍兰德的六角职业模型

5. 个人人格类型和职业环境之间的适配将增加个人的工作满意度、职业稳定性和职业成就感。六角型模型可以帮助我们对人格特质类型与职业环境之间的适配性（Congruence）进行评估，根据霍兰德的假设，适配性的高低可以用来预测个人的职业满意度、职业稳定性及职业成就。因此，霍兰德主张：个人人格特质中占主导地位的类型可以为个人在选择职业和工作环境上提供方向。

（二）生涯辅导上的应用

霍兰德的理论自提出以后，就对生涯辅导产生了广泛的影响。个人可以根据霍兰德编制的量表和测评等进行自我探索。例如，一个霍兰德代码为 SAI 的人在一个社会型、艺术型、研究型占主导地位，这样的职业环境有医生、教师等。而这个人假如选择一个以 R 为主导（如充当卡车司机）的职业可能就会感到格格不入、不满意。因此霍兰德理论将增加个人的工作满意度、职业稳定性和职业成就感。

但需要注意的是，在实际应用过程中，个人不应当过于强调测评所得出的结果或与之相匹配的具体职业，因为这样会限定了个人未来发展的方向，而应将注意力放在由测评结果带来的自我生涯发展的思考，对于测评的看法要采取"认认真真做测评，平平淡淡看结果"的态度。

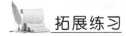 **拓展练习**

想一想，医生属于霍兰德类型中的哪一种类型？请举证说明。

三、舒伯的生涯发展理论

（一）基本观点

舒伯于 1953 年在《美国心理学》上发表文章，提出"生涯"的概念。他把生涯的发展看成一个持续渐进的过程，由童年时代开始一直伴随个人的一生。

"自我概念"（Self-Concept）是舒伯理论中的核心概念。所谓"自我概念"，就是个人对自己的兴趣、能力、价值观及人格特征等方面的认识和主观评价。一个人的自我概念在青春期以前就开始形成，至青春期较为明朗，并于成人期由自我概念转化为生理概念。工作与生活满意与否，就取决于个人能否在工作和生活中找到实现自我的机会。用舒伯的话说"生涯就是对自我的实现"。

而这个自我实现亦即生涯发展的过程，又可以分为五个阶段，在每个阶段都有其独特的职责和角色，以及不同的发展任务。前一阶段发展任务的完成情况会影响下一阶段的发展。个人面对及完成发展任务的准备程度则体现了个人的生涯成熟度（Career Maturity）（见表 2-1）。

表 2-1　生涯发展过程

阶段	年龄	发展任务
成长阶段	<15 岁	发展自我概念，发展对工作世界的正确态度，并了解工作的意义
探索阶段	15～24 岁	发展相关的技能使职业偏好逐渐具体化、特定化并实现职业偏好
建立阶段	25～44 岁	在适当的职业领域稳定下来，巩固地位，并力求晋升
维持阶段	45～64 岁	维持既有成就与地位，更新知识与技能，创新
退出阶段	>65 岁	减少在工作上的投入，计划安排退休生活、退休

第一个阶段（成长阶段），儿童开始辨认他们周围的事物，并逐渐开始意识到自己的兴趣所在以及和职业相关的一些基本技能。他们在这个阶段的发展任务是：发展自我概念和对工作世界的正确态度，并了解工作的意义。

第二个阶段（探索阶段），青少年开始通过学校生活、社团休闲活动、兼职打零工等机会，对自己的兴趣、能力及角色、职业进行探索，收集相关的信息，尝试自己对于职业的一些假想。到 18 岁至 21 岁,青少年进入就业市场或接受专业训练,开始将一般性的职业偏好转化为具体的职业选择。在 22～24 岁期间,个人初步确定自己的职业并试验其成为长期发展领域的可能性。这个阶段的发展任务就是使职业偏好逐渐具体化、特定化并实现职业偏好。

第三个阶段(建立阶段),个人通过工作与实践接触,尝试选择适合自己的职业领域。经过不断地探索和尝试,最终在某个领域中逐步稳固下来。这个阶段发展的任务就是在适当的职业领域稳定下来,巩固地位,并力求晋升。这一时期通常是大部分人最具创造力的时期,是生涯发展的上升和高峰期。

第四个阶段(维持阶段),个人不断地付出努力来获得生涯的发展和成就,避免产生停滞感。这一阶段发展的任务是维持既有成就与地位,更新知识与技能,创新。

第五阶段(退出阶段),由于生理及心理机能日渐衰退,个人已经有意退出工作岗位并开始享受自己闲暇的晚年生活,职业角色的分量逐渐减少。这一阶段的发展任务是减少在工作上的投入,计划安排退休生活,为退休做准备。

在这一理论形成的初始阶段,舒伯认为这些阶段彼此之间都是有严格的界限和区分的。但在后期,他提出这些阶段之间可能有交叉,并不存在严格的界限。同时,在人生中的不同时期,都可以经历由这五个阶段构成的一个"小循环"。比如说,失业下岗人员必须重新对自我的能力、兴趣和价值进行评估(成长阶段),培养和发展新的技能,"探索"和寻找新的工作,然后在新的岗位上努力适应新的角色与工作环境,"建立"自己的职位地位。随后可能再次经历"维持"与"退出"的阶段(见表 2-2)。

表 2-2　舒伯的循环式发展任务(Super,1990)

生涯阶段	青春期(14～25 岁)	成年期(25～45 岁)	中年期(45～65 岁)	老年期(65 岁以上)
成长期	发展适宜的自我概念	学习与他人相处	接受自身的限制	发展非职业性的角色
探索期	了解更多的机会	寻找心仪的工作机会	辨识新问题并设法解决	寻找合适的退休处所
建立期	在选定的领域中起步	在一个选定的工作上安顿下来	发展新的技能	从事未完成的梦想
维持期	验证目前所做的职业选择	致力维持工作的稳定	巩固自己面对竞争	维持生活乐趣
退出期	减少休闲活动的时间	减少运动的时间	专注于重要的活动	减少工作时间

这个横跨一生的历程,就是舒伯所谓的"生活广度"(Life Span),而在发展历程的各个阶段中个人所扮演的各种角色(如子女、学生、工作者等),舒伯则命名为"生活空间"(Life Space)。所谓"角色",就是一种功能性的行为标准,被个人暂时接受和采纳。每个人都有一系列的角色,个人在不同时期扮演着不同的角色并对其有不同程度的认同与投入。舒伯认为个人所扮演的角色实际上是对自我概念的具体体现。在舒伯看来,人一生中必须扮演九种主要角色,依次是:子女、学生、休闲者、公民、工作者、配偶、持家者、父母和退休者。

生活广度(发展阶段)属于时间的向度,而生活空间(角色)属于空间的向度。舒伯将二者交汇成为生涯彩虹图。在生涯彩虹图中,横向层面代表的是横跨一生的"生活广度",在彩虹的外层标示了一生主要的发展阶段和相应的大致年龄。纵向层面代表的是由一组角色组成的"生活空间",它描绘了生涯发展阶段与角色间的相互影响和发展状况。而个人在不同时期对不同角色的投入和重视程度,则以每一道虹深浅不一的颜色来表现。生涯彩虹图非常直观地在同一张图上展现了个人生命的长度(发展阶段)、宽度(角色)和深度(个人对角色的投入程度),展现了生命的意义所在。

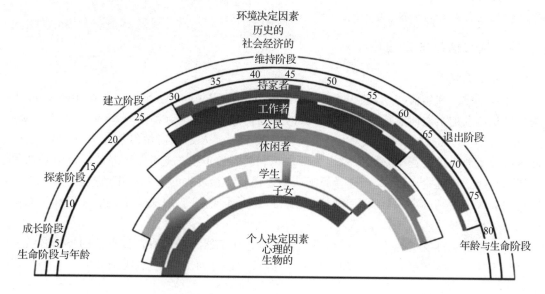

图 2-2　生涯彩虹结构

(二)生涯辅导上的应用

舒伯所界定的生涯辅导的重点不在"职业",而在于协助个人发展的整合且合乎现实的自我形象及角色,强调个人全方位的发展。舒伯的生涯发展论特别强调必须深入地了解每一个人的发展状况,包括其所处的生涯发展阶段及其面临的发展任务、工作角色的显著程度和工作观念、生涯成熟程度以及自我概念等方面的内容。

角色和显著角色的概念有助于我们评估一个人在工作、学习、家庭、休闲和社会活动等各方面的投入程度及其相互间的关联影响,从而帮助个人协调平衡生活各部分的内容,丰富个人的生活空间。例如,建立阶段和维持阶段中的显著角色通常都是工作者,如果个人仅仅注重这一角色的发展而忽视了对家庭、社会角色的投入,那么到退出阶段的时候,由于工作者角色的中断,个人又缺乏其他区角色可以代替它满足个人的心理需求,往往会产生巨大的失落感乃至出现严重的适应不良状况。

舒伯还提供了一些具体的方法,如写"生涯自传"、画"生涯彩虹图"等。这些方法可以帮助个人回顾自己成长经历中的事件、重要他人的影响、各阶段所扮演的角色与个人理想之间的差异等,从而增进个人对自己和自我发展的认识、促进其更为积极而有意识地规划未来、做出行动改变。

 拓展练习

生命线

用一条水平线代表你的生命线,在末端标出你现在的年龄。请回顾生命中对自己的生涯发展起影响作用的各种因素(请尽可能宽泛地联想:事件、经历、人、思想、计划,等等),并在生命线上按时间标出代表这些重要影响因素的点。请在线左侧画一条与之垂直的线,来

表示各种因素的重要程度。积极的因素请在线上方标示,消极的则标在下方,有的可能兼具积极和消极面。最后,你可以选用颜色笔,根据自己的喜好对生命线进行加工。

做完这个活动,你有什么样的感悟?

四、认知信息加工理论

(一)基本观点

在 20 世纪 90 年代初期,彼得森、辛普森和利尔敦(Peterson,Sampson & Reardon)等提出了从信息加工取向看待生涯问题解决的认知信息加工(Cognitive Information Processing,简称 CIP)理论。该理论认为生涯发展就是关于一个人是如何做出生涯决策、在生涯问题解决和生涯决策过程中是如何做出生涯决策、在生涯问题解决和生涯决策过程中是如何使用信息的。该理论假设:生涯选择源于认知过程和情感过程的交互作用,它是一种相当复杂的问题解决活动。个人解决生涯问题的能力,即生涯成熟度,取决于个人的知识和认知操作的有效性。

该理论把生涯发展与规划的过程视为学习信息加工能力的过程。该理论的提出者按照信息加工的特性构成了一个信息加工金字塔,即认知信息加工模式图(见图 2-3)。

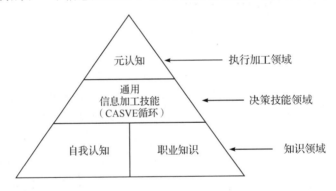

图 2-3　认知信息加工模式(Sampson,Peterson & Reardon,2004)

位于塔底的是知识领域,包括自我认知(对自己兴趣、技能、价值观等的了解)和职业知识(对于工作世界的认识)。金字塔的中间是决策技能领域,即一般性的信息加工技能。它包括沟通(Communication)—分析(Analysis)—综合(Synthesis)—评估(Evaluation)—执行(Execution)五个阶段,构成了决策的 CASVE 循环(见图 2-4):

- 沟通(确认需求):个人开始意识到问题的存在。
- 分析(将问题的各组成部分互相联系起来):对所有的信息进行分析。
- 综合(形成选项):个人形成可能的解决方法并寻求实际的解决方法。
- 评估(评估选项):评估每种选项的优劣,评出先后顺序。
- 执行(策略的实施):依照选择的方案做出行动。

在认知信息加工金字塔中,知识领域相当

图 2-4　决策的 CASVE 循环过程

于计算机的数据文件,需要我们进行存储。决策领域是计算机的程序软件,让我们对所存储的信息进行加工处理。而执行领域则相当于计算机的工作控制功能,操纵电脑按指令执行程序。在这三个领域中,知识领域是基础。没有较全面而准确的自我知识和职业知识,个人就无法做出恰当的职业决策。而执行领域则对上述两个领域的状况进行监控和调节。

(二)生涯辅导上的应用

信息加工理论认为,生涯辅导的最终目标是促进信息加工技能的发展,提高个人作为生涯问题解决者和决策制定者的能力。可以评估自己的知识状况及其所处的决策阶段,从而使用相应的策略和方法为其提供服务。认知信息加工金字塔模型为决策制定五阶段(CASVE 循环)可用于发展个人的问题解决技能。信息加工理论还特别强调元认知在生涯问题解决中的作用,通过实践来辨别消极想法、进行积极的自我对话、发展自我控制等来促进元认知的发展。

 拓展练习

请思考你购买本教材的过程,并使用 CASVE 循环来分析自己的决策过程。

 思 考 题

1.评估一下自己在职业生涯规划方面的情况,考虑哪些部分是需要特别努力的。

2.通过对职业生涯规划的认识,正确理解“找到好工作就等于有好的职业生涯吗”。

第三章　自我认知

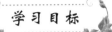 学习目标

1. 了解自我认知的基本内涵,明确自我认知的重要性。
2. 了解兴趣、价值观、能力、人格的含义,掌握其与职业的关系。
3. 掌握自我认知的基本方法,全面深入自我探索。

 案例分析

郑同学是医学检验专业的学生。他生性活泼,组织能力强,热衷于社团活动,在校期间一直是学校学生会骨干。担任经济协会会长的他,把学校周末跳蚤市场活动组织得有声有色。大二那年暑假的医院见习生活让他对自己将来的职业选择产生了困惑,他觉得自己是一个喜欢不断面对挑战的人,而医院检验科按部就班的工作显得有点不适合(自己)。

经过一段时间的思考,他来到学校职业咨询中心,在老师的帮助下认真地为自己做了霍兰德的职业兴趣测试,结果显示居前三位的类型组合是企业型、社会型和艺术型。职业价值观测评结果显示,他最看重的是创造性、成就感以及人际关系。而他的职业能力指数得分,最高的是抗压能力、沟通能力。经过再三权衡,他决定选择寻找一条适合自己的路。大三那年,他凭借着自身的医学专业知识和丰富的社会实践经历及良好的交流沟通能力,争取到一个生物公司的实习机会,在地区经理的带领下,一起跑市场,拜访客户,了解客户在使用产品过程中出现的产品性能问题和服务方面的需求,一个多月下来,慢慢地对试剂销售有了了解并产生了兴趣,而每一个客户的建立也给他带来了莫大的成就感。

毕业那年,他去世界500强的美国罗氏公司应聘,被顺利录取了。现在他已经是地区销售经理,未来5年他的目标是创办一家属于自己的生物试剂公司。

【思考】

1. 郑同学为什么会选择了与一般医学生不同的职业道路?
2. 你如何看待他的选择?

对大学生而言,什么是将来理想的职业? 从情理上讲,它应该是一份既符合本人的兴趣,又能满足自己要求的工作,而这一理想的工作,也必须是适合自己才能的工作。但是,所有的大学生都清楚"我喜欢什么"、"我擅长什么"吗? 回答显然不尽然。所以要想对自己的职业生涯目标作出最佳选择,就必须进行认真的自我探索,了解自己的价值观、兴趣、性格特征、能力等。

第一节 自我认知的内容和方法

一、自我认知的内涵

自我认知是个人对自己全部身心状态的认识，从而形成一定的自我概念，形成自我评价。只有正确地认识自己才能有的放矢地进行生涯规划，理性地经营自己的人生，因此自我认知是职业选择和发展的前提和根基。

认识自我首先要对生理自我即对自己的身体、生理状态有正确的认识和评价。比如说身高、体重、容貌以及温饱感、舒适感、病痛等。它是最基本的一种自我概念，认识自我最早就是从认识生理我开始的，它对个人的适应能力与未来发展都有重要影响。第二要对社会自我即自己在社会生活中的地位、名誉、财产及与他人相互关系进行正确的认知和评价，如：别人是怎么评价我的？我的品德、才干能否得到用人单位的认可和重视等。它对个人自信心的形成影响很大，也影响到一个人的人际关系的发展，因此，社会自我也是影响职业发展的重要因素。第三要对心理自我即一个人自己的个性，如气质、性格、能力、需要、兴趣等内在精神因素进行认知和评价，它是个体自我认知的核心，对一个人的职业选择和职业发展都起着至关重要的作用。

二、自我认知的原则

大学生在认识自我，评价自我，接受自我的过程中应遵循：

（一）适度性原则

自我评价应该适当。不适当的自我评价往往过高或过低，过高的评价往往使自己脱离现实，意识不到自己的条件限制，甚至狂妄自傲，由自信走向自负；过低的自我评价，往往忽视自我的长处，缺乏自信，过于自卑。过高或过低的自我评价，对自己都是无益的。

（二）全面性原则

自我评价应当全面。既要看到自己的优点和特长，又要看到自己的缺点和不足；既要对自我某一方面的特殊素质进行具体评价，又要对其他各个方面的整体素质进行综合评价；既要考虑到全面的整体因素，又要考虑到其中占主导地位的重点因素。

（三）客观性原则

自我评价还要掌握客观性的原则。对自己进行观察、分析和评价要以客观事实作为基础和依据，尽量克服个人主观因素的限制和干扰。

（四）发展性原则

自我评价时，应当以发展的眼光看待自己。自我评价不但应当对自己的现实素质作出适当、全面、客观的评价，而且应当着眼于未来的发展变化，预见性地估计自己将来的发展潜力和前景。

三、自我认知的途径和方法

要精确地了解自己的确很难，但我们可以通过各种渠道，尽可能全面地了解自己。一般来说，人们通常用以下几种方法了解自我：

（一）自我感知

在日常生活中，通过参与实践活动，自我反省，总结分析自己体验感知，可以达到认识与评价自我的目的。比如性格具有可塑性，人通过自我反省，可以逐渐培养自己良好的性格，并且扬长避短。大学生应把自己作为认知对象，积极参与活动，经常观察自己，剖析自己，明确自己的优缺点、喜好，合理地发挥自己的特长。

（二）他人评价

都说旁观者清，生活中，与我们长期相处的人也是相对了解你的人，因此，通过他们的反馈意见也可以更客观直接地认识自己。当然，以他人为镜认知、评价自己，并不是指别人对自己的某一次评价，而主要是指从对自己有影响的、关系较为密切的周围人的一系列评价中概括出来的某些经常的、稳固的认知与评价，这才是自我认知的基础。因此，大学生在学习和择业时，虚心听取父母、老师、朋友、同学对自己的看法，了解他们对自己长处和不足的评价，征求他们对自己择业的意见，对于正确认识自己，正确选择职业是很有裨益的。尤其是要善于听取反面意见和批评意见，更全面地了解自己。当然，对别人的评价，也要全面了解，正确分析。

（三）工具测量

职业测评工具是心理测验在职业心理测评上的具体运用。各种各样的心理测验都能促进人们对自己的了解。如职业兴趣、职业偏好和职业价值观的测验可以帮助受测者了解自己的职业偏好，识别可能包含他们感兴趣的职业领域而辅助其寻求职业；人格测验和能力测验也可促进受测者对自我的了解，使被试者了解自己的性格特质和能力倾向，选择更适合自己的发展道路；心理测验既可以定性说明，又能定量说明，能够更好地帮助大学生进行自我认识、自我发现和自我探索。大学生可以通过心理测验了解自己的兴趣、气质、性格、能力等个性特征，做好求职择业的心理与行为准备。

 **拓展阅读**

蓝丝带的故事

美国有个叫布里居丝的女士，发起了一种叫做蓝色丝带的运动，每一个美国人都能拿到一条由她设计的蓝色丝带，上面写着"Who I am makes a difference"，意思是：我可以为这个世界创造一些价值。她处处散发这样的丝带，鼓励大家把丝带送给家人和朋友，激励周围的人。她也四处演讲，强调每个人的价值。结果因为这些丝带的传送，引发了许多感人的故事，许多人的命运也由此而改变。其中有一个故事十分发人深省：

有一次，这位女士给了一个朋友三条丝带，希望他能送给别人。这位朋友送了一条给他不苟言笑、事事挑剔的上司，他觉得由于他的严厉使他不敢懈怠，多学到许多东西。另外他还多给了一条丝带，希望他的上司能拿去送给另一个影响他生命的人。他的上司非常吃惊，因为所有的员工一向对他是敬而远之。他知道自己的人缘差，没想到还有人会感念他严苛的态度，把它当作正面的影响，而向他致谢，这使他的心顿时柔软起来。

整个下午这个上司都若有所思地坐在办公室里，而后他提早下班回家，把那条丝带给了他正值青春期的儿子。他们父子关系一向不好，平时他忙着公务，不太顾家，对儿子也只是求全责备,很少赞赏。那天他怀着一颗歉疚的心,把丝带给了儿子。同时为自己一向的态度道歉,他告诉儿子,其实他的存在,带给他这个做父亲的无限喜悦与骄傲,尽管他从未称赞过他,也很少有时间与他相处,但事实上他是十分爱他的,并以他为荣。当他说完了这些话,儿子竟然号啕大哭。

儿子对父亲说,他以为他父亲一点也不在乎他,恨自己不能讨父亲的欢心,觉得人生一点价值都没有,正准备以自杀来结束痛苦的一生,没想父亲原来竟如此爱他,父亲的话打开了他的心结,也挽救了他的生命。这位父亲吓出了一身冷汗,自己差点失去了独子而竟不自知。从此他改变了自己的态度,调整了生活的重心,也重建了亲子关系,加强了儿子对自己的信心。就这样,整个家庭因为一条小小的丝带而彻底改观。

一条蓝色的丝带为什么有这么大的魔力?因为它是一个提醒,提醒我们看到自己的价值,要接受自己,关爱自己。

感悟:在我们的传统教育中,一贯要求孩子听话,谦虚,要低调做人,要严于律己。这样教育的结果使人很容易看到别人的优点。像某人很能干啦,聪明啦,但很少能看到自己的长处及自己的价值。最终导致很多人过分否定自我,认为自己很多地方都不够好,久而久之失去了自信心,过分的自卑,甚至否认自己存在的价值。因而变得消极,迷茫,甚至厌世。事实上我们每一个人都是独一无二的,认识自己,接纳自己。一个人一辈子只要能发现自己的优势并把它发挥到极致,就非常优秀了。

第二节 价值观探索

我是去大医院还是去基层医疗机构?医生这个职业能带给我什么?在哪里工作,我能开开心心地投入并实现自己的价值?这些都是医学生在求职时思考和面对的问题,而问题的背后就显示着每个人的价值观。

一、价值观与职业价值观

价值观是指我们在生活和工作中所看重的原则、标准和品质。价值观是我们内心最重要的东西,它对人们自身行为的定向和调节起着非常重要的作用,直接影响和决定着一个人的理想、信念、生活目标和追求方向的性质。

人们的价值观不是与生俱来的,而是后天形成的,人们所处的自然环境,包括人的社会地位和物质生活条件,决定着人们的价值观念,特别是家庭和学校的教育对个人价值观念的形成起着关键性的作用。周总理在中学时代就树立了为中华崛起而读书的价值观,放在当代仍然熠熠生辉。

职业价值观是价值观在职业选择上的体现,生涯大师舒伯认为"职业价值观是指个人追求的与工作有关的目标,亦即个人在从事满足自己内在需求的活动时所追求的工作特质或属性"。从另一个角度来讲,职业价值观就是你最期待从工作中获得的东西。它是人们对待职业的一种信念和态度,它既决定了人们的择业倾向,也决定了人们的工作态度。

二、价值观对职业的影响

由于每个人的物质条件、家庭背景、所受教育等客观因素不同，所以对职业就会有不同的看法和选择。比如有些人喜欢与人交际、帮助他人的职业，有些人喜欢独立自主的职业，有些人喜欢充满挑战性、高风险高回报的职业，有些人则喜欢稳定舒适、收入一般的职业等。不同的人喜欢不同的职业，正是职业价值观的体现。价值观对职业的影响作用大致体现在以下两个方面：

（一）价值观对职业选择动机有导向作用

价值观支配和制约职业选择动机。在同样的客观条件下，具有不同价值观的人，其动机模式不同，产生的行为也不同，动机的目的方向受价值观的支配只有那些经过价值判断认为是可取的，才能转换为行为的动机，并以此为目标引导人们的行为。比如有些学生选择读医，是因为看到家里人生病，所以"健康"这个词在其成长过程中就被看得非常重要，成为他选择医学的内在驱动力。

（二）价值观影响职业决策，反映个人需求

价值观决定了一个人对于什么是好、什么是对以及什么是令人喜爱的意见。每一个求职者由于所受教育的不同和所处的环境的差异，在职业取向上的目标和要求也是不相同的。在许多场合，我们往往要在一些得失中做出选择，而左右我们选择的，往往就是我们的职业价值观。例如，是要工作舒适轻松，还是要高标准的工资待遇，要成就一番事业，还是要安稳太平。当两者有矛盾冲突时，最终影响我们决策的是存在于内心的职业价值观。

 拓展阅读

平凡岗位上的奉献——记全国优秀乡村医生张华

在卫生部举办的 2010 年全国优秀乡村医生代表座谈会上，一位留着平头、戴着黑框眼镜的小伙子引起了人们关注。他就是江西省南昌县沥山村卫生所的医生张华。

3 月 16 日，记者来到张华工作的地方——沥山村卫生所。卫生所是两层小楼，楼下一间是医生接诊室，一间是输液室，两个房间加起来有 100 多平方米。

1998 年，张华从南昌大学医学院本科临床医学专业毕业。当时，很多省级医院都到学校要人，成绩优秀的张华到一家大医院工作并不难。然而，张华却出乎意料地选择回到沥山村卫生所——他父亲办起来的乡村诊所。"理由其实很简单，就是想多给乡亲们看病，为爸爸减轻点压力。"张华向记者谈起到卫生所工作的初衷。

13 年来，除了结婚那一天，张华每天都守在这个有点老旧的卫生所里，与父亲一起，问病情、听诊、量血压、开处方……现在，卫生所每天的门诊量最高达 180 人次。张华每天的工作时间都在 15 个小时左右，有时半夜病人家属打来电话，他从床上爬起来就走。

为了更好地服务村民，张华把自己的手机号码发到了每一户村民家里。村民哪里不舒服，可以先打电话咨询，张华则根据村民的病情描述提出建议。遇到拿不准的病情，他还会帮助联系大医院的医生进行诊治。他说："省内哪家医院哪项技术比较先进，哪位医生擅长哪一方面，我都心里有数。我治不了的病可以找专家帮忙。"

2010 年 3 月，沥山村农民张老牛到张华的诊所看病，经过一番病情询问和身体检查，张

华怀疑他患的是胃癌,于是立即联系了南昌大学第二附属医院的一名专治医生。后经诊断,张老牛被确定患"胃部恶性病变",印证了张华的判断。经过周密手术和化疗,张老牛的身体渐渐好了起来。

3月16日下午,记者在沥山镇老张村见到76岁的张老牛,他正陪着曾孙子在家门口做作业。"要不是张医生,我哪还能享受天伦之乐啊!"张老牛说:"现在我每天都会走上8里路,一点都不累。"

同样对张华充满感激之情的还有38岁的蔡国玺。2004年,蔡国玺因车祸致瘫,四肢失去知觉,不能动弹。张华主动上门,劝他说"人一定要战胜自己",并派卫生所的护士帮助他积极做康复治疗和防治日常疾病,还减免了医药费。在张华的鼓励和帮助下,蔡国玺身体状况有了改观,精神面貌也更加积极向上。当记者见到他时,他正坐着轮椅工作。如今,蔡国玺经营的工程机械生意蒸蒸日上。

要当好乡村医生并不容易,外科、内科、急症处理、免疫等都得掌握基本要领。为了不断提高水平,适应医学日新月异的发展,张华争取各种机会,到江西省儿童医院、南昌大学第二附属医院、江西省妇幼保健院跟班学习;每年自掏上千元订阅报刊,购买阅读医学书籍,不断开阔视野、增长知识;经常和父亲交流,学习父亲几十年行医的好经验;遇到疑难问题,他还会向自己的老师和一些在省城大医院工作的同学请教。

张华告诉记者:"诊疗水平提高了,诊所的知名度和信誉度也就提高了。百姓信得过了,自然就不会大病小病都往县医院和省医院跑,能节省不少费用呢!"

行医过程中,张华千方百计减轻患者家庭的经济负担。药品他选质优价廉的,遇到家庭困难的患者,他还主动减免诊疗费用。

"我觉得还有很多工作要抓紧做。比如村民们的健康档案,接下来一有时间我就把这项基础工作做好,这样村民就能知道自己的健康状况,提前预防一些疾病。"张华说。

三、职业价值观分类

根据不同的划分标准,人们对职业价值观的种类划分也不同。美国心理学家洛克在其所著《人类价值观的本质》一书中,提出13种价值观:成就感、审美追求、挑战、健康、收入与财富、独立性、爱、家庭与人际关系、道德感、欢乐、权利、安全感、自我成长和协助他人。我国学者阚雅玲将职业价值观分为如下12类:

(一)收入与财富

工作能够明显有效地改变自己的财务状况,将薪酬作为选择工作的重要依据。工作的目的或动力主要来源于对收入和财富的追求,并以此改善生活质量,显示自己的身份和地位。

(二)兴趣特长

以自己的兴趣和特长作为选择职业最重要的因素,能够扬长避短、趋利避害、择我所爱、爱我所选,可以从工作中得到乐趣、得到成就感。在很多时候,会拒绝做自己不喜欢、不擅长的工作。

(三)权力地位

有较高的权力欲望,希望能够影响或控制他人,使他人照着自己的意思去行动;认为有较高的权力地位会受到他人尊重,从中可以得到较强的成就感和满足感。

（四）自由独立

在工作中能有弹性，不想受太多的约束，可以充分掌握自己的时间和行动，自由度高，不想与太多人发生工作关系，既不想治人也不想治于人。

（五）自我成长

工作能够给予受培训和锻炼的机会，使自己的经验与阅历能够在一定的时间内得以丰富和提高。

（六）自我实现

工作能够提供平台和机会，使自己的专业和能力得以全面运用和施展，实现自身价值。

（七）人际关系

将工作单位的人际关系看得非常重要，渴望能够在一个和谐、友好甚至被关爱的环境工作。

（八）身心健康

工作能够免于危险、过度劳累，免于焦虑、紧张和恐惧，使自己的身心健康不受影响。

（九）环境舒适

工作环境舒适宜人。

（十）工作稳定

工作相对稳定，不必担心经常出现裁员和辞退现象，免于经常奔波找工作。

（十一）社会需要

能够根据组织和社会的需要响应某一号召，为集体和社会作出贡献。

（十二）追求新意

希望工作的内容经常变换，使工作和生活显得丰富多彩，不单调枯燥。

从价值观的角度来说，个人职业发展成功还是失败的最终标准取决于你是否得到了你想要的生活，你的职业价值观是否和你的生活方式相一致。如果符合你就会感觉很快乐；如果不符合，即使你拿着高薪，也还是感到不满足。

四、医学生职业价值观分析

随着市场经济的深入和我国医学教育的快速发展，医学生的职业价值观呈现多元化趋势，总的来说，主流是健康的，积极向上的，但也出现了不同程度的偏差，主要表现在部分医学生在选择医学专业时看重的就是医生的高收入，工作以后一味追求经济利益，享受物质生活，把医德医风置之脑后，为病人做昂贵的检查，开不必要的高价药，忽略了个人在精神需要方面的追求。部分医学生追求社会地位，不愿到基层去，只想去大城市，大医院，在择业时更加趋向自我而忽视了社会需求等。

温州医学院（现为温州医科大学）第一任院长钱礼教授，他在少年时期就立志"不为良相为良医"，并自勉"视后学为弟子，视患者为亲朋"，他的价值观是非常清晰的，他把奉献社会、帮助他人作为他的终极价值观，而不是权力和地位。正是这样一种价值观，使得钱礼教授一直为医学事业孜孜不倦，奉献一生，身为院长一直不忘业务学习，从事临床、教学共60余年，在晚年的时候还在修订《腹部外科学》。这本我国腹部外科领域出版较早的专著，影响了一代外科医师，培养和造就了一大批外科医学人才。正是因为钱礼教授把个人价值观与社会需求紧密结合，才造就了他一生辉煌的医学事业。

当代的医学生,更应厘清自己的职业价值观,正确对待医生这个职业所带来的工作稳定、社会地位高、价值成就大等因素、克服职业风险和诱惑,树立追求卓越、刻苦钻研、利他主义等核心价值观,实现除人类之病痛,助健康之完美的誓言。

 **拓展阅读**

希波克拉底誓言

医神阿波罗、埃斯克雷彼斯及天地诸神作证,我——希波克拉底发誓:

我愿以自身判断力所及,遵守这一誓约。凡教给我医术的人,我应像尊敬自己的父母一样尊敬他。作为终身尊重的对象及朋友,授给我医术的恩师一旦发生危急情况,我一定接济他。把恩师的儿女当成我希波克拉底的兄弟姐妹;如果恩师的儿女愿意从医,我一定无条件地传授,更不收取任何费用。对于我所拥有的医术,无论是能以口头表达的还是可书写的,都要传授给我的儿女,传授给恩师的儿女和发誓遵守本誓言的学生;除此三种情况外,不再传给别人。

我愿在我的判断力所及的范围内,尽我的能力,遵守为病人谋利益的道德原则,并杜绝一切堕落及害人的行为。我不得将有害的药品给予他人,也不指导他人服用有害药品,更不答应他人使用有害药物的请求。尤其不施行给妇女堕胎的手术。我志愿以纯洁与神圣的精神终身行医。因我没有治疗结石病的专长,不宜承担此项手术,有需要治疗的,我就将他介绍给治疗结石的专家。

无论到了什么地方,也无论需诊治的病人是男是女、是自由民是奴婢,对他们我一视同仁,为他们谋幸福是我唯一的目的。我要检点自己的行为举止,不做各种害人的劣行,尤其不做诱奸女病人或病人眷属的缺德事。在治病过程中,凡我所见所闻,不论与行医业务有否直接关系,凡我认为要保密的事项坚决不予泄露。

我遵守以上誓言,目的在于让医神阿波罗、埃斯克雷彼斯及天地诸神赐给我生命与医术上的无上光荣;一旦我违背了自己的誓言,请求天地诸神给我最严厉的惩罚!

 拓展练习

职业价值观测试

下面有52道题,代表13项工作价值观,分别有5个备选答案(非常重要,比较重要,一般,不太重要,很不重要)。请根据自己的实际情况或想法,选一个答案。很不重要计1分,不太重要计2分,一般计3分,比较重要计4分,非常重要计5分。然后根据表格后面的提示算出最后的汇总得分,明确自己的价值观倾向。

表 3-1 职业价值观测试

题号	题目	分数				
		5	4	3	2	1
1	你的工作必须经常解决新的问题					
2	你的工作能为社会福利带来看得见的效果					

续表

3	你的工作奖金很高					
4	你的工作经常变换					
5	你能在你的工作范围内自由发挥					
6	你的工作能使你的同学、朋友非常羡慕你					
7	你的工作带有艺术性					
8	你的工作使你感觉到你是团队的一分子					
9	无论你怎么干,你总能和大多数人一样晋级和加工资					
10	你的工作使你有可能经常变换工作地点,场所或方式					
11	在工作中你能接触到各种不同的人					
12	你的工作上下班时间比较随便,自由					
13	你的工作使你有不断取得成功的感觉					
14	你的工作赋予你高于别人的权利					
15	在工作中,你能实现一些你的新想法					
16	在工作中,你不会因为身体或能力等因素被别人瞧不起					
17	你能从工作的成果中知道自己做得不错					
18	你的工作经常要出差或参加各种集会、活动					
19	只要你干上这份工作,就不会再调到其他意想不到的组织或岗位上去					
20	你的工作能使世界更美丽					
21	在你的工作中,不会有人常来打扰你					
22	只要努力,你的工资也会高于其他同龄的人,或升级、加工资的可能性比其他工作大很多					
23	你的工作是对智力的挑战					
24	你的工作要求你把一切事情安排得井井有条					
25	你的工作组织有舒适的休息室、更衣室、浴室以及其他设施					
26	你的工作有可能结识各行各业知名人物					
27	你在你的工作中,能和同事建立良好的关系					
28	在别人的眼中,你的工作是很重要的					
29	在工作中,你经常接触到新鲜的事物					
30	你的工作是你常常能帮助别人					
31	你在你的工作组织中,有可能经常变换工作内容					
32	你的作风使你得到别人的尊重					
33	你的同事和领导人品较好,相处比较随便					
34	你的工作使许多人认识你,相处比较随便					
35	你的工作场所很好,比如有舒适的灯光,舒适的座椅,安静、清洁的环境,宽敞的工作间甚至恒温、恒湿等优越的条件					
36	在工作中,你为他人服务,使他人感到满意,你自己也就很高兴					
37	你的工作需要计划和组织安排别人的工作					
38	你的工作需要敏锐的思考					
39	你的工作可以使你获得较多额外的收入,比如:常发实物,常购买打折的食品,有机会购买进口货等					
40	在工作中,你是不受别人差遣的					
41	你的工作结果应该是一种艺术品而不是一般的产品					

续表

42	在工作中,你不必担心会因为所做的事情领导不满意而受到训斥或经济惩罚				
43	在工作中,你能和领导有融洽的合作关系				
44	你可以看见你努力的工作成果				
45	在工作中常常要你提出新的想法				
46	由于你的工作,经常有很多人来感谢你				
47	你的工作成果常常能得到上级、同事或社会的肯定				
48	在工作中,你会成为负责人,虽然可能领导很少几个人,你信奉"宁做兵头,不做将尾"的俗语				
49	你从事的那一种工作,经常在报刊、电视中被提到,因而在人们心中很有地位				
50	你的工作有数量可观的夜班费、加班费、保健费或营养费等				
51	你的工作体力上比较轻松,精神上比较紧张				
52	你的工作需要和电影、电视、戏曲、音乐、美术、文学等艺术打交道				

汇总分数:

(1)利他主义。说明:工作目的和价值,在于直接为大众的幸福和利益尽一份力。

　题号:2,30,36,46 汇总得分_____

(2)美感。说明:工作目的和价值,在于能不断地追求美的东西,得到美的享受。

　题号:7,20,41,52 汇总得分_____

(3)智力刺激。说明:工作目的和价值,在于不断进行智力的操作,动脑思考,学习以及探索新事物,解决新问题。

　题号:1,23,38,45 汇总得分_____

(4)成就感。说明:工作目的和价值,在于不断创新,不断取得成就,不断得到领导与同事的赞扬或不断实现自己想要做的事。

　题号:13,17,44,47 汇总得分_____

(5)独立性。说明:工作目的和价值,在于目的和价值,在于能充分发挥自己的独立性和主动性,按自己的方式、步调或想法去做,不受他人的干扰。

　题号:5,15,21,40 汇总得分_____

(6)社会地位。说明:工作目的和价值,在于所从事的工作在人们的心中有较高的社会地位,从而使自己得到他人的重视与尊重。

　题号:6,28,32,49,汇总得分_____

(7)管理权。说明:工作目的和价值,在于获得对他人或某事物的管理支配权,能指挥或调遣一定范围内的人或事。

　题号:14,24,37,48,汇总得分_____

(8)经济报酬。说明:工作目的和价值,在于获得优厚的报酬,使自己有足够的财力去获得自己想要的东西,使生活过得较为富足。

　题号:3,22,39,50,汇总得分_____

(9)社会交往。说明:工作目的和价值,在于能和各种人交往,建立比较广泛的社会联系和关系,甚至能和知名人物结识。

题号:11,18,26,34,汇总得分＿＿＿＿＿

(10)安全感。说明:工作目的和价值,在于不管自己能力怎样,希望在工作中有一个安稳的局面,不会因为奖金、加工资、调动工作或领导训斥等经常提心吊胆,心烦意乱。

题号:9,16,19,42,汇总得分＿＿＿＿＿

(11)舒适。说明:工作目的和价值,在于希望能将工作作为一种消遣、休息或享受的形式,追求比较舒适、轻松、自由、优越的工作条件和环境。

题号:12,25,35,51,汇总得分＿＿＿＿＿

(12)人际关系。说明:工作目的和价值,在于希望一起工作的大多数同事和领导人品较好,相处在一起感到愉快、自然,认为这就是很有价值的事,是一种极大的满足。

题号:8,27,33,43,汇总得分＿＿＿＿＿

(13)变异性。说明:工作目的和价值,在于希望工作的内容经常变换,使工作和生活显得丰富多彩,不单调枯燥。

题号:4,10,29,31,汇总得分＿＿＿＿＿

你得分最高的三项价值观是＿＿＿＿＿、＿＿＿＿＿、＿＿＿＿＿,得分最低的三项价值观是＿＿＿＿＿、＿＿＿＿＿、＿＿＿＿＿。

现在,同学们可以利用职业价值观评测结果和对自己职业价值观的判断为自己设计一份理想的工作。

第三节　兴趣探索

"学之者不如好之者,好之者不如乐之者。"人的兴趣在职业活动中起着重要作用。如果一个人的兴趣与自己从事的职业相匹配,那对于个人发展与事业都是有益的。事业有成就的人,必然喜爱自己的工作,唯有对自己从事的职业感到满足的人,才能创造出非凡的价值。

一、兴趣与职业兴趣

兴趣是人们力求认识、掌握某种事物,并经常参与该种活动的心理倾向,其表现为一个人对某件事或某项活动的选择性态度和积极的情绪反应。兴趣使人的探究和认识活动染上强烈的、肯定的情绪色彩,一个人对某种事物感兴趣,就会产生对这种事物的倾向,并积极参与相关活动,表现出乐此不疲的极大热情。

职业兴趣是一个人探究某种职业或从事某种职业活动所表现出来的特殊个性倾向,它使个人对某种职业给予优先的注意,并具有向往的情感。职业兴趣不同于日常生活中的兴趣爱好,它们所指的对象不同,兴趣的对象指向某种事物,职业兴趣的对象则指向某一职业。

职业兴趣不是与生俱来的,会受到环境、教育的影响,而且会受一定的社会历史条件制约。大学生可以通过专业学习、社会实践等方式培养自己的职业兴趣。

二、兴趣对职业发展的影响

(一)兴趣是职业生涯选择的重要依据

兴趣是强大的精神力量,可以使人集中精力去获得所喜欢的知识,启迪智慧并创造性地开展工作。当一个人对某种职业发生兴趣时,就能发挥整个身心的积极性;就能积极地感知和关注该职业知识、动态,并且积极思考,大胆探索;就能情绪高涨、想象丰富;就能增强记忆效果,增强克服困难的意志。

(二)兴趣可以提高工作效率,充分发挥才能

个人对工作有兴趣时,枯燥的工作会变得丰富多彩、趣味无穷。因为兴趣可以调动人的全部精力,促进能力的发挥,兴趣和能力的合理结合会大大提高工作效率。曾有研究显示:如果从事自己感兴趣的职业,则能发挥个人全部才能的80%～90%,且长时间保持高效率不感到疲劳;而从事没兴趣的工作,只能发挥全部才能的20%～30%。

(三)兴趣是保证职业稳定、职场成功的重要因素

对工作感兴趣,就愿意钻研,就会出成就,这正是兴趣的作用所在。兴趣可以为职业生涯选择提供有效的信息,用于预测你的工作满意度和工作稳定性,从事自己感兴趣的职业不但让你感到满意,而且能够让你的工作单位感到满意,并由此导致工作的长期性和稳定性。多方面的兴趣也可以使人善于应付多变的环境。如需变换工作,只要自己感兴趣,就能够很快地学会这门工作,求职成功。因此,兴趣是职场成功的一个重要因素,它能将你的潜能最大限度地调动起来,使你长期专注于某一方向,做出艰苦的努力,取得令人瞩目的成绩。

香港凤凰卫视著名主持人陈鲁豫说过:"我做事只有两个原则:一是做自己喜欢的事;二是做自己擅长的事。碰巧电视节目主持人是我既喜欢又擅长的工作⋯⋯"因此她的节目主持得到了许多观众的喜爱,陈鲁豫的职业选择是成功的选择,在她的职业生涯中,因个人的兴趣爱好,她的潜能得到了很好的发挥。

三、职业兴趣的类型

人的职业兴趣按不同角度分类也有所不同,如根据职业兴趣的目标指向,可以分为直接兴趣和间接兴趣;根据职业兴趣的内容则可以分为物质兴趣和精神兴趣。而在本书第二章提到的霍兰德职业兴趣类型理论是目前的职业生涯规划指导领域影响最广泛、使用最普遍的分类模式。

职业兴趣类型理论是美国著名职业指导专家霍兰德于1959年提出的。他认为大多数人的职业兴趣可以归纳为六种类型:实用型(Realistic Type,简称 R)、研究型(Investigative Type,简称 I)、艺术型(Artistic Type,简称 A)、社会型(Social Type,简称 S)、企业型(Enterprising Type,简称 E)和事务型(Conventional Type,简称 C)。可同一职业团体内的人有相似的人格特质,因此他们对情景和问题会有类似的反应,从而产生的特定的职业氛围亦即职业环境,它具有特定的价值观念、态度倾向和行为模式。由此,工作类型也可以分为六种类型,其名称与兴趣类型的分类一致,职业兴趣类型和职业环境之间的适配增加个人的工作满意度、职业稳定性和职业成就感。例如"艺术型"的人需要艺术型的环境或职业,因为只有这种环境或职业才能给予其所需的机会与奖励,即达到了人和职业的最佳匹配与和谐。

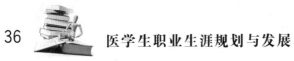

表 3-2　霍兰德职业兴趣类型

类型	喜欢的活动	重视	职业环境要求	典型职业
实用型 R	用手、工具、机器制造或修理东西。愿意从事实物性的工作、体力活动，喜欢户外活动或操作机器，而不喜欢在办公室工作	具体实际的事物，诚实，有常识	使用手工或机械技能对物体、工具、机器、动物等进行操作，与"事物"工作的能力比与"人"打交道的能力更为重要	园艺师、木匠、汽车修理工、工程师、军官、兽医、足球教练员、烹饪
研究型 I	喜欢探索和理解事物，学习研究那些需要分析、思考的抽象问题，喜欢阅读和讨论有关科学性的论题，喜欢独立工作，对未知问题充满兴趣	知识，学习，成就，独立	分析研究问题、运用复杂和抽象的思考创造性地解决问题的能力，谨慎缜密，能运用智慧独立地工作，一定的写作能力	实验室工作人员、生物学家、化学家、心理学家、工程设计师、大学教授、医生
艺术型 A	喜欢自我表达，喜欢文学、音乐、艺术和表演等具有创造性、变化性的工作，重视作品的原创性和创意	有创意的想法，自我表达，自由	创造力，对情感的表现能力，以非传统的方式来表现自己；相当自由、开放	作家、编辑、音乐家、摄影师、厨师、漫画家、导演、室内装潢设计师
社会型 S	喜欢与人合作，热情关心他人的幸福，愿意帮助别人成长或解决困难，为他人提供服务	服务社会与他人，公正，理解，平等，理想	人际交往能力，教导、医治、帮助他人等方面的技能，对他人表现出精神上的关爱，愿意担负社会责任	教师、社会工作者、牧师、心理咨询师、护士、律师
企业型 E	喜欢领导和支配别人，通过领导、劝说他人或推销自己的观念、产品而达到个人或组织的目标，希望成就一番事业	经济和社会地位上的成功，忠诚，冒险精神，责任	说服他人或支配他人的能力，敢于承担风险，目标导向	政治运动领袖、营销商、市场部经理、电视制片人、保险代理
事务型 C	喜欢固定的、有秩序的工作或活动，希望确切地知道工作的要求和标准，愿意在一个大的机构中处于从属地位，对文字、数据和事物进行细致有序的系统处理以达到特定的标准	准确、条理、节俭、盈利	文书技巧，组织能力，听取并遵从指示的能力，能够按时完成工作并达到严格的标准，有组织有计划	文字编辑、会计师、银行家、簿记员、办事员、税务员和计算机操作员

对于医学专业学生来讲,霍兰德职业兴趣类型对职业生涯的指导有重要意义。实用型学生更适合仪器操作、设备维护等医技类的职业;研究型的学生更适合从事医学技术研发、临床科研等工作;艺术型的学生可以向医学整形、美容等方向发展;社会型的学生可以从事一线的医学教育、咨询、医护工作等;企业型的学生可在医药卫生管理、医药类公司发挥自己的优势,而事务型的学生可以在医学管理中从事具体的事务工作。

四、职业兴趣测量

关于职业兴趣的测量表有很多种,比如斯特朗－坎贝尔职业兴趣量表(SCII)、库德兴趣量表(KOIS)等,这里重点介绍霍兰德职业兴趣量表,帮助被试者发现和确定自己的职业兴趣和能力特长,从而更好地做出求职、择业、升学的考虑。

本测验共有七个部分,每部分测验都没有时间限制,但请您尽快按要求完成。

第一部分:你心目中的理想职业(专业)

对于未来的职业(或升学进修的专业)你也许早有考虑,它可能很抽象,很朦胧,也可能很具体,很清晰。不管是哪种情况,现在都请你把你最想干的三种工作或最想读的三种专业,按顺序写下来:

1. _____;

2. _____;

3. _____。

第二部分:所感兴趣的活动

下面列举了一些十分具体的活动。这些活动无所谓好坏,如果你喜欢去参加(包括过去、现在或将来),就请在"是"一栏的方框内画"√"。

注意:这一部分测验主要想确定你所"感兴趣"的某种活动,而不是你"要从事"的活动。即:答题时不必考虑你过去是否干过和是否擅长这种活动,只根据你的兴趣直接做出判断。请务必做完每一个题目。

R 型

你喜欢做下列事情吗?

是　否

1. 装配修理电器 □ □

2. 维修自行车、摩托车 □ □

3. 开卡车或拖拉机 □ □

4. 用木头做东西,如盒子、简易书架 □ □

5. 开摩托车或汽车 □ □

6. 学习五笔字型打字 □ □

7. 日常用品有小毛病自己修理,如手电筒、眼镜 □ □

8. 制作家具或布置居室 □ □

9. 选配制作家庭音响影院系统 □ □

10. 上工艺制作课 □ □

11. 开机器,或使用家庭工具、机械 □ □

统计"是"的个数,并按个数的多少计分为:_____。

Ⅰ型

你喜欢做下列事情吗? 是 否

1. 阅读科技书报杂志

2. 做实验

3. 搞科研活动或自己设定一个问题进行研究

4. 设计制作飞机、舰船模型

5. 猜谜,做数字游戏或文字游戏

6. 阅读某专业的论文

7. 解数学难题

8. 解一盘棋局

9. 读侦探小说或悬念小说

10. 上数学、几何课

11. 上物理课

统计"是"的个数,并按个数的多少计分为:_____。

A型

你喜欢做下列事情吗? 是 否

1. 素描、制图或绘画

2. 表演戏剧、小品、相声或音乐节目

3. 设计家具或家庭居室装饰设计

4. 经常唱卡拉 OK,经常参加舞会

5. 演奏乐器,参加合唱团

6. 读流行小说、散文、诗歌

7. 参加文艺、美术、音乐等培训班

8. 从事摄影创作

9. 读电影和电视剧本

10. 做些小工艺品

11. 练习书法

统计"是"的个数,并按个数的多少计分为:_____。

S型

你喜欢做下列事情吗? 是 否

1. 给同学和亲友写信,发 E-mail

2. 参加学校或工作单位组织的正式活动

3. 加入某个社团组织、俱乐部或组织自发的小组 ☐ ☐

4. 帮助他人解决困难 ☐ ☐

5. 照料儿童 ☐ ☐

6. 参加他人的婚礼、生日宴会等活动 ☐ ☐

7. 结识新朋友 ☐ ☐

8. 参加讨论会或辩论会 ☐ ☐

9. 看运动会或参加体育比赛 ☐ ☐

10. 探亲访友，与人来往 ☐ ☐

11. 阅读人际交往方面的书刊 ☐ ☐

统计"是"的个数，并按个数的多少计分为：_____。

E 型

你喜欢做下列事情吗？ 是 否

1. 对他人做劝说工作 ☐ ☐

2. 买东西砍价或推销产品 ☐ ☐

3. 谈论政治，参与组织活动 ☐ ☐

4. 从事个体或独立的经营活动 ☐ ☐

5. 出席正式会议，发表个人意见 ☐ ☐

6. 进行演说 ☐ ☐

7. 在社会团体中担任一定职务 ☐ ☐

8. 检查与评价别人的工作 ☐ ☐

9. 进行谈判 ☐ ☐

10. 带领若干人去完成某项任务 ☐ ☐

11. 领导他人 ☐ ☐

统计"是"的个数，并按个数的多少计分为：_____。

C 型

你喜欢做下列事情吗？ 是 否

1. 保持桌子和房间整洁 ☐ ☐

2. 抄写文章或信件，校对稿件 ☐ ☐

3. 为领导起草报告或写公务信函 ☐ ☐

4. 用笔、计算器和计算机计算数据 ☐ ☐

5. 核查班费的收支情况 ☐ ☐

6. 整理文件、报告，记录并分类归档 ☐ ☐

7. 记流水账或备忘录 ☐ ☐

8. 上打字课或学速记法 　□ □

9. 参加文秘、财会等实用技能培训 　□ □

10. 使用复印机、传真机和计算机打字 　□ □

11. 写商业贸易信函 　□ □

统计"是"的个数,并按个数的多少计分为:_____。

第三部分:你所擅长或胜任的活动

下面从六个方面分别列举若干项十分具体的活动,以确定你具备哪一方面的工作特长。回答时,只需考虑你过去或现在对所列活动是否擅长、胜任,不必考虑你是否喜欢这种活动。如果你认为你擅长从事某一活动,就请在"是"一栏的方框内画"√"。

注意:你如果从未从事过某一活动,那就请考虑你将来是否会擅长从事该项活动。请你务必做完每一个题目。

R型

你擅长做或胜任下列事情吗? 　是 否

1. 使用锯、钳子、螺丝刀等工具 　□ □

2. 会使用万用电表 　□ □

3. 给自行车或汽车加油使它们正常运转 　□ □

4. 使用食品研磨机、缝纫机等 　□ □

5. 修整木制家具表面 　□ □

6. 看机械图或建筑设计图 　□ □

7. 修理结构简单的家用电器 　□ □

8. 制作航模或编织小工艺品 　□ □

9. 绘制居室设计图纸 　□ □

10. 修理收录音机的小毛病 　□ □

11. 修理自来水管或水龙头 　□ □

统计"是"的个数,并按个数的多少计分为:_____。

I型

你擅长做或胜任下列事情吗? 　是 否

1. 了解晶体管或集成电路的工作原理 　□ □

2. 知道三种以上蛋白质含量高的食物 　□ □

3. 知道一种放射性元素的"半衰期" 　□ □

4. 构思一个活动计划或工作方案 　□ □

5. 使用计算器、对数表或计算尺 　□ □

6. 使用显微镜 　□ □

7. 辨认夜空中的三个星座 　□ □

8. 说明白细胞的功能 □ □

9. 解释简单的化学分子式 □ □

10. 理解人造卫星不会落地的原理 □ □

11. 参加学术讨论会或科技成果交流会 □ □

统计"是"的个数,并按个数的多少计分为:_____。

A 型

你擅长做或胜任下列事情吗? 是 否

1. 演奏一种乐器 □ □

2. 参加二重唱或四重唱表演 □ □

3. 独奏或独唱表演 □ □

4. 模仿和扮演舞台剧和影视剧中的角色 □ □

5. 说书或讲故事 □ □

6. 在舞会上以舞姿优美而出众 □ □

7. 所照的照片中有具有一定艺术水平的 □ □

8. 素描,画画或雕塑 □ □

9. 制作陶器,捏泥塑或剪纸 □ □

10. 设计学校、单位的海报或时装 □ □

11. 写得一手好字 □ □

统计"是"的个数,并按个数的多少计分为:_____。

S 型

你擅长做或胜任下列事情吗? 是 否

1. 善于向别人解释问题 □ □

2. 参加慰问、福利或救济活动 □ □

3. 与人友好相处,配合工作 □ □

5. 能深入浅出地教育儿童 □ □

6. 为一次聚会安排娱乐活动 □ □

7. 帮助他人解决困难 □ □

8. 帮助护理病人或伤员 □ □

9. 安排学校或社团组织的各种集体事务 □ □

10. 善于体察人心,或善于判断人的性格 □ □

11. 善于与年长者相处 □ □

统计"是"的个数,并按个数的多少计分为:_____。

E 型

你擅长做或胜任下列事情吗？　　　　　　　　　　　　　　　　　　是　否

1. 在学校当过学生干部并且干得不错　　　　　　　　　　☐　☐

2. 善于督促他人工作　　　　　　　　　　　　　　　　☐　☐

3. 善于使他人按你的习惯做事　　　　　　　　　　　　☐　☐

4. 做事具有超常的精力和热情　　　　　　　　　　　　☐　☐

5. 能做一名称职的推销员　　　　　　　　　　　　　　☐　☐

6. 代表团体或他人向有关部门反映意见、提出建议　　　☐　☐

7. 担任某种领导职务期间获过奖或受过表扬　　　　　　☐　☐

8. 说服别人加入你所在的团体(如俱乐部、运动队、活动小组等)　☐　☐

9. 创办一家商店或企业　　　　　　　　　　　　　　　☐　☐

10. 知道如何做一位成功的领导者　　　　　　　　　　☐　☐

11. 察觉、判断问题和作决断的能力强　　　　　　　　☐　☐

统计"是"的个数，并按个数的多少计分为：＿＿＿＿＿。

C 型

你擅长做或胜任下列事情吗？　　　　　　　　　　　　　　　　　　是　否

1. 一天能誊抄近一万字　　　　　　　　　　　　　　　☐　☐

2. 能熟练地使用计算器或算盘　　　　　　　　　　　　☐　☐

3. 能够熟练地打字录入　　　　　　　　　　　　　　　☐　☐

4. 善于将书信、文件迅速归档　　　　　　　　　　　　☐　☐

5. 做办公室职员工作干得不错　　　　　　　　　　　　☐　☐

6. 核对文章或数据时既快又准确　　　　　　　　　　　☐　☐

7. 会使用复印机、传真机等办公设备　　　　　　　　　☐　☐

8. 善于在短时间内分类和处理大量文件　　　　　　　　☐　☐

9. 记账、开发票、写收条时既快又准确　　　　　　　　☐　☐

10. 善于为自己或集体作财务预算　　　　　　　　　　☐　☐

11. 能迅速誊清贷方或借方的账目　　　　　　　　　　☐　☐

统计"是"的个数，并按个数的多少计分为：＿＿＿＿＿。

第四部分：你所喜欢的职业

下面列举了许多种职业，对这些职业的基本情况你或多或少都已有所了解，并在此基础上形成了自己的评价态度。如果你对某项职业喜欢的话，请在"是"一栏中打"√"，如果不喜欢，则请在"否"一栏中打"√"。这一部分测验也要求每题必做。

R 型

你喜欢下列职业吗？　　　　　　　　　　　　　　　　　　　　　　是　否

1. 飞行机械师 □ □

2. 野生动物专家 □ □

3. 自动化技师 □ □

4. 精密仪器装配工 □ □

5. 钳工 □ □

6. 电工 □ □

7. 园艺师 □ □

8. 长途汽车司机 □ □

9. 火车司机 □ □

10. 机械、仪表工程师 □ □

11. 测绘工程师 □ □

统计"是"的个数,并按个数的多少计分为:＿＿＿＿＿＿。

I 型

你喜欢下列职业吗? 是 否

1. 气象学研究人员 □ □

2. 生理学、医学研究人员 □ □

3. 天文学研究人员 □ □

4. 药剂师 □ □

5. 法医、侦探 □ □

6. 发明家 □ □

7. 科学杂志编辑 □ □

8. 数学家 □ □

9. 物理学研究人员 □ □

10. 软件编程人员 □ □

11. 哲学家 □ □

统计"是"的个数,并按个数的多少计分为:＿＿＿＿＿＿。

A 型

你喜欢下列职业吗? 是 否

1. 诗人 □ □

2. 文学艺术评论家 □ □

3. 作家 □ □

4. 时装设计师 □ □

5. 歌唱家或歌手 □ □

6. 作曲家 □ □

7. 舞蹈教师 □ □

8. 画家 □ □

9. 相声、小品演员 □ □

10. 乐团指挥 □ □

11. 影视演员 □ □

统计"是"的个数,并按个数的多少计分为:_____。

S 型

你喜欢下列职业吗? 是 否

1. 街道、工会或妇联负责人 □ □

2. 中学班主任 □ □

3. 青少年犯罪问题专家 □ □

4. 慈善机构工作人员 □ □

5. 心理咨询人员 □ □

6. 精神病医生 □ □

7. 职业介绍所工作人员 □ □

8. 导游 □ □

9. 青年团干部 □ □

10. 社会工作者 □ □

11. 婚姻介绍所红娘 □ □

统计"是"的个数,并按个数的多少计分为:_____。

E 型

你喜欢下列职业吗? 是 否

1. 厂长、经理 □ □

2. 推销员 □ □

3. 公司驻外机构负责人 □ □

4. 民办学校校长 □ □

5. 部门经理 □ □

6. 律师或法官 □ □

7. 电视剧制片人 □ □

8. 局长、主任 □ □

9. 人民代表 □ □

10. 服装批发商、代理商 □ □

11. 企业管理咨询人员　☐　☐

统计"是"的个数,并按个数的多少计分为:_____。

C型

你喜欢下列职业吗?　是　否

1. 水文、气象测量员　☐　☐

2. 会计师　☐　☐

3. 银行营业员　☐　☐

4. 法庭书记员　☐　☐

5. 人口普查登记员　☐　☐

6. 成本核算员　☐　☐

7. 化验员　☐　☐

8. 出版社编辑、校对员　☐　☐

9. 打字员　☐　☐

10. 办公室秘书　☐　☐

11. 产品质量检验员　☐　☐

统计"是"的个数,并按个数的多少计分为:_____。

第五部分:能力类型简评

下面两张表是您对6种职业能力的自我评定。您可以先与同龄者比较出自己在每一方面的能力,然后经斟酌后对自己的能力作评估。请在表中适当的数字上画圈。数字越大,表示你的能力越强。注意,请勿全部画同样的数字,因为人的每项能力不可能完全一样。

表3-3　职业能力自我评定 I

R型	I型	A型	S型	E型	C型
机械操作能力	科学研究能力	艺术创作能力	解释表达能力	商业洽谈能力	事务执行能力
7	7	7	7	7	7
6	6	6	6	6	6
5	5	5	5	5	5
4	4	4	4	4	4
3	3	3	3	3	3
2	2	2	2	2	2
1	1	1	1	1	1

表3-4　职业能力自我评定 II

R型	I型	A型	S型	E型	C型
体育技能	数学技能	音乐技能	交际技能	领导技能	办公技能
7	7	7	7	7	7
6	6	6	6	6	6
5	5	5	5	5	5
4	4	4	4	4	4
3	3	3	3	3	3
2	2	2	2	2	2
1	1	1	1	1	1

第六部分:统计和确定您的职业倾向

请将第二部分至第五部分的全部测验分数按前面已统计好的6种职业倾向(R型、I型、A型、S型、E型和C型)得分填入下表,并作纵向累加。

表3-5　统计和确定职业倾向

测试	R型	I型	A型	S型	E型	C型
第二部分						
第三部分						
第四部分						
第五部分Ⅰ						
第五部分Ⅱ						
总分						

请将表3-5中的6种职业倾向总分按大小顺序依次从左到右排列:

_____型＞_____型＞_____型＞_____型＞_____型＞_____型

最高分_____,被试者的职业倾向性得分_____,最低分_____。

第七部分:您所看重的东西——职业价值观

这一部分测验列出了人们在选择工作时通常会考虑的9种因素(见所附工作价值标准)。现在请您在其中选出最重要和最不重要的两项因素,并将序号填入下边相应空格上。

最重要:_____;次重要:_____;最不重要:_____;次不重要:_____。

附　工作价值标准

1. 工资高、福利好

2. 工作环境(物质方面)舒适

3. 人际关系良好

4. 工作稳定有保障

5. 能提供较好的受教育机会

6. 有较高的社会地位

7. 工作不太紧张、外部压力少

8. 能充分发挥自己的能力特长

9. 社会需要与社会贡献大

以上全部测验完毕。

现在,将你测验得分居第一位的职业类型找出来,对照本书附录,判断一下自己适合的职业类型。

第四节　性　格

"以我的个性读什么专业好?""我性格中的优势和劣势是什么?""我的性格适合我从事的工作吗?"这是职业生涯探索中经常会问的问题。职业心理学研究表明,性格影响一个人对职业的适应性,而不同职业对从业人员的性格也有特定的要求。所以我们要不断分析、评价自己的性格,找出与职业不相适应的性格缺陷,扬长避短,不断完善自身的人格塑造,从而尽可能地实现"人职匹配"。而在众多的职业中,医生的心理人格状况对工作质量、方式、态度将产生更直接的影响。优秀医师的性格特质和行为习惯不是自然形成的,它是长期人文医学持续教育的结果。因此,医学生应形成与医学专业相适应的职业性格,以便更好地适应将来的职场生活。

一、性格与职业性格

东方古语云:"积行成习,积习成性,积性成命。"可见性格形成的长期性和重要性,那么什么是性格?"性格"这一词源于希腊语,意为雕刻的痕迹或戳记的痕迹。这个概念强调个人的典型行为表现和由外部条件决定的行为。我国心理学界倾向于把性格定义为个人对现实的稳定的态度和与之相适应的习惯化了的行为方式。性格的形成不但受遗传因素的影响,也是生活环境、教育、经历的反映,因此性格具有可塑性。

职业性格是一种特定的职业对从业者在性格上的基本要求,每一种特定的职业都要求从业者具有适应工作性质的职业性格。良好的职业性格对从业者能力的提高和事业的发展起着极大的推动作用。比如对临床医生、护士等医务工作者来说,敏感性、同情心、沉着冷静等性格品质尤为重要。

二、性格对职业的影响

人的性格类型与职业之间具有相关性。一方面,不同的性格类型适应不同的职业要求。如从事科学研究的人必须认真严谨、独立自信、富于批判精神和创新意识;而会计师要求性格沉稳、条理性强、细心谨慎;从事幼儿园教师的工作,需要活泼开朗、喜欢孩子、多才多艺;而对医务工作者则要求处事沉着、情绪稳定、平和友善和高度的责任心。另一方面,从事某种职业的人会按照职业的要求不断巩固或调整原有的性格特征。虽然如此,但由于受多种因素影响,每个人性格与职业之间并不存在严格的对应关系,不同性格类型的人在同一职业领域能够有各具特色的表现,同一性格的人在不同职业领域中也会有各自精彩的成就。

性格没有好坏之分,每一种性格都存在自己的潜能和潜在的盲点,最重要的是要学会认识和接纳真实的自己。认清自己的性格有助于认清自己的优势和不足,同时了解与性格相匹配的职业和环境,帮助我们找到最适合自己发展的职业和职业发展路径,从而扬长补短,取得职业生涯的成功。

三、性格类型和特点

关于性格的分类有多种方法,当今世界上应用最广泛的是基于荣格的心理类型论的梅尔－布莱格心理类型指标(Myers-Briggs type indicator),简称 MBTI,是由美国的心理学家布莱格及其女儿迈尔斯的研究发展而来的。该理论根据 4 组维度和 8 个向度将人的性格分为 16 种类型,通过 MBTI 模型,性格和职业之间的联系能得到比较清晰的阐释。

(一)MBTI 中的 4 个维度

1. 心理能量的释放倾向:外向(E)—内向(I)

内外倾向维度是区分个体的最基本的维度。外倾的人倾向于将注意力和精力投注在外部世界、外在的人、外在的物、外在的环境等,而内倾的人则相反,较为关注自我的内部状况,如内心情感、思想,具体见表 3-6。

表 3-6　内倾型与外倾型的特征比较

外倾(E)	内倾(I)
喜欢行动和多样性	喜欢安静和思考
喜欢通过讨论来思考问题	喜欢讨论之前先进行独立思考
采取行动迅速,有时不作过多的思考	在没有搞明白之前,不会很快地去做一件事情
喜欢观察别人是怎样做事的,喜欢看到工作的结果	喜欢理解工作的道理,喜欢一个人或很少的几个人干事
很注意别人是怎样看自己的	为自己设定标准

2.接受信息的方式:感觉(S)—直觉(N)

感觉和直觉是获取信息的两种方式。感觉型的人注意和留心事务的细节,用感官接受信息;直觉型的人则相信灵感,从整体上看事务,具体见表 3-7。

表 3-7　感觉型与直觉型的特征比较

感觉(S)	直觉(N)
主要是通过过去的经验去处理信息	主要是通过分析事实所反映出来的意义以及二者之间的逻辑关系去处理信息
愿意用眼睛、耳朵和其他感官去察觉新的可能性	喜欢用想象去发现新的做事方法感受事物
讨厌出现新问题,除非存在标准的解决方法	喜欢解决新问题,讨厌重复地做同一件事
喜欢用已会的技能去做事,而不愿意学习新东西	与其说练习旧技能,不如说更愿意运用新技能
对于细节很有耐心,但当出现复杂情况时则开始失去耐心	对于细节没有耐心,但不在乎复杂的情况

3.决策的方式:思考(T)—情感(F)

思考和情感是关于人们如何处理、获取信息的。思考型的人能客观地分析所观察到的事件或想法,他们用大脑来做决定,一视同仁地贯彻规章制度,不太习惯根据人情因素变通,哪怕做出的决定并不令人舒服。情感型的人常以自己和他人的感受为重,将价值观作为判定标准,习惯于用心灵来做决定,他们通常会对信息作出个人的、主观的评价,具体区别见表 3-8。

表 3-8　思考型与情感型的特征区别

思考(T)	情感(F)
根据逻辑决策	根据个人感受和价值观决策,即使它们可能不符合逻辑
愿意被公正和公平地对待	喜欢被表扬,喜欢讨好他人,即使在不太重要的事上也如此
可能不知不觉地伤害别人的感情	了解和懂得别人的感受
更关注道理或事情本身,而非人际关系	能够预计到别人会如何感受
不太关注和谐	不愿看到争论和冲突,珍视和谐

4.日常生活方式:知觉(P)—判断(J)

判断和知觉是关于人们在与外界发生关系的过程中是如何做决定的。判断型的人往往拘泥于计划和秩序,对他们来说,有系统的工作和秩序是至关重要的。

而知觉型的人倾向于用感觉和直觉的方式去对事物做决定,他们的态度是灵活的、开放的,具体区别见表 3-9。

表 3-9　判断型与知觉型的特征区别

判断（J）	知觉（P）
预先制订计划,提前把事情落实和决定下来	保持灵活性,避免做出固定的计划
总是让事情按"它应该的样子"进行	轻松应对计划和意料外的突发事件
喜欢先完成一件工作后,再开始另一件	喜欢开始多项工作
可能过快地做出决定	可能做决定太慢
按照不轻易改变的标准和日程表生活	根据问题的出现不断改变计划

人的性格非常复杂,每个维度都会彼此影响,因此对以上四个维度两两组合,就可以组合成以下 16 种性格类型。

（二）16 种 MBTI 类型

1. 内向直观感觉知觉（INFP）

INFP 是理想主义的安静观察者,忠于自己的价值观,希望生活形态与内在价值观相吻合。具好奇心且目光敏锐,试图了解别人,协助别人发展潜能。处事灵活、适应力高且承受力强。对所处境遇及拥有不太在意。

2. 内向感观思考判断（ISTJ）

ISTJ 是传统性的思考者。严肃、安静、沉着。做事务实、有序、真实及可信赖。十分留意且乐于任何事。工作、居家、生活均有良好组织及有序。责任心强。一旦做出决定便会坚定不渝地执行。重视传统与忠诚。

3. 内向感观感觉判断（ISFJ）

这类人安静和善、有责任感和良知、愿投入愿吃苦,往往担任项目工作或团体的安定力量,并能坚定地完成任务。对细节事务有耐心,忠诚、考虑周到、知性并注重他人感受。致力于构建有序和谐的工作与家庭环境,兴趣通常不在于科技方面。

4. 内向直观感觉判断（INFJ）

这类人安静、友好、有责任感和良知。光明正大且坚信其价值观。坚定地致力于完成他们的义务。全面、勤勉、精确,忠诚、体贴,对他人具洞察力,留心和记得他们重视的人的小细节,关心他们的感受。

5. 内向直观思考判断（INTJ）

这类人灵活、忍耐力强,是个安静的观察者。对所承负职务,具良好的策划能力和执行力。善于分析事物运作的原理,能从大量的信息中很快地找到关键的症结所在。具怀疑心、挑剔性、独立性、果决,对专业水准及绩效要求高。对于原因和结果感兴趣,用逻辑的方式处理问题,重视效率。

6. 内向感观思考知觉（ISTP）

这类人安静、容忍、有弹性。是冷静的旁观者,擅长探究问题的成因及寻求解决方案,善于把握问题的核心。重视事件的前因后果,能以理性的原则把事实组织起来,注重效率。

7. 内向感观感觉知觉（ISFP）

这类人友善、敏感、亲切且行事谦虚。不对他人强加己见或价值观。忠于自己所重视的人。办事不急躁,安于现状不喜欢冲突。喜欢有自由的空间并按自己的计划办事。

8. 内向直观思考知觉（INTP）

这类人擅长以逻辑及分析来解决问题的问题解决者。对于自己感兴趣的任何事物都寻求找到合理的解释。喜欢理论性的和抽象的事物,热衷于思考而非社交活动。安静、内向、灵活、适应力强。对于自己感兴趣的领域有超凡的集中精力深度解决问题的能力。多疑,有时会有点挑剔,喜欢分析。

9.外向感观思考知觉(ESTP)

这类人擅长现场实时解决问题的问题解决者。喜欢积极地采取行动解决问题。灵活,忍耐力强,实际,注重结果。觉得理论和抽象的解释非常无趣。注重当前,自然不做作,享受和他人在一起的时刻。喜欢物质享受和时尚。学习新事物最有效的方式是通过亲身感受和练习。

10.外向感观感觉知觉(ESFP)

这类人外向、和善、包容、乐于分享。喜欢与他人一起行动,学习时亦然。人际交往能力强,很有弹性,能使工作充满趣味性。能立即适应新环境并易于接受新朋友。对生命、人、物质享受的热爱者。

11.外向直观感觉知觉(ENFP)

这类人活力充沛、聪明而富有想象力,认为生活中充满机会,很需要他人的肯定与支持,也乐于欣赏他人。几乎能达成所有有兴趣的事。即兴执行者,对难题很快就有对策并能对有困难的人施予援手。为达目的常能找出强制自己为之的理由。

12.外向直观思考知觉(ENTP)

这类人思维敏捷、睿智,有激励别人的能力,警觉性强、直言不讳。在解决新的、具有挑战性的问题时机智而有策略。善于找出理论上的可能性,然后再用战略的眼光分析。善于理解别人。不喜欢例行公事,很少会用相同的方法处理相同的事,倾向于接二连三地发展新的爱好。

13.外向感官思考判断(ESTJ)

这类人注重务实、讲求实际,具企业或技术天赋。不喜欢抽象理论,最喜欢学习实用性、操作性强的内容。能够组织与管理活动并以最有效率的方式完成。喜作领导者或企业主管,具有决断力、关注细节且很快作出决策,是个优秀行政者,但常常会忽略他人感受。

14.外向感官感觉判断(ESFJ)

这类人真诚、爱说话、合作性高、受人欢迎。光明正大的天生的合作者及活跃的组织成员。注重和谐并善于营造这样的氛围。注意他人的需要并乐于给予帮助,认为给予鼓励会达到更好的工作成效,同时也渴望别人的赞赏。喜欢与他人共事并使工作精确且准时地完成。

15.外向直观感觉判断(ENFJ)

这类人热情、为他人着想、有同情心、责任心强。非常注重他人的感情、需求和动机。善于发现他人的潜能,并希望能帮助他们实现。能成为个人或群体成长和进步的催化剂。忠诚,对于赞扬和批评都会积极地回应。友善,好社交。在团体中能很好地帮助他人,并有鼓舞他人的领导能力。对他人评价很在意。

16.外向直观思考判断(ENTJ)

这类人坦诚、具决策力的活动领导者。求知欲强,并乐于传授给他人。计划性强,倾向于制定长远的目标与计划。善于发现不合理的程序和政策,并能发展与实施一个顾全大局的制度去解决组织的问题,能够有力地提出自己的主张。但易过度自信,会强于表达自己意见。

表 3-10　MBTI 各种性格类型的常见适合职业举例

ISTJ	ISFJ	INFJ	INTJ
外科医生	内科医生	心理咨询师	心脏病专家
实验室技术人员	护士	职业指导顾问	精神分析师
药剂师	营养师	特殊教育教师	医学专家
牙科医生	外科医生	建筑设计师	网络管理员
医学研究员	药剂师	培训师	首席财政执行官
数据库管理	图书/档案管理员	网站编辑	法律顾问
会计	室内装潢设计师	作家	设计工程师
房地产经纪人	客户服务专员	音乐家	媒体策划

ISTP	ISFP	INFP	INTP
药剂师	牙医	心理学家	音乐家
消防员	护士	作家	知识产权律师
信息服务业经理	按摩师	人力资源管理	软件设计师
计算机程序员	室内装潢设计师	翻译	风险投资家
警官	客户服务专员	社会工作者	法律仲裁人
电子工程师	服装设计师	图书管理员	金融分析师
财务顾问	厨师	服装设计师	网站设计师
画家	旅游管理	编辑/网站设计师	计算机程序员

ESTP	ESFP	ENFP	ENTP
企业家	销售	心理学家	大学校长
土木工程师	海洋生物学家	管理咨询顾问	企业家
旅游管理	促销员	广告客户管理	投资银行家
股票经纪人	幼教老师	演员	广告创意总监
保险经纪人	公关专员	平面设计师	市场管理咨询顾问
职业运动员/教练	职业策划咨询师	艺术指导	文案
电子游戏开发员	旅游管理/导游	公司团队培训师	广播/电视主持人
房产开发商	演员	人力资源管理	演员

ESTJ	ESFJ	ENFJ	ENTJ
药剂师	护士	社会工作者	教育咨询顾问
公司首席执行官	按摩师	人力资源管理	投资顾问
军官	运动教练	广公司培训师	政治家
预算分析师	房地产经纪人	告客户管理	公司首席执行官
房地产经纪人	零售商	杂志编辑	管理咨询顾问
保险经纪人	理货员/采购	电视制片人	房产开发商
物业管理	饮食业管理	市场专员	法官
职业经理人	旅游管理	作家	警察

得出自己的MBTI类型后,可以帮助我们进一步了解自己适合的职业类型。每种类型都有各自的职业倾向,在理解职业倾向时,请不要光看类别名称,更重要的是要看到这一类别工作的特点。

在MBTI类型中,医务工作者拥有ISTJ、ISFJ、ISFP性格类型的人相对较多。总的来说,根据自己的性格来选择职业,才能让自己的行为方式与职业性质相吻合,更好地发挥出在职场的潜能,从而得心应手地驾驭好本职工作。因此医学生也要根据自己的职业期待来培养和发展相应的职业性格。

 **拓展练习**

测测你的MBTI类型

1.你认为你的性格是外向还是内向?(外向为E,内向为I)

2.谈谈你对你班长的印象。(主要描述细节如长相、衣着的为S,主要描述对班长的感觉如热情、能力突出者为N)

3.你明天要参加生化考试,复习得还不是很充分,这时你久未谋面的好朋友来电约你相聚,他将搭乘明天的飞机启程去留学,至少3年不能回国,你是否会参加聚会?(不参加为T,参加为F)

4.通常你去图书馆借书是否有计划,包括确定书目等,耗时长吗?(无计划者为P,有计划者为J)

综合以上四个选项,得出你的MBTI类型,对照"16种MBTI类型"的分析,看看是否符合你的性格,同时根据表"MBTI各种性格类型的常见适合职业举例"了解你所适合从事的职业类型。有兴趣的同学还可参照附录MBTI量表得出你的MBTI类型。

第五节　能力探索

"你的能力如何?"是每位应聘者都需心中有数的问题,也是一个人能否进入职业的先决条件,即个人素质的核心。当人的能力能适应所从事的职业,人们往往"成竹在胸",否则,即便达成目标的意愿再强,也只能"心有余而力不足"地"望洋兴叹"。发现、培养和展现自己的能力是谋得理想职位不可或缺的。

一、能力与职业能力

能力是调用知识、运用智力、借助技能,顺利完成某种实践活动的个性心理特征。职业能力则主要指从业人员为胜任某一职业要求而必备的素质,是人们从事某种职业的多种能力的综合。例如:一位医生只具有专业能力是不够的,还必须具有临床实践能力,与患者的沟通交流能力,对医疗问题和医疗效果的分析、判断能力等。如果说职业兴趣或许能决定一个人的择业方向,以及在该方面所乐于付出努力的程度,那么职业能力则能说明一个人在既定的职业方面是否能够胜任,也能说明一个人在该职业中取得成功的可能性。

二、能力与职业发展的关系

心理学家罗奎斯特和戴维斯提出了明尼苏达工作适应论。该理论认为：当工作环境能够满足个人的需求时，个人会感到"内在满意"；而当个人能够满足工作的要求时，个人能到达"外在满意"（即令自己的雇主、同事感到满意）。当个人能够同时达到内在和外在的满意时，个人与环境之间的关系就比较协调，此时的个人的工作满意度会比较高，在该工作领域也能持久发展。

在对"内在满意"和"外在满意"指标的衡量中，能力都占有很重要的地位。"外在满意"主要可以通过衡量个人职业能力与工作的能力要求之间的配合程度来进行评估。"内在满意"方面，则主要通过衡量个人价值观与企业文化及奖惩制度之间的适配性来评估。做自己能够胜任的工作，培养和发展自己的能力，发挥个人的潜能，是个人选择职业时希望得到满足的需求，亦即与能力相关的价值观。能力与个人的职业满意度、工作适应性以及职业稳定性具有直接的相关关系。

那么，如何才能最好地发挥个人潜能呢？就像物理当中的共振现象一样，当个人的能力与工作的要求相匹配时，最容易发挥自己的潜能，并且获得一种满足感，而这种满足感又能更好的刺激个人在工作的积极性。相反，一个人去做自己力所不及的工作时就会感到焦虑、不自信，甚至产生挫败感，就会严重影响到正常的工作情绪；而当一个人的能力超出工作要求太多时，又容易感到工作的平淡、乏味、缺乏挑战。因此，在选择职业时，我们同样要寻求个人能力与职业技能要求的"共振"。

三、能力的分类

（一）按获得的方式（先天具有与后天培养）分类

能力按照其获得的方式（先天具有与后天培养）可以分为"能力倾向"和"技能"两大类。

1. 能力倾向

能力倾向（aptitude，gift）是指每个人都有的天赋，即我们与生俱来的特殊才能，它是与生俱来的，但环境和文化都可以影响到天赋的发展。它包括一般能力和专门能力。环境和文化都可以影响到天赋的发展。

2. 技能

技能（skill）是经过学习和练习而培养形成的能力，如阅读能力、人际交往能力、表达能力等。它可以通过后天不断地努力实践而获得加强。在现实生活中，个人的能力水平往往是能力倾向和技能两方面的结果。比如，钢琴家郎朗和网球运动员李娜，他们都通过了后天难以想象的训练达到了如今令人仰慕的成绩，站立在世界之巅，这都很好地阐明了这一点。在了解这两方面的本质后，我们就应注意不要、也不能将两者混为一谈。在日常生活中，如果我们像孩童一样地勇于探索、勤于学习，并且敢于面对失败和挫折，从中吸取经验，加以改进，那么能力便能从日常生活中获得。

（二）按辛迪·梵和理查德·鲍尔斯分类

辛迪·梵和理查德·鲍尔斯（Sidney Fine & Richard Bolles）将技能分为三种类型：专业知识技能、自我管理技能（或称适应性技能）、可迁移技能（或称通用技能）。

1.专业知识技能

专业知识技能是指那些需要通过有意识的教育或者培训才能获得的特别的知识或能力。比如,掌握外语、电脑编程、了解人体构造、获得卫生资格证书等。不能够迁移。需要经过有意识的、专门的学习培训才能掌握。

专业知识技能并非只能通过正式专业教育才能获得。它的获取途径包括:学校课程、课外培训、继续教育、资格认证考试、专业会议、讲座或研讨会、自学、爱好、娱乐休闲、社会实践、上岗培训等。

专业知识技能的重要性常常被夸大。往往在招聘中,专业知识技能绝对不是用人机构所重视的唯一要素。大学生就业难在一定程度上也与片面地强调专业知识的学习而忽视自我管理技能和可迁移技能的培养有关系。其实,现代社会越来越重视"复合型人才",这就要求大学生同时具备不同的知识技能,重视各种技能的组合,来面对挑战。

作为大学生,可以阶段性地对自己的经历进行分析总结,尽可能全面地列出你所掌握的知识技能,再从中分别挑出自己感觉比较精通的和在工作中应用或希望应用的知识技能,然后对其重要性进行排序。同时思考哪些知识技能目前自己尚不具备却渴望拥有,进而考虑如何获取这些知识,以期自己在不远的将来能更符合理想职业的要求。

2.自我管理技能

良好的自我管理技能能够帮助个体更好地适应周围的环境、应对工作中出现的问题,因此,它也被称为"适应性技能"。

这种技能经常被视为个性品质,用来描述或说明人具有的某些特征。这些特征或技能能够帮助人们更好地适应周围的环境、在周围文化环境中调整自己。它与例如人们如何与人相处、如何维持生活、如何应对环境等相关。事实上,人们被解雇或离职更多的时候是因为缺乏自我管理技能而不是因为缺乏专业能力。自我管理技能可以从非工作生活领域转换到工作领域。自我管理技能是最难以培养的,它不是通过专门的课程学习到的,而是在日常生活中随时随地培养起来的。然而它们却是成功所需要的品质。相对来说,知识性技能则更容易获得,而且是不论具有怎样的自我管理技能都可能获得相同的知识性技能,相反则不然。因而自我管理技能被誉为"个人最有价值的资产"。

大学阶段是学习的黄金季节。多参与一些社会活动和社团工作,有助于大学生在工作实践中更好地认识自身的优势和不足,学会换位思考,从同龄人那里感悟榜样的力量,听取别人的意见,与同学共同成长,提高自我管理技能,进而得到更全面的发展。

3.可迁移技能

可迁移技能就是那些能够从一份工作中转移运用到另一份工作中的、可以用来完成许多类型工作的技能。它指的是人们做的事,如:阅读、驾驶、分析、操作、阐述、测量、推理、激励、管理、装配、创造、交际、巩固、洞察等。几乎在所有的工作中,都或多或少地会用到这些技能,故也被称为通用技能。它的特征是它们可以从生活中的方方面面,特别是工作之外得到发展,却可以迁移应用于不同的工作之中。在职业规划中,当需要勾画出个人最核心技能的时候,可迁移技能是需要被最先和最详细叙述的。因为它是你最能持续运用和最能够依靠的技能。事实上,专业知识技能的运用都是在可迁移技能基础之上的,因而相对而言可迁移技能较之知识技能更为重要,它与自我管理技能一起使得我们可以不限于自己所学的专业,在更广泛的平台上求职。

医学生在校期间需要关注的可迁移技能沟通技能包括沟通技能（在课堂上有效地倾听、小组讨论）；解决问题或批判性思维技能（分析和抽象思维，找出同一问题的不同解决方案）；人际关系技能（与同学合作去完成老师布置的实验，与宿舍的同学相处）；组织技能和研究技能（搜索数据、收集和分析数据、研究技能、调查问题）等。

我们以医生对病人进行手术的例子来对技能类型区分，医生要成功地给病人做手术需要：（1）知识性技能：相应的医学知识，例如人体解剖学、诊断学、外科学知识等，这是可以通过学习培训获得的。（2）可迁移技能：能够熟练地操作手术刀。熟练运用"手"的技能可以帮助我们写好字，勤于练习书法也会对操作手术刀有所帮助，我们可以看到"熟练运用手"可以体现在不同的方面。（3）自我管理技能：与麻醉师、助手、护士紧密合作，术前和病人及其家属进行良好的沟通。这涉及医生的个人特质，而且是不容易培训的。这些技能像可迁移技能一样，可以从非工作生活领域迁移到工作领域。他们对于在工作中取得成就是不可或缺的，以至于雇主们对它们的重视程度往往超过其他的所有技能。

飞速发展的社会对医学生的综合能力提出了更高的要求，而大学生正处于能力的提升期，可塑性比较强。因此，我们应该根据自己的能力倾向特点加强学习，努力提升自己的能力，在求职和工作中实现自己的职业理想。

 拓展阅读

未来医生的七大能力[①]

老拉是个美国老头，他的美国名字叫 Gerald S. Lazarus，他是美国中华医学基金会的顾问，北京协和医院的客座教授。近 3 年他常来中国，曾与国内 72 家医院的领导交流过医院管理的经验，还经常到医学院校探讨现代中国医学教育的发展方向，是很多中国医生的朋友，大家给他起了个中国名字——老拉。不久前他给北京的医生们作了一次演讲，给大家分析了未来中国医生的发展方向。

老拉说，中国目前培养医生的模式与 20 年前的美国很相似。一直以来中国医学生花很多时间记忆知识，并以记忆准确而受到称赞。20 年前美国也很强调核心知识的重要性，但随着信息技术的发展，人们很容易就从互联网上学到新知识，就不必再把那么多东西记在脑子里，所以美国医生开始重视培养解决问题的能力，学会利用新技术找到所需要的知识。在老拉看来，目前中国医生也要在信息时代尝试转变自己。中国现在要培养 20 年后的医生。

老拉分析了美国医院近年来发生的变化：来医院就诊的多是慢性病患者，老人也越来越多，70 岁以上的老年病人多患有抑郁症。很多病人难以长期住院治疗，只能在门诊就诊。但医院一直都重视技术含量很高的住院治疗，而不太重视门诊服务。面对这种变化，医院应改变门诊服务的模式，使医生不仅重视疾病发作时的处理，更要有指导病人长期保持健康的意识。

老拉预测了 20 年后的中国：那时中国是个经济大国，病人也更有钱，会有更快获得信息的渠道，病人疾病谱也会像美国一样发生变化。所以中国医生应迅速使用新的手段获取信

---

① 摘自健康网。

息和新技术，培养一些传统医学教育未涉及的新能力。

20年后医生要具备哪些能力？

接受和表达的能力。作为医生，要知道怎样和病人交流，能否清楚地描述病人的病史，能否用正确恰当的语言把诊断结果告诉病人。是否尊敬、理解病人，是否能让病人也理解你想让他做的事？你的同事理解你的想法吗？你会清楚地表达自己的想法吗？大夫必须学会医患沟通的技巧，有的大夫花了30分钟也不了解病人希望解决的问题，而一个训练有素的医生对患者的问题有很好的感知力，只问几个简单的问题就抓住了要点。

将基础科学运用于医学实践的能力。老拉曾做过20年的基础研究。他说在教学时，教授们往往选自己感兴趣的知识，而这些信息并没有传达出医学的普遍原则。老拉举了个例子：那些能回答出疾病染色体位置在哪里的学生，老师不应该给他高分，因为这种学生花了大量时间在细枝末节上，而没把时间用在掌握疾病产生过程的基本原则上，一个医生只有掌握了普遍原则，才能有的放矢，尽职尽责。

善于考虑社区及周边环境的能力。老拉经过调查发现，中国医生对病人所处的社会环境、心理和经济环境不够重视。他举了个例子，有位70岁的老年妇女骨盆骨折，在医院治疗后回到家，她家住在三楼，没有电梯，回到家后很难外出活动，如同被囚禁。未来的医生不能仅仅治疗患者眼前的疾病，要考虑治疗后病人的生活质量与回归社会的问题。

专业技能与人文思想相结合的能力。去年有上百位医生被打，其中有人受重伤，老拉说完这些数字后很感慨：看来你们的医患关系很紧张。面对这种形势，医护人员不能只是抱怨患者的态度蛮横，医学院校应在教育过程中着重告诉医学生对病人负有什么责任，如何对待病人，了解疾病的伦理学后果，了解医生的情感对治疗的影响。

循证医学的能力。过去往往重视借鉴先人的经验，然而每年世界上发表的医学文献很多都是无用或有错误的"垃圾"，医生要通过循证医学来辨析和寻找最佳的证据。

自我感知的能力。每个医生的能力都是有限的，此外医生的压力很大，致使国外很多医生滥用药物成瘾。老拉告诉大家，医生也要学会排解自己的烦恼。如果你刚和太太吵架后就去医院上班，自我感觉恐怕会很糟糕。大夫要认识到自己也会出问题。

终身学习的能力。一个医生的职业生涯往往会超过30年甚至更长，他从学校学习的知识5年后就会过时，所以毕业仅仅是医学教育的开端，只有一生都在学习的医生才是好医生。

思考题

1. 自我认知包含哪些方面？
2. 价值观、兴趣、性格、能力对择业有什么影响？
3. 你对自己的价值观、兴趣、性格、能力有何认识？
4. 如何根据自己的价值观、兴趣、性格、能力选择职业目标？

第四章　医学生职业环境

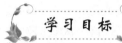

1. 了解医学生的职业环境。
2. 认识职业环境探索的重要性,构建职业信息库。
3. 了解医学毕业生就业状况。
4. 掌握职业信息收集途径、训练技巧。

案例分析

　　肖静是一名大四的学生,每天埋头苦读,当要进入实习阶段的时候突然发现自己对所学专业的环境根本不了解,也不知道今后哪些单位部门会对自己所学专业有需求,社会上有多少像她这样的毕业生? 父母建议她可以先考研,而她自己却想直接就业。她能找到工作吗? 该向哪些单位投递自己的简历? 她对就业市场的一片茫然让自己有一种不知所措的感觉,生活中开始充斥着一种恐慌。

【讨论】

　　1. 你怎么看待肖静的这种困惑?

　　2. 在校期间,你觉得应该怎么应对会更好地了解职场?

　　3. 如果你是肖静,你的下一步思考和对策是什么?

　　在校生中像肖静这样的同学不在少数,以为进入大学就是埋头苦读,毕业时茫然不知所措。事实上,及早了解医学生职业环境,科学客观地判定分析当前医学生就业的形势和就业环境,对进一步进行职业抉择具有重要意义。对医学类毕业生而言,认清医学类毕业生的就业形势,包括医学生的培养机制、用人单位需求分析和近年来医学生就业总体情况,对医学类毕业生正确探索职场,树立正确的择业观、就业观具有积极的意义。

第一节　就业形势

　　全面地了解你所要面对的工作世界是进入职场非常重要的一步,尽管毕业生众多,市场竞争激烈,但如果自己了解市场的就业趋势及形势,了解用人单位的需求,了解工作发展的路径和规律,就能够结合自身特点在社会中找到属于自己的一份职业。相对于一般普通高等院校,医学院校的学生所要探索的职业环境还是有些不同,毕业生的就业也有其相对独立性。在用人单位需求、学校学习的专业侧重、培养机制和其他专业相比具有特殊性。本节中将主要阐述医学院校的一些基本特点、毕业生所面临着的就业形势和总体情况,以便大家对医学生的就业市场有更多的了解。

一、医学类就业环境的影响因素

（一）医学专业求职者所接受的教育情况和培训水平

医学专业求职者所接受的教育和培训情况决定了其技能水平和专业程度。在一定区域的职业环境中如果已存在足够多的能满足医学职业需求的求职人员,那么这个区域的医学类的劳动力市场趋于饱和,竞争压力大,此时可以放开眼界寻求更广阔的市场资源。因此在校期间要尽可能提前了解更多信息,包括医学招生情况、专业分布情况、毕业生人数情况、就业情况等,掌握供求情况,以便做出相应对策。

（二）医疗系统科学技术的变化

医疗科技水平的状况和科学技术运用的能力会导致不同地区医疗水平存在差异性,也因此带来对该地区医务工作者的人数、工种、学历层次需求的不同,从而导致的就业的压力、竞争性不同。例如在东部一些沿海城市,很多国际先进医疗仪器设备在上市不久就已在这些区域的医疗单位开展应用,因此这些医疗单位招聘人员时对英语的要求、对学生的灵活、视野的开放性要求就会侧重更多。

（三）国家相关政策的推动和执行力度

国家相关政策的推动和不同区域对医疗政策细化制定与执行状况的不同对医学类学生就业会产生较大影响。例如2009年4月6日,中共中央、国务院正式颁布了《中共中央、国务院关于深化医药卫生体制改革的意见》,国家将在未来3年内陆续投入8500亿资金发展和改革医药卫生事业,完善医药卫生四大体系,力促五项改革方案,切实解决卫生事业发展中出现的新情况、新问题,着力解决人民群众看病难、看病贵的痼疾。基层义务人员的需求、培训、发展晋升空间等得到了较大提升。

拓展阅读

　　2009年4月6日,中共中央、国务院正式颁布了《中共中央、国务院关于深化医药卫生体制改革的意见》,提出了"有效减轻居民就医费用负担,切实缓解看病难、看病贵"的近期目标,以及"建立健全覆盖城乡居民的基本医疗卫生制度,为群众提供安全、有效、方便、价廉的医疗卫生服务"的长远目标。全文分六个部分:第一,充分认识深化医药卫生体制改革的重要性、紧迫性和艰巨性;第二,深化医药卫生体制改革的指导思想、基本原则和总体目标;第三,完善医药卫生四大体系,建立覆盖城乡居民的基本医疗卫生制度;第四,完善体制机制,保障医药卫生体系有效规范运转;第五,着力抓好五项重点改革,力争近期取得明显成效;第六,积极稳妥推进医药卫生体制改革。

　　《意见》中明确提出了医改要向基层地区和中西部倾斜,政府投入的一半左右将直接用于基层医疗服务。三年内中央重点支持2000所左右县级医院(含中医院)建设,2009年全面完成中央规划支持的2.9万所乡镇卫生院建设任务,再支持改、扩建5000所中心乡镇卫生院,三年内实现全国每个行政村都有卫生室。三年内新建、改造3700所城市社区卫生服务中心和 1.1 万个社区卫生服务站。加强基层医疗卫生队伍建设。制订并实施免费为农村定向培养全科医生和招聘执业医师计划。用三年时间,分别为乡镇卫生院、城市社区卫生服务机构和村卫生室培训医疗卫生人员 36 万人次、16 万人次和 137 万人次。完善城市医院对口支援农村制度。每所城市三级医院要与 3 所左右县级医院(包括有条件的乡镇卫生院)建立长期对口协作关系。继续实施"万名医师支援农村卫生工程"。采取到城市大医院进修、参加住院医师规范化培训等方式,提高县级医院医生水平。落实好城市医院和疾病预防控制机构医生晋升中高级职称前到农村服务一年以上的政策。鼓励高校医学毕业生到基层医疗机构工作。从 2009 年起,对志愿去中西部地区乡镇卫生院工作三年以上的高校医学毕业生,由国家代偿学费和助学贷款。随着基层卫生服务机构硬件设施的改善和待遇激励措施的实施,基层将是毕业生未来就业的广阔舞台。

 **拓展练习**

画出你眼中的工作世界

用彩笔在白纸上画出自己眼中的工作世界,注意这里不强调画的美术水平,只要能表达自己对工作世界的想法就好。

二、医学职业环境的现实状况

(一)医学院校的专业设置和培养规模

医学生的专业设置和培养规模的独特性是医学院校毕业生要了解的,目前包括医学在内的各学科门类都在不断调整完善中,很多高校根据自身的办学特色和社会需要状况,在医学专业设置上更加务实和灵活,不断提高办学自主性,但总体仍是依据教育部公布的专业目录来设置,目前医学类专业共有 8 大类 38 种(见表 4-1)。

表 4-1　普通高校本科专业目录

一级学科	二级学科	三级学科
医学	基础医学类	基础医学
	预防医学类	预防医学
		卫生检验
		妇幼保健医学
		营养学
	临床医学与医学技术类	临床医学
		麻醉学
		医学影像学
		医学检验
		放射医学
		眼视光学
		康复治疗学
		精神医学
		医学技术

续表

一级学科	二级学科	三级学科
医学	临床医学与医学技术类	听力学
		医学实验学
		医学美容技术
	口腔医学类	口腔医学
		口腔修复工艺学
	中医学类	中医学
		针灸推拿学
		蒙医学
		藏医学
		中西医临床医学
		维医学
	法医学类	法医学
	护理学类	护理学
	药学类	药学
		中药学
		药物制剂
		中草药栽培与鉴定
		藏药学
		中药资源与开发
		应用药学
		临床药学
		海洋药学
		药事管理
		蒙药学
合计	8 类	38 种

　　在医学生的培养规模上,经过几番院校大调整,目前医学院校的培养规模在整个高等教育体系中所占的比例仍然不高,而近年招生人数所占比例还在缓慢下降中。根据卫生部《2012 中国卫生统计年鉴》,2011 年医药类高校招生数为 59.3 万人,医药专业在校生总数 200.2 万人。除了普通高等学校在培养医学专业学生,中等职业学校也培养了大量的医务工作者。

表 4-2　近五年全国医学专业招生数

年份	招生数/人		
	普通高等学校	中等职业学校	合计
2007	410229	477527	887756
2008	443433	538974	982407
2009	498025	628765	1126790
2010	533618	582799	1116417
2011	593030	530467	1123497

　　注:普通高等学校招生数包括研究生、本科生及大专生,不含成人本专科生;中等职业学校包括普通中专和成人中专,不含高职和技校学生,表 4-3 和表 4-4 同。

表 4-3 近五年全国医学专业在校学生数

年份	在校学生数/人		
	普通高等学校	中等职业学校	合计
2007	1514760	1371676	2886436
2008	1655075	1442658	3097733
2009	1780718	1597102	3377820
2010	1864655	1683865	3548520
2011	2001756	1650724	3652480

表 4-4 近五年全国医学专业毕业人数

年份	毕业人数/人		
	普通高等学校	中等职业学校	合计
2007	332842	350700	683542
2008	404893	409167	814060
2009	425164	420776	845940
2010	483611	435870	919481
2011	498184	504644	1002828

通过《2012 中国卫生统计年鉴》中提供的数据分析,近年医学类招生数基本稳定,招生明显向高学历层次倾斜;受原来招生基础和专业学制设置的影响,医学专业在校学生人数和毕业生人数仍然保持一定的增长率。2011 年,全国普通高校毕业人数达到 660 万,而同期医学类专业毕业生总数为 49.8 万,占全部毕业生总数的 7.55%,医药类高等教育的规模相对于 13 亿人口的卫生事业需要远远不够,从这一视角,医学生的职业发展思考的空间还是很大的。

（二）医学院校大学生就业现状

近几年国内医学院校毕业生人数逐年增加,每一届学生面临的就业环境和就业形势不太相同,分析和了解医学生就业的基本规律和趋势对顺利就业会带来积极的推动和引导。

1. 医学类毕业生数量逐年增加,就业率基本保持稳定

特别是 1999 年高校扩招以来,医学类毕业生在 2003 年第一次快速增加,此后每年增长的人数都超过 5000 人,但医学类毕业研究生的人数变化趋势基本保持一致。医学类毕业生的就业率水平总体保持稳定。根据卫生部人才交流服务中心和北京卫生人力资源开发中心联合发布的《全国医药院校 2008 年和 2009 年毕业生就业报告》,2008 年和 2009 年医药院校毕业生的总体就业率分别为 88.4%、84.88%。但不同地区、不同专业、不同学历的毕业生也存在较大差异性,就业地区取向差异明显,东部和沿海地区的工作环境、薪酬福利和发展空间、医疗前沿技术都较中西部地区为高,吸引了更多的学生留守。

表 4-5 教育部就业指导中心公布 2011 年医学类本科专业就业状况

专业	毕业生规模/人	就业率
医学影像学	5000～10000	85%～90%
护理学	20000～50000	85%～90%
中药学	5000～10000	85%～90%
药物制剂	2000～5000	85%～90%
预防医学	5000～10000	80%～85%
临床医学	500000～100000	80%～85%
麻醉学	2000～5000	80%～85%
医学检验	5000～10000	80%～85%
康复治疗学	1000～2000	80%～85%

续表

专业	毕业生规模/人	就业率
口腔医学	2000～5000	80％～85％
药学	10000～20000	80％～85％
中医学	5000～10000	75％～80％
针灸推拿学	2000～5000	75％～80％
中西医临床医学	5000～10000	70％～75％

通过教育部的以上数据反映,医学院校的就业率基本保持平稳,2011年排名稍靠前的是医学影像学、护理学、中药学、药物制剂等,除临床医学和护理学是招生和培养数量较大的专业外,其余专业相对招生数量相对较少,根据不同医学院校的强项不同,就业率也有差异变化。表4-6显示的是某医学院校2011年医学相关专业就业情况(截止至2011年8月),可以供大家结合参考。

表4-6　某医学院校2011年医学类毕业生初次就业率　　　　（单位：％）

专业	总就业率	签订协议书	研究生录取率	公务员录取率	创业、灵活就业率
药学	92.31	58.24	9.89	1.10	23.08
口腔医学	100.00	63.33	30.00	0	6.67
护理学	99.15	97.44	0.85	0	0.85
医学影像学	97.75	69.66	25.84	2.25	0
麻醉学	98.36	77.05	19.67	0	1.64
临床医学	97.33	58.50	36.89	0.49	1.46
医学检验	100.00	87.04	3.70	0	9.26
中药学	96.43	75.00	7.14	0	14.29
中医学	81.67	53.33	21.67	1.67	5.00
法医学	80.65	38.71	9.68	32.26	0
眼视光学	100.00	49.15	38.98	0	11.86
康复治疗学	94.44	77.78	12.96	0	3.70
预防医学	98.41	68.25	17.46	12.70	0

2. 就业形式趋于多元化

随着用人体制和政策、形势的变化,医学生的就业形式日趋多元化。原来单一的通过签订大学生就业协议书确定就业的模式已经不能满足用人单位的用人需求,目前出现的就业方式包括:劳动合同就业,用人单位与毕业生直接签订劳动合同;劳务派遣就业,用人单位不直接与毕业生签订劳动合同或协议书,而由第三方人才服务机构作为中介发生合同关系;人事代理,用人单位或个人委托当地人才服务中心,为各类人才提供人事档案管理等服务,使单位人员使用与人事关系管理分离的一项人事改革新举措;灵活就业,毕业生可以以灵活多样的方式实现就业,包括自主创业和自由职业;此外,近年来考研人数、出国人数也在逐步攀升。

3. 用人单位对毕业生的学历和其他要求逐年提高

随着毕业生人数的增加,用人单位选择空间和余地更大,招聘时对毕业生要求增高,不仅要求毕业生要具备出色的专业学习成绩(不少单位希望学校提供学生在校综合成绩排名供其参考),更加注重毕业生的综合素质(如思想道德素质、科研经历、实践能力、社会服务经历、沟通能力、团队合作能力、技能培训经历等)。而医院的招聘门槛也越来越高,如有些学生十分向往的等级在三甲以上综合医院很多将门槛定在了硕士及以上学历、六级以上英语,护理学专业要求本科以上学历、四级以上英语。因此定好目标及早准备十分必要。

4.医学院校大学毕业生的流向分析

医学院校的学生相对而言就业面较窄,近年来这种情况得到改观,这与社会分工的细化、新工种的出现、学生视野的开阔、择业心态的调整、信息多样化不无关系。除了传统的卫生医疗单位、制药企业、医疗器械等企业,与生命科学、健康科学相关的行业开始进入毕业生的视野。据卫生部人才交流中心统计,2006 年医药院校毕业生中约 60% 进入卫生系统单位工作,22.99% 进入制药企业和医疗器械等公司。到了 2008 年和 2009 年,进入医疗机构就业的约占50%,继续升学约占 10%,基层就业约占 10%,进入科研教育单位或出国约占 15%。

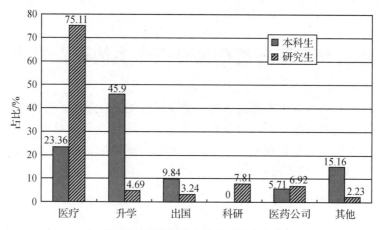

图 4-1 某高校毕业生就业流向分布

（三）我国医疗事业的现状

2011 年,我国有医院 21979 家,其中综合医院 14328 家、中医院 2831 家、专科医院 4283家,如按等级分三级医院 1399 家、二级医院 6468 家、一级医院 5636、未定级医院 8476 家。除医院外,我国还有基层医疗卫生机构 918003 家,包括社区卫生服务中心、社区卫生服务站、街道卫生院、乡镇卫生院、村卫生室、门诊部、诊所等;专业公共卫生机构 11177 家,包括疾病预防控制中心、专科疾病防治机构、健康教育机构、妇幼保健机构、急救中心（站）、采供血机构、卫生监督机构、计划生育技术服务机构等。了解了这些以后,也就知道在医疗体系中你可以选择的空间其实也很大,结合生源地情况,可以作进一步的探索。然而现实中也有些在校生盲目将择业单位定位在三级以上医院,可想就业的竞争性将有多大。

随着我国卫生事业的发展,近几年我国医疗卫生人员的组成与分布也有了很大的变化,2011 年我国卫生技术人员达 6202858 人,包括执业（助理）医师 2466094 人（占 39.76%）、注册护士 2244020 人（占 36.18%）、药剂师（士）363993 人（占 5.87%）、技师（士）347607 人（占5.60%）等,了解现有医务工作者的现状,有利于对今后求职环境进行分析。

表 4-7 2011 年全国卫生技术人员学历构成情况 （单位:%）

学历	医院	社区卫生服务中心	乡镇卫生院	疾病预防控制中心
研究生	4.8	0.6	0	3.0
大学	27.8	18.4	5.6	23.6
大专	36.6	39.9	33.9	38.1
中专	28	35.9	52.2	30.6
高中及以下	2.8	5.2	8.3	4.6

这张表格大致反映出当前我国卫生技术人员在不同医疗单位的学历构成情况，当你将目标选择在哪个区域时，可对应自身学历思考。

拓展练习

我的"专业报告"

对自己所学的专业到底了解多少，自己为自己列张清单，明晰自己对所学专业的了解程度，包括当前大学生就业形势、所学专业的规模、所学专业就业去向、所学专业近年毕业就业情况等，你还能想到的，需要对所学专业的了解。

第二节　医药类单位对医学生的职业需求

医药类卫生单位，包括卫生系统内的政府主管部门，医疗、公共卫生等事业单位，医药生产和流通企业，以及与有关的高校和科研院所等。这些部门也就是目前医药类毕业生就业的主要方向，从需方的角度探讨近年来医疗卫生单位对医药类人才的需求和变化情况，有利于毕业生更好地了解用人的需求。

一、政府主管医药相关部门

政府主管医药相关部门是指国内的各级卫生行政机构，包括卫生部、各级政府部门的卫生厅、局等。

若要成为在各级卫生行政机构的工作人员要通过国家或地方的公务员考试，并经过政审、公示等一系列程序才能被录用入职。除了一般政府公务员所必需的思想道德素质、法律知识、经济与行政管理知识和组织协调能力、沟通交往能力、理解执行力、创新力等能力外，还必须具有专门的医学或药学知识和技能，卫生系统的公务员招录基本保持在稳定水平，但公务员招录开始越来越倾向于具有一定管理和实践经验的基层人员，因此应届毕业生的公务员之路可能越来越窄。

二、医疗卫生单位

医疗卫生单位主要包括各级各类医院（含综合性医院、中医医院和专科医院）、疗养院、卫生院、（含乡镇卫生院）、门诊部（所）、社区卫生服务中心（站）、村卫生室、妇幼保健院（所/站）、专科疾病预防院（所/站）等。以医院为例，岗位设置主要包括卫生技术人员、行政管理人员和工勤人员。根据有关文件规定，卫生技术人员比例一般应达到 $70\% \sim 72\%$ ，而其他管理人员和工勤人员的比例为 $28\% \sim 30\%$ 。卫生技术人员主要包括医疗人员、技术人员、护理人员、医技人员、药剂人员等。

（一）临床医师

临床医师，包括执业医师和执业助理医师，是指依法取得执业医师资格或执业助理医师资格，经注册在医疗、预防和保健机构中执业的专业医务工作者。因此，从事临床医师工作要充分做好考取执业医师资格的准备。

根据卫生部的统计,截至 2011 年,全国各级卫生机构中共有执业医师 202 万,其中在城市医疗单位工作的有 110 万,农村 92 万。每千人口执业医师数 1.49,其中城市每千人口执业医师数 2.8,农村每千人口执业医师数 0.95。虽然我国的注册医师从总量上达到世界平均水平,但地区分布非常不均匀。随着我国社会经济水平的发展和人民生活水平的提高,卫生医疗的需求持续增长,对临床医师的需求量将保持一定的高水平。但学历需求的趋势将以研究生及以上学历者为主,地理分布需求上更多倾向于中西部地区和基层地区。

(二)护理人员

主要包括护士或护师,分布于各级医疗卫生服务机构,包括医院、疗养院、卫生院、社区卫生服务中心、妇幼保健院等。根据《中华人民共和国护士管理办法》,从事护理专业技术人员必须按规定取得《中华人民共和国护士执业证书》并经注册,因此考取执业证书是每位要从事护理工作的同学要提前充分准备的。我国护理人员的增长速度是跨越式的,1949 年,全国注册护士仅有 3 万多,到了 2011 年达到 224.4 万多,每千人口中注册护士数为 1.66,与注册医师的数量相比,医护比为 1∶0.91,在农村地区更是达到 1∶0.74。与其他国家地区相比,我国的注册的护士数量不容乐观。亚洲平均医护比为 1∶2.019,英国、泰国、德国、日本以及我国香港地区的医护比都超过了 1∶4,芬兰、挪威、加拿大等国家的医护比甚至超过 1∶6。护理人员的需求量较大,求职空间较广阔。

而护理人员的学历要求也在逐步提升,本科或以上学历的护士更受青睐。而在性别上,重症监护室、手术室、骨外科等医院科室逐步增加对男护士的需求。

(三)医技人员

医技人员是指医院内从事医疗技术服务的人员,为医院的临床、科研、教学和服务提供重要支撑。医技人员构成大致分为四类:一是为临床提供诊断依据为主的科室,包括临床检验科、生化科、微生物科、病理科、核医学科;二是既能为临床提供诊断,又能对一些疾病独立进行治疗的科室,如放射诊断科;三是为临床提供治疗手段为主的科室,如康复科、理疗科、针灸科、放疗科、激光科、营养室等;四是为临床提供医疗特殊保障为主的科室,如消耗供应室、血库、医疗食品设备检修中心等。伴随着新兴学科的出现和高精尖仪器设备的更新,对医技科室的要求也越来越高,也要求医技人员既要具备扎实的医学专业知识,也要熟悉物理、化学、生物等相关知识。

(四)药剂人员

药剂人员在医院内主要指药师或临床药师,也需要通过国家执业药师资格考试,职能包括后勤保障、调剂制剂、临床药学服务等。医院药剂科(药剂部)是负责医院药剂工作的重要职能部门,主要承担着临床用药、药品管理、药品监督、保障用药安全有效等职能。根据卫生部统计,截至 2011 年,全国共有药师(士)36.4 万人。

随着医疗制度的改革和医院的发展,医院药学的管理各服务职能也在不断调整和深化。尽管"医药分家"或"要放剥离"是未来医改的重要方向之一,但医院的药品保障供应将长期存在,并且面临着社会药房的激烈竞争。医院的药学服务工作将转向以患者为中心的药学服务模式,药师将利用自己的专业知识和工具,向社会公众(包括医护人员、病人及家属、其他关心用药的群体)提供与药物使用相关的各类服务。医院制剂也是今后大型医院药学服务发展的方向,根据《中华人民共和国药品管理法》、《中华人民共和国医疗机构药事管理暂行办法》和《中华人民共和国医疗机制制剂配制质量管理范围》的规定,医院可以根据临床需要制备市场上没有供应的药剂品种。此外，执业药师在医院的推进工作也将加大力度。

医院药学的发展与临床服务的关联度将更加密切，服务水平将更加专业化和个性化，但目前医院药剂人员的数量和学历水平尚不足以完全满足临床药学工作的需要。

三、专业公共卫生机构

专业公共卫生机构承担着该地区的公共卫生服务工作，包括疾病预防控制中心、卫生监督机构、急救中心（站）、采供血机构等。承担对重大疾病（包括传染病）的预治、监控；对食品、药品、公共卫生的监管，以及相关健康教育、卫生宣传、免疫接种等。

公共卫生服务工作一直是各国政府高度重视、重点支持和大力投入的。在我国特别是像 2003 年 SARS 后，公共卫生服务工作更是得到了重视和推动、发展。卫生部陈竺部长在提出"十二五"卫生发展目标时，明确要加强公共卫生服务体系建设，重点改善疾病预防控制、精神卫生、妇幼卫生、卫生监督、卫生应急、职业病防治、采供血、健康教育等专业公共卫生机构的设施条件。

目前公共卫生机构中工作人员学历层次偏低，以疾病预防控制中心为例，2011 年全国疾病预防控制中心大专以下工作人员占 73.3%。今后对人才需求层次上会逐渐提高，更多倾向本科及以上学历。

四、医药企业

医药企业包括医药生产企业和药品经营企业，除传统的医药产品生产销售外，正逐渐向保健食品、母婴产品、环保产业等方面拓展。

除医药相关人才需求外，还急需以下几类人员：营销人才，由于医药市场的不断加大以及医药企业新产品的投入，医药经营人才需求持续加大，目前行业缺口最大的是医药销售代表一职，同时，医药企业对销售人员的要求更趋精英化与专业化；研发技术人员，在研发领域，由于医药行业的发展趋势以及外资企业本土化的进行，使得医药案发技术人员也呈现出热捧趋势；高级管理人员，有良好的职业操守、具备专业知识、有很多的行业背景经历并能够在变幻莫测的环境中懂得不断学习他人的成功经验并运用到企业中的人才是众多企业争抢的目标。

五、高等院校和科研院所

医学类毕业生进入高等院校和科研院所可以从事教学工作、科研工作、教学科研辅助工作、管理工作及其他工勤工作等。高等院校和科研院所因单位编制的限制以及自身发展的需要，需求基本保持平稳，每年新增人数一般不多，在人才招聘上，对素质需求一般倾向于高学历（博士或博士后）、海外学习工作经历、科研能力（包括科研成果和科研团队）等，特别是教学和科研人员岗位要求尤为突出，硕士及以下学历的毕业生基本无需求。但在管理、教辅、实验员等岗位还是能面向硕士及以下学历毕业生招聘的。

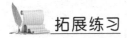 拓展练习

头脑风暴——我的职业思考

步骤一：以团队讨论方式进行，围绕团队内同学的专业用头脑风暴法列举出尽可能多的

可能职业,并将所有联想记录下来。

步骤二:讨论——你在这次活动中的收获和启示是什么?

第三节　医学生的职业选择策略

 **案例分析**

小林,某药厂药品研发部的骨干人员,每每聊起自己当年的选择,她十分庆幸自己的正确分析与选择。

8年前,小林从学校药学专业毕业。在校期间,她曾多次被评为三好生、连年获得奖学金,为了能找个好工作,在校期间她便开始收集职业信息,有政府公务员、医院药剂科工作人员、药厂研发人员、药品企业客户经理等岗位。在做出目标定位前,她仔细分析了自身情况,考虑到自己性格比较内向,人际交往能力不强,语言表达能力一般,但是学习成绩好,喜欢钻研,热爱药学专业等现实情况,她思考放弃公务员考试和药企客户经理岗位的应聘,在医院药剂科工作人员和药厂研发人员之间进行选择,为此她还特意采访了几位工作在这四类岗位一线的人物,这对她的职业感受帮助非常大。最后她放弃公务员考试和药企客户经理岗位而选择了药厂研发人员。后来由于研发的需要她有机会到医院和药品企业体验生活,经过比较,她庆幸自己的认真选择,前期的努力让她选择了最适合自己的。

【讨论】

1.通过小林的择业故事你有什么感受?

2.对于职业选择,你认为应该注意哪些方面?

不管就业形势如何、政策如何变化,及早做好职业信息的收集,及早了解职业环境作出相应对策,才能使自己的就业游刃有余。如何开展探索才能真正全面了解自己所学的专业,获取相关的职业信息,对自己进行正确评价? 在职业选择上需要注意哪些方面的策略呢?

一、职业信息的收集技巧

(一)信息收集的注意点

信息的收集力求做到"早、广、实、准"。

所谓"早",信息收集要早准备,早着手,收集到的信息要早处理,及时跟进不断更新,掌握择业的主动权。

所谓"广",一是收集的信息渠道要广,要了解各个方面不同层次的信息;二是收集信息的视野要广,有的同学往往只收集自己预先设定的目标相关的就业信息,放弃或忽视了其他相关信息,但因原有定位的不准确导致掌握求职信息屡屡告败时,不知从何寻找替补信息。

所谓"实",一是收集信息要具体,二是收集信息要真实。对于就业市场、用人单位的信息掌握越多越具体越有利于获得成功,如职业单位的性质、周边环境、企业文化、发展前景、用人制度、招聘岗位基本要求等,并通过各种途径核实信息的真实性。

所谓"准"，就是要做到准确无误。搞清单位需求岗位的学历、专业、外语水平、技能、有无特殊要求等，评估自身条件是否相符，尚存在的差距，还要注意信息是否尚在有效期内，是否会有政策的变动。

做好以上几点就能将收集到的信息合理为己所用，不会过多浪费人力、物力、财力，造成不必要的损失，也能提升职业抉择的成功性。

（二）信息收集的途径

信息通过哪些途径收集呢？获取信息的途径多种多样，根据关注度、个人喜好、经济能力、社会背景获取的信息的渠道也有一定的差异，一般来说，大致可归为以下几类：

1.学校就业指导机构及老师

目前高校均设有就业指导主管部门，如学生处、就业指导中心、招生就业处等，学校这些相关部门和老师会针对性的向各专业不同用人单位发布当年的生源情况，与用人单位进行交流沟通获取大量适合职业信息。常年与用人单位建立的友好关系让老师们的推荐十分有力度，成功概率高。应该说，学校就业机构及老师提供的信息针对性强，可信度高，是毕业生职业信息来源的重要渠道。

2.各地就业指导机构

为推进毕业生的就业工作，各省、市、县一般都设立了为毕业生服务的就业机构，并且收集整理当地各类就业信息并向社会公布，这里出来的信息具有地域性，需求层次广，专业、学历、年龄等要求是面向社会各类应聘者，不仅限于大学生，其提供的信息可靠但针对性不如高校就业指导机构强，对待这类信息应结合自身特点筛选处理。

3.教学实习单位

教学实习单位是学生进入社会前的"磨合期"的重要场所，也是参加工作的预演，教学实习单位一般医疗规模、水平具备相当实力，在同类单位中属于较高级别，从这些单位获取的信息可能是市场上对人才的一个较高要求水平，学生对照这样的条件努力，今后选择的空间和范围较大。另外，后期实习过程一方面让用人单位了解学生，另一方面也让学生对社会工作有更感性的认识。来自实习单位的信息，与专业结合程度高，是成功概率较高的信息，在实习单位表现好的学生往往具有极强的竞争力，应高度重视。

4.亲朋好友等社会关系

学生的亲朋好友社会交往广泛，社会经验丰富，并且对学生的学历、能力、个性等方面有一定的了解，在信息提供方面与自身情况结合度高，丰富的人脉体系提高了信息供应的可靠性，同时个人匹配与针对性也较强，此外学生利用人脉网络也有助于学生及早被推荐，同时又有智囊团帮忙分析把脉，有助其提升成功概率。应积极动员家长、亲戚、朋友和学生一起了解职业信息，寻找就业机会。这是一个非常有效的途径。

5.传播媒介

传播媒介包括：广播、电视、网络、报纸、杂志等。许多政府机关、评估机构、用人单位通过这些途径公布大量信息，如部门分析数据、人才需求状况、行业前景等，不仅传播速度快，而且涉及面广、及时，传播媒介是一种巨大的、多方位的信息源。其优点在于大学生可以了解自己想要的任何信息，但要收集理想信息，操作不当时比较耗时，而且需要辨别其真实性，切勿盲目应对。这类信息要有选择性地挑剔对待。

二、职业感官体验

(一)生涯人物访谈

生涯人物访谈可以直观感受生涯人物的工作环境、工作状态、工作成就等,有助于职业信息的立体分析。找一位自己想了解的职业领域资深的或至少工作 3 年以上的人员,与他讨论他的工作,通过这样的交流,验证以前通过各种途径收集的信息是否正确,及时分析自身的情况与视野内的职业的匹配情况。另外与生涯人物的访谈还可以了解到当事人的感受,这也是非常宝贵的信息。

访谈内容可以考虑:

工作性质、任务或内容;

工作环境、就业地点;

所需教育、培训或经验;

所需个人的资格、技巧和能力;

收入或薪资范围、福利;

工作时间和生活形态;

相关职业和就业机会;

组织文化和规范;

未来展望。

 拓展阅读

为使同学们更好地提升访谈效果,在问题设计上举例如下:

1.在您这个工作岗位上,每天都需要做些什么?

2.您一周要花费多少时间在您的工作上?

3.您的这份工作需要职员具备哪些技能和素质?

4.您当时是如何找工作的,最后怎么成功获得这份工作?

5.在进入职场最初的时候应该注意哪些?

6.您的职位发展空间怎么样?

7.在这个工作领域有哪些不利因素?

8.您的职业发展路径是怎么样的,您是如何获得今天的成就的?

9.在工作中您遇到过怎样的困难?

10.您的工作哪部分您最满意、哪部分最具挑战性?

11.您如何看待该领域工作的未来变化趋势?

(二)情景模拟——角色扮演

情景模拟可以假设模拟一种工作环境或者经典工作状况,使参与角色扮演的人体验在真实工作中的感受,从认知层面加深对工作的了解。你可以参加相关的协会、俱乐部、一个团体辅导团队,或者自行组织一个团队在指导老师的指导下开展,集合自己收集到的信息综合体验。

(三)直接观察——见习

利用学校的暑期社会实践、用人单位的宣讲观摩会、企业社会开放展示等机会深入自己想了解的职业现场,通过观察亲眼见证这一职业的工作环境,具体来说,如有些同学暑期带着学校的介绍信到乡镇卫生院观摩医务工作者的工作,或利用专业学习期间临床的见习机会,还可以利用卫生部门邀请医学院校在校生的观摩参观卫生机构机会、组织知名企业的参观团等。

（四）直接工作经验——实习、实践

亲自参与实习、实践、获取直接的工作经验是最直接有效的方法,直接体验职业的酸甜苦辣。一般进入职场前,学校均会根据不同专业的需要安排为期3个月至1年不等的实习期,这是非常好的职业体验机会,要珍惜,但这样的安排一般临近毕业,时间偏后,因此在校期间大学生还要充分利用好寒暑假,找实习机会。

 **拓展练习**

"我的情报分析表"

为自己列一张表格,罗列出自己已经掌握和了解的信息、自己还要进一步挖掘的信息,把自己的信息归类整理。

了解项目	已掌握的情况	自身与之匹配优势	自身与之匹配劣势	还需进一步了解的信息
最理想单位:				
较心仪单位1:				
较心仪单位2:				
备选单位1:				
备选单位2:				
其他机构1:				
其他机构2:				

第五章　职业发展决策

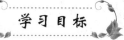

案例分析

　　杨丽丽大学期间读的是护理学专业,但她对幼儿教育这一领域非常感兴趣。大学期间,她利用寒暑假多次参与幼儿教育的社会实践活动。在这个过程中,她发现自己能够胜任这份工作,而且做得非常开心。为此,她还做了不少的探索,比如从自己的性格和兴趣、能力等方面的评估来看等,自己也比较适合幼儿教育这一行业,可是,这与她当前的专业并不符合,因此她迟迟下不了最后的决心,总是犹豫地问身边的老师或朋友:"我真的适合干这一行吗?"

【讨论】

　　结合你现在所读的大学与专业,请思考:你是在什么情况下选择了现在攻读的大学和专业? 目前这个选择让你感到满意吗? 对于将来你有什么打算?

第一节　职业决策概述

　　决策与人们的生活密切相关,是人类社会活动中的一项重要内容,小到个人的衣食住行,大到国家政策制定,决策的身影无处不在,也至关重要。每个人的一生有许许多多的"重大决策",从出生到死亡,成长、求学、就业、发展、交往以及为满足生理需求的吃喝拉撒等,在生活中我们需要每天解决问题并制定决策。而与职业有关的决策无疑是其中最"重大"的一种决策之一,因为职业决策是为未来的职业生涯设计蓝图,并将影响我们未来的生活方式、人际交往、所从事的主要活动,由此在一定程度上决定了个人的生活质量。罗素说:"选择职业是人生大事,因为职业决定了一个人的未来。"

一、什么是职业决策

　　存在主义大师萨特(Sartre)曾说过:"我们的决定,决定了我们。"现在的状态受我们过去的决定影响,而我们的将来又取决于我们现在的决定。具体来说,决策指的是个体选择某一种行动路线的整体过程。职业决策是个人根据各种条件,并经过一系列活动以后,进行的目标决定,以及实现目标而制定优选的个人行动方案。同时,职业决策还有以下特点:①通常有大量的可供选择的方案,比如职业领域中的各种行业和岗位,乃至具体职业方向。我国职业根据《中华人民共和国职业分类大典》归为 8 个大类,66 个中类,413 个小类,1838 个细类(职业),另外新的职业类别也在不断地产生。②每个选择方案都存在大量的职业信息,因为很多职业都有职业内的变化,比如同样是医生这个职业,分各种科室。要想对所有的职业都有深入的了解,是一个不可能完成的任务。③需要用细致的方式去描述职业特征和个人偏好。有些职业虽然名称比较类似,但工作的内容差异可能会很大。尤其对于一份具体的工作,比如医生,需要对职业培训时间、工作环境、自主程度、人际关系还有收入等有一个全面的了解。④个人的决策过程受一些重要他人(如配偶、朋友、父母)以及职业咨询师的影响。职业选择不但是个人事件,而且会对周围的人都产生一定的影响,同时他人的意见和建议也会对个人的决策产生影响。

二、职业决策的影响因素

制定决策对每个人而言并不容易,在很多时候会受到各方面因素的干扰。那么,影响职业决策的因素有哪些呢? 著名的职业辅导理论家克朗伯兹(Krumblotz,1979)将影响个人职业决策的因素划分为四类:

(一)遗传和特殊能力

即指个人得自于遗传的一些特质,如性别、个人天赋、外表特征、智力等,在某种程度上决定了个人的职业表现或影响到个人的生涯。例如,在现阶段的大学生就业中,求职者是否参与面试和被录用仍然不可否认地受到性别因素的影响。而身高、体形、健康状况等先天条件在诸如模特、文艺工作者、军人等职业的招募当中也是非常重要的要求。

(二)环境和重要事件

主要指自然力量和人类活动的影响,如自然资源的分布或各类家庭、教育活动及经济活动等。很显然,个人的求学背景和发展机会都会很大程度地被家庭的社会经济地位、家庭对于个人的期望、所在地区的教育水平等影响。而像"改革开放"这样重大的社会政治经济变革,也极大地改变了社会中千万人的人生轨迹。

(三)学习经验

这里所说的"学习"主要指广义的学习,即每个人在日常生活中不断积累的经验和认识。每个人在其成长过程中积累了无数的学习经验,我们知道个体的学习经验是独特的,而这对于个体的职业生涯选择又具有重要的影响。一个人是自信还是自卑,是敢于冒险还是畏惧变化,是更看重工作带来的成就感还是与家人相处的时间,还有怎样看待他人,以及对于教师、医生、警察等各种职业有些什么样的印象……这一切,无不与个人的学习经验有关。

(四)任务取向的技能

任务取向的技能是指每个人在面对一项任务时,会表现出特定的工作习惯、心理状态、情绪反应、认知的历程和解决问题的能力。比如说找工作这件事情,班级里所有的同学都没有经验,但不同的人会有不一样的表现:有的可能会积极面对困难,会想到利用学校各部门所提供的各类信息和资源(如选修相关课程、听讲座、参加各种实践活动等),有的向自己的亲朋好友、老师同学请教,之后会开始思考和探索自己的兴趣、能力,积极着手联系实习的机会等。如此,当他们到了毕业的时候,已经对自己和劳动力市场都有了相当的认识,也积累了很多的信息和资源,已经成竹在胸了。而有一些人则一味地拖延,不愿面对困难,直到高年级才开始着急,或寄希望于自己的某个亲朋好友能够帮忙找一份工作,或埋怨学校不帮忙联系就业单位,最后草草找到一个职位了事。在这个过程中,不同的人所表现出来的心态、习惯和能力,反映了他们的任务取向的技能。

 拓展练习

影响你职业决策的因素

请回想迄今为止,你在生活中所做出的五个重大决定,分析哪些因素影响到你的决定,然后按上述四个方面将它们进行分类。分析一下它们各自的影响程度有多大,它们是有力地促进了你的发展还是对你的决策造成了阻碍。

• 影响我生涯决策的遗传与特殊能力

_____

_____

• 环境和重要事件

_____

_____

• 学习经验

_____

_____

• 任务取向的技能

_____

_____

第二节　决策状态与决策风格

 案例分析

小均是某高校大四药学系的学生,正在找工作,但他却没有什么求职方向,于是什么职位都投简历。例如,医药企业、市场营销、人事助理、管理实习生等。但忙活了大半年,都没找到合适的工作。后来他逐渐意识到他应该选准一个方向,让求职变得有针对性,但这时候招聘工作也逐渐进入尾声了……

【讨论】

结合决策状态,请思考:小均属于决策状态中的哪种状态? 你又是属于哪一类决策状态?

一、决策状态

决策状态是指个人在做出决策时所呈现的决定状态。金树人博士对大学生的职业决策状态进行了研究,他根据大学生有无明确的职业目标和大学生是否努力去实现自己的目标等因素将大学生职业决策的情形划分为五种类型:他主决定型、迷失方向型、焦虑性未定型、探索性未定型和自主决定型。

他主决定型:自己并没有考虑很多未来的职业目标,而是将未来的职业目标交给了父母或者其他人来决定,却无法确定是否适合他们为自己定下的职业目标。这种情况颇为常见,很多学生在高中时期只顾学习,而很少考虑未来的专业学习和研究方向,在选择大学和专业的过程中,往往听从父母或班主任的建议,等到进入大学,才发现对这个大学专业没有兴趣或自己的专长不在这,这时候想重新选择学校或专业都不容易了,从而导致整个大学期间缺乏学习的主动性和积极性。他主决定型的个体一般在成长的过程中大多是父母包办决策,而这不利于自己决策能力的培养。

迷失方向型:自己有意无意不去考虑职业发展目标,表现出或逃避或拖延的行为。刚入学的大学生会突然发现大学的环境非常自由,没有了原来的外在压力和约束,充分释放了被深度压抑的各类需求,如休闲娱乐等。大学生活的重点从学习转为交友、运动、打游戏,也不再考虑未来。

焦虑性未定型:自己常常考虑未来的职业发展问题。这样的个体具有焦虑型的性格特点,当他们在面对多种选择,又不知道该如何做决定时,内心会感到非常焦虑,缺乏信心。这种难以抉择的性格特点不仅表现在职业选择中,也表现在日常生活中。在面对各种问题时总是会注意事情的消极方面,感到处处是障碍。他们经常会在生活中无法制订计划,在决策的时候会过于关注于外界的人或事,缺少内在的统一的标准。有时干脆把选择权交给其他人,让他们帮助做决策。

探索性未定型:自己虽然还没定将来要从事什么职业,但对此不感到紧张和焦虑。个体知道自己对自我和职业还不够了解,还需要搜集更多的信息来完善职业决策,已经有明确的步骤和做法来网罗了解职业决策所需要的信息,相信自己能做出正确的决策。即便当时做了错误决策,也相信自己能够加以矫正。

自主决定型:自己经过深入的自我和职业探索,理性分析环境中的有利因素和不利因素,最终形成一个职业方向,并且稳定、可行性高。在决策过程中,个体首先认识自己是一个什么样的人,清楚自己的兴趣点、能力和特长,了解自己的内在需求和价值观,并且确定自己这些特点和看法是正面的、相对稳定的,不会轻易随自己的情绪或者他人的评判而改变。自己做出决策后能独立将自我知识和各种选择知识整合,制订出能让自己和社会同时感到满意的生涯规划。

 拓展阅读

成长经历和决策

小闵是某高校药学系的大四学生,需要找一份工作,她自己却不知道该找什么样的工作,因此迟迟无法做出决策。小闵的这种状态和她小时候成长的经历有很大关系。小时候

小闵还很有主见,比如衣服买什么颜色漂亮,但每次决策之后母亲总不满意,于是干脆小事大事都请母亲帮忙拿主意。在人生的很多重大问题上,也都是妈妈拿主意,比如高考填志愿等。但在找工作的问题上,母亲也没好主意了,小闵就更不知道怎么办了。于是小闵想到寻求职业咨询师,通过深入交流,小闵意识到了自己的这种不良状态,逐渐开始尝试自己去决策,尽管对她来说那是一个非常陌生的历程。

二、决策风格

决策是不可避免、不断发生而又有点难度的人类活动,不同的人往往具有不用类型的决策方式。决策风格是指个体在面对决策情境时表现出的习惯性的反应模式。最早研究决策风格的人是丁克拉格(Dinklage,1968),他基于大量的访谈资料,将决策者分为 8 种决策风格,见表 5-1。

表 5-1　决策风格分类

决策类型	行为特征
计划型(Planning Style)	在决策的时候考虑内在和外在的因素,按部就班,制订完善的职业发展计划。
苦恼型(Agonizing Style)	在收集信息、评估方案上花费太多的时间和精力,导致被信息所累,下不了决心。他们常爱说的一句话是"我就是拿不定主意"。
拖延型(Delaying Style)	经常迟迟不做出决策,或者到了最后一刻才做出决策。这些人习惯将对问题的思考和行动都往后推迟,"过两天再考虑"是他们的口头禅。
瘫痪型(Paralysis Style)	这种类型的人经常会选择麻痹自己来逃避做出决策。他们知道自己应该开始了,可在内心深处总笼罩着"一想到这事就害怕"的阴影。
冲动型(Impulsive Style)	选择第一个到来的方案而不考虑其他。他们的想法是:"先决定,以后再考虑。"这种决策方式可能是出于对困难的回避,不愿意花时间精力去探索。
直觉型(Intuitive Style)	基于"感觉是对的"来做决策的,而非逻辑分析。他们通常说不出什么理由,一味表示:"就是觉得这个好。"
宿命型(Fatalistic Style)	自己不愿意做决策,将选择归于命运和机会。有些人不能自己承担责任,而将命运委诸外部形势的变化。他们会说"该怎么地就怎么地"或"我这个人永远也不会走运"之类的话。
顺从型(Compliant Style)	自己想做决策,但无法坚持己见,于是听从权威的安排。这样的人倾向于顺从别人的计划而不是独立地做出决定。他们常说:"只要他们都觉得好,我就觉得好。"

从丁克拉格的 8 种决策风格的行为描述来看,除了计划型,其他几种决策风格都存在一些问题。个体在决策风格上存在很大的差异。一些困难会阻碍某些决策风格的个体做出职业决策,例如依赖型。当依赖型的个体面对决策缺少依赖的对象时,就容易陷入焦虑,并无

法做出理性的决策。决策者凭借对决策风格的知觉会意识到自己的决策风格存在问题,并提示自己做出调整。那么你是什么样的决策风格呢? 下面有一个小练习,可以自测一下。

想一想,你在生活中曾经采取过哪些决策模式? 你最常用的是哪种?

拓展练习

测测你的决策风格

		是	不是
1	我时常草率地做出判断		
2	我常凭第一感觉就做出决定		
3	我经常会改变自己所做的决定		
4	做决定之前,我一般不做什么准备,临时看着办		
5	我常不经慎重思考就做决定		
6	我喜欢凭直觉做事		
7	我做事时不喜欢自己出主意		
8	做事时,我喜欢有人在旁边,好随时商量		
9	发现别人的看法与我不同,我常常会不知该怎么办		
10	我很容易受别人的影响		
11	我常常在父母、家人、老师、同事或朋友的催促下才做出决定		
12	我喜欢让父母、家人、师长、同事或朋友为我做决定		
13	遇到难做决定的事情,我通常会把它先放一放		
14	遇到需要做决定的时候,我就紧张不安		
15	我做事老爱东想西想,下不了决心		
16	我觉得做决定是一件痛苦的事		
17	为了避免做决定的痛苦,我现在不想做决定		
18	我处理事情时常会犹豫不决		
19	做决定时,我会多方面收集所必需的一些个人及环境的资料		
20	我会将收集到的资料加以比较分析,列出可选择的方案		
21	做决定时,我会认真权衡各项可选择方案的利弊得失、判断出此时最好的选择		
22	做决定时,我会参考其他人的意见,再斟酌自己的情况,来做出最适合的决定		
23	做决定时,我会经过深思熟虑之后,明确决定一项最佳的方案		
24	当已经决定了所选择的方案,我会展开必要的行动准备,并全力以赴去执行		

注:计分:冲动直觉型:1～6题,依赖型:7～12题,拖延犹豫型:13～18题,理智型:19～24题,将每道答"是"的题在该决策类型上加1分,总分最高的类型就是你的决策类型。

说明:

冲动直觉型:愿意承担决策的责任,但缺乏对将来的预期,不够积极、逻辑性不强,有时基于情绪体验做决定;

依赖型:不能主动承担决策的责任,往往想当然地作决定或由别人来决定;

理智型:能够意识到行为的相应后果,愿意承担决策的责任,并且积极、深思熟虑、逻辑性强;

延迟犹豫型:意识到要做决策但没有能力立即开始,将决策的时间往后推迟,决策的时候会紧张、犹豫。

第三节 理性决策与计划实施

一、职业决策前的准备

良好的决策需要充分的准备。职业决策必须建立在对职业的充分认识和多方比较上。在决策之前,我们需要准备一份职业清单,尽量在数量和内容上翔实丰富。你可以在自我认知的基础上,发现自己可能从事的职业;也可以从一些职业信息库或者大典中去寻找潜在的职业;此外,日常的交流和同学间的头脑风暴也能发现一些合适职业的好机会。例如以电脑为核心,你能联想到哪些职业? 你可能会想到:电脑生产、电脑外形设计、电脑销售、电脑维修、计算机软件开发、电脑学习软件开发……下面你来充分发挥你的想象力,开展一次头脑风暴练习。

 拓展练习

用头脑风暴想出尽可能多的项目和目前你所学的专业有关的职业。每个同学先自己在白纸上写,然后把全班的结果汇总一下,看看最后的结果有多少个,拓宽自己的视野。

二、职业决策的工具和方法

在职业决策过程中,你可以通过多种方法帮助抉择。

(一)平衡单法

卡茨(Katz,1996)在古典决策理论的基础上提出职业决策理论,其中特别重视职业价值观对职业决策的影响。卡茨认为职业价值观是职业选择中知觉、需要及目标的综合。决策者需列出自己的主导价值清单,并进行量化。对每一种选择,决策者要估计"期望效用价值",然后挑选具有最大"期望效用价值"的选择对象。

平衡单法就是基于卡茨职业决策理论的一种生涯决策技术。它包括四个方面的主题:①自我物质方面的得失;②他人物质方面的得失;③自我赞许与否;④社会赞许与否。使用方法是首先根据自己的价值观为几个主题排序加权,然后在比较各个选择的时候,针对每项内容为每个选择打分,最后算出加权值。虽然看起来很简单,但在关键的时候,它有可能成为让你下决心的最后一个理由,一个坚定你决策信念的砝码。

表 5-2 欢欢的生涯决定平衡单

考虑因素		权重	口腔正畸医生	口腔外科医生	口腔修复医生
个人物质方面的得失	1.个人收入	3	4(+12)	2(+6)	3(+9)
	2.健康状况	3	4(+12)	4(+12)	4(+12)
	3.工作时间	2	−1(−2)	−1(−2)	−2(−4)
	4.休闲时间	2	3(+6)	3(+6)	3(+6)
	5.未来发展	5	4(+20)	2(+10)	2(+10)
个人精神方面的得失	1.兴趣发挥	5	4(+20)	3(15)	3(15)
	2.认同感	5	4(+20)	3(15)	3(15)
	3.被尊重	5	4(+20)	3(15)	3(15)

续表

考虑因素		权重	口腔正畸医生	口腔外科医生	口腔修复医生
他人物质方面的得失	1.家庭收入	3	4(+12)	3(+9)	3(+9)
	2.家庭地位	3	5(+15)	4(+12)	4(+12)
	3.家务承担	3	3(+9)	2(+6)	2(+6)
	4.交流聚会	3	3(+9)	2(+6)	2(+6)
他人精神方面的得失	1.父母	4	4(+16)	2(+8)	3(+12)
	2.老师	4	4(+16)	2(+8)	3(+12)
	3.爱人	4	3(+12)	1(+4)	2(+8)
合计			197	130	143

举例：

欢欢，三年级，某医科院校口腔专业。她心里很矛盾，既希望工作稳定，安全系数比较高，又希望工作能有挑战性。她的个性外向、活泼、能力强、自主性高。目前她考虑的三大方向是：口腔正畸医生，口腔外科医生，口腔修复医生。她的生涯决定平衡单该怎么写呢？

根据所得分析权衡职业平衡单(见表5-2)，欢欢的目标职业确定为口腔正畸医生。

 拓展练习

- 列出2～3个考虑的职业；
- 从四个考察维度列出你选择职业生涯考虑的因素；
- 对每个考虑因素设置权重；
- 考虑每个职业选择中这些因素的得失程度，从－5←0→＋5给出分数；
- 依分数累计，得出每一职业选择的总分；
- 排出职业抉择的优先级。

(二)SWOT法

SWOT分析法是英文单词Strengths(优势)、Weakness(劣势)、Opportunity(机会)、Threats(威胁)的缩写，其中优势和劣势是对内部个人因素的评估，而机会和威胁则是对外在环境因素的评估。通过这种方法，个体能够综合自身的优势和劣势，认清周围的职业环境和前景，做出最佳决策。下面是一个简单的职业目标决策的SWOT分析模型(见表5-3)。

表5-3　SWOT分析模型

内部个人因素	内部优势优点(Strength)：你可以控制并可以利用的内在积极因素。 　你最优秀的品质？你的能力体现？ 　你曾经学习了什么？你曾做过什么？ 　最成功的方面是什么？ 　……	你的弱势缺点(Weakness)：你可控制并努力改善的内在消极因素。 　我的性格有什么弱点？ 　经验或者经历上还有哪些缺陷？ 　最失败的是什么？ 　……
外在环境因素	发展机会(Opportunity)：你不可控制，但可利用的外部积极因素。 　社会环境对你的发展目标的支持 　地理位置优越专业发展带来的机会 　就业机会增加 　……	阻碍威胁(Threat)：你不可以控制但可以弱化的外部消极因素。 　名校毕业的竞争者 　同专业的大学生带来的竞争 　……

表列出的内容并不是全部,它们只是用来激发你的思考,你还可以想出更多,因为没有人比你更了解自己。那么,把你所想到的都填入下表中吧,也许在写的过程中,你对自己和环境会有新的发现。

　　举例:

欢欢的 SWOT 分析

内部个人因素	内部优势优点(Strength): 1.与测试结果符合 2.口腔医学专业基础 3.动手能力强 4.学习实践经历多 5.兴趣所在	你的弱势缺点(Weakness): 1.专业经验不足 2.人脉未完全建立 3.追求完美,过于严苛
外在环境因素	发展机会(Opportunity): 1.考上某重点院校医学专业研究生 2.口腔正畸研究生的竞争力加强 3.社会亟须专业的口腔正畸医生	阻碍威胁(Threat): 1.医院对医生的学历要求越来越高 2.私立诊所增多带来的冲击竞争

　　填完这个表格,你的工作并没有结束,SWOT 法则的完整运用还需要针对每一项列出的优势、劣势、机会、威胁想出相应的对应策略。在这里花费一点时间是值得的,因为这里的思考将会直接减少你浪费在痛苦选择上的时间。

　　(三)CASVE 循环法

　　CASVE 循环法也是一种在择业决策中经常被使用到的一种技术,它是由桑普森(Sampson)提出来的。相比于 SWOT 静态性的优势,CASVE 的优势在于动态分析,它的流程如图 5-1 所示。

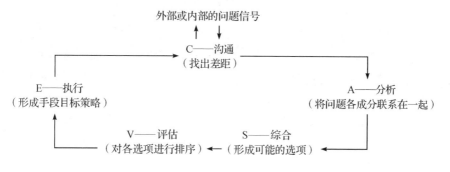

图 5-1　信息加工技能的 CASVE 循环

　　1.C(Communication)即沟通交流,通过对自身情况和社会需求信息的了解,确定需要在多个需求中进行选择决策。

　　2.A(Analysis)即分析,澄清自身择业观与社会需求之间的契合程度,对不同的选择进行评价和分析。

　　3.S(Synthesis)即综合,通过放大或缩小选择范围,对照不同单位的要求和特征,综合总结出社会需求的共性。

　　4.V(Valuing)即评价,通过假定的选择方式,详细列出不同选择的目标、工作地区、待遇水平、提升空间、工作环境、单位文化、所处行业等对自我具有重要影响的项目,逐一评价,得出较为全面的评价,进行综合评价,进而在不同单位之间排列出选择的先后顺序。

5. E(Execution)即执行,开始落实前面的选择,并有针对性地准备参加考核:通过一轮循环,如未能如愿,即进入新一轮的循环。

三、改变决策中的消极思维

每一不同的个体都有自己的思维方式,不同的思维方式直接影响个体的决策方式,并将影响个体能否取得成功。每个人的习惯和思维一般从童年开始逐渐形成,长大以后形成相对稳定的信念机制。信念机制分消极的和积极的信念机制。持有消极信念机制的就是消极思维者,反之就是积极思维者。积极思维者使用积极乐观的语言,语调活泼、热情、友善、姿态大方(微笑、身体语言富有表现力),他们更关注于把自己的能力展现于外部世界(见表5-4)。

表 5-4　消极思维者和积极思维者的对比

消极思维者	积极思维者
总喜欢为没有完成工作找借口	视困难为挑战
遇到挫折的时候只会抱怨	生活充实、满足
容易放弃	保持开放型思维,容易接受新的观点和建议
凡事总往坏处想	出现消极思维时,能迅速排除
贬低自己和别人的价值	重视自己和他人的价值
不敢尝试,容易退缩	积极行动,勇于尝试
情绪不稳定,容易后悔、退缩、抱怨	情绪稳定,积极乐观

任何事情都包含积极或消极两方面,消极思维者看到的是消极的一面,而积极思维者更关注积极的一面。那么如何培养积极型思维方式以改进我们的决策方式呢?下面是一些建议:

(一)发现自己的优势

每个人总是习惯于挑出自己的缺点,而忽视了自身的优点。如何发现自身的优点呢?方法很多,比如为自己编写成就故事、经常夸奖自己等。可以写写从小时候到现在有成就感的事情,比如那些自己做过的或是自认为比较成功或是感觉不错的事情。成就不一定是惊天动地撼动人心的大事,可以是一件别人看起来微不足道的事,只要是你为结果感到自豪就行。

(二)改变我们消极的思维

职业生涯是我们一生中的职业、职位变迁及工作理想的实现过程。职业规划实际上就是在充分认识自我的基础上,分析社会环境和职业特点,选择适合自己的职业,并在职业中通过实践努力、专业提升不断提高自己,实现自己的理想和追求。合理的职业规划有助于职业成功,然而许多同学在制定职业规划时,却有着许多非理性信念。所谓非理性信念指的是在职业规划中的不合理的主观信念。这些非理性信念通常存在于自我认识、职业认识、职业决策及发展等方面,一旦出现这些非理性信念,就会影响个体进行合理有效的职业规划。

1. 在"自我方面"的非理性信念:(1)"我不知道自己将来该怎么做,我觉得自己真没用。"这种面对迷茫时的自我否定心态,在求职中往往会表现出犹豫软弱和消极。(2)"任何事情我都能够成功。"这种自以为什么都能做的自负,往往什么都做不好,也难以在职业生涯中取得成功。(3)"我以后从事的职业便是我的价值所在。"这是把自我价值狭窄化,把职业定了等级,然后再以职业等级论英雄。(4)"我无法胜任与我本身能力、专业不对口的工作。"这种静止地看待问题的方法,没有认识到职业生涯的发展性或者是没有意识到可以通过自己的努力去提高自己的能力。(5)"我必须要得到他人的认可和赞许。"这种过于追寻外在性的评价需求是不可取的,因为他们往往忽略自身的价值取向。试想一下,一个人所做的一切都是为了得到他人的认可,那对于自己而言,又怎能体验到工作价值和生命乐趣呢!

2.在职业认知方面的非理性信念:"我一定要签约一个最适合自己的职业","我可能不适合对专业要求很严格的工作","我从事的工作需要满足我所有的要求","我的性别适合做这个行业吗","要做就做自己有兴趣的工作,否则人生将会很没有乐趣"……这些非理性观念会严重限制自己的职业选择范围。其实大多数职业对从业者没有什么特别硬性的要求,大学生,尤其是医学生,应该从自身发展的角度看待职业,一般是进入一个行业之后,通过不断学习、锻炼、实践,从新手变为能手,从能手变为专家,进而在职业的发展中成功实现自己的价值。

3.在职业选择决策的非理性信念:(1)有些同学认为"我能够凭直觉找到最适合我的职业",在没有认真分析了解的情况下只是凭主观臆断轻率选择,结果到了岗位后发现自己并不适合或者不喜欢这个职业,这时候想放弃就不那么容易了,于是后悔不已。(2)"我一定要考虑再三,谨慎地做出决定,因为我知道这个决定一旦选择就无法改变"。把职业看成静态的,觉得"一选定终身",结果导致犹豫不决,优柔寡断的心态,进而错失良机。(3)"现在无论什么工作先将就着,反正以后可以再换工作",如果选择职业过于随意,没有承接性,不能按照自己的专业能力与兴趣去选择职业,那就无法在同一行业中慢慢积累经验,就有可能延误自己的职业发展。(4)"就业指导专家一定能帮我找到好的职业"。很多人在遇到职业选择困惑的时候就把期望寄托在就业指导专家身上,不通过自身思考而是希望通过一些测评和咨询来为自己找到好的职业。殊不知任何外力比如说这些测评和咨询都只是帮助自己更好地认识自己,专家能够提供科学的建议,但绝不能替自己做决定。

4.在职业发展上的非理性信念:(1)"我工作的地方一定要在机会多、空间大的一线城市"。求职者普遍看重工作的地点、工资以及知名度还有工作环境等外在的直接因素。事实上万事都是有矛盾存在的,机会多,竞争也大;工资高,付出的也要多。相反,如果能够在二三线城市,或许更能体现自己的竞争优势,发挥自己的才能,取得职业成功,实现人生价值。(2)"我的爸爸妈妈有能力安排好一切,我不需要自己去考虑"。许多人都有这样的观念,显然没能明白父母不会一辈子保驾护航。即使起点很好,如果缺乏主观能动性,不去为自己的人生做努力。也一样无法实现自己的职业理想以及人生目标。(3)有的同学觉得"只要我有一个好的职业生涯规划,我就一定能取得职业的成功"。其实,光有目标和计划还不行,最重要的是行动。

积极的态度铸就成功的人生,命运掌握在自己手里。你完全可以在每一日的生活中付出一小部分的努力,一步一步接近自己的理想,而不必在等待机会降临中虚耗生命。树立积极的思维方式,用真诚、智慧和良好的心态去制定实施职业规划,把信念、知识转化成实实在在的力量来实现自己人生的高度。

 **拓展阅读**

陈某,女,某医科类大学护理学院2010级本科生。学习成绩全年级排名15,英语基础较

差,性格偏内向,平时不爱多说话,温柔善良,与同学关系融洽,做事认真细致。大学学习一年来未担任任何职务,但做过青年志愿者。她来自一偏远山区,家庭经济条件差,有一个想法,就是毕业后找到一份好工作,赡养父母供养弟妹。

1.大学毕业后我想做什么?

喜欢护士这种职业,觉得工作有价值;希望毕业后马上成为一名护士;希望在 W 医学院附属第一医院担任护士,如果附属医进不了,退而求其次希望能在 W 市第二人民医院或第三人民医院就业。

2.环境是否支持或允许我到附一做护士?

从行业环境看,目前护理行业发展势头良好,《护士条例》等文件的颁布都说明护理行业是受重视的、从业者是受保护的。

从职业环境看,护理工作稳定,收入较高,仍是人们心目中的铁饭碗。

从就业环境看,虽然大学生就业难现象普遍,但护理专业的总体就业形势还是很不错的。

从学校环境看,W 医学院在省内外享有良好的声誉,护理学本科专业是省重点专业,护理教学质量高。

从家庭环境因素看,家庭经济贫困,父母都是老实巴交的农民,在医院系统没有任何人脉关系。

从医院环境看(以 W 医学院附属第一医院为例),近年来,由于新院即将建成,毕业生需求量很大,2008－2010 年每年从 W 校招聘护理本科毕业生 100 余人,2011 年计划招聘护士300 人。

从医院对毕业生的要求看,医院要求毕业生身体健康,没有肝炎等其他疾病,本科学生英语必须通过四级,六级通过者优先考虑。专业成绩必须达到全年级 50％以上,顺利拿到毕业证书、学位证书。

从医院招聘形式看,医院招聘以面试及操作考核的方式进行,同时结合学校提供的学生在校综合表现择优录用。

从职业素质要求看:思想道德素质、专业知识、专业思想、事业心和责任感、应变能力、沟通能力、操作技能水平、人文礼仪素养、吃苦精神、身心素质等。

3.我的自身条件是否支持我到附一做护士?

优势:我是公办护理本科生;身高 160cm,身心健康;性格偏内向,温柔善良,有爱心、同情心;做事细心,有责任心;热爱护理专业,认为护理工作很有价值。

劣势:英语基础较差;沟通能力一般,灵活性不够强;参与工作、活动少,工作经验不丰富;人文礼仪素养一般等。

4.如何实现?

确定大学生涯发展路线:大二学年结束前通过英语四级,努力在大四第一学期之前通过英语六级;专业学习成绩争取继续保持目前状态,年年拿到奖学金。大三参加护理操作技能大赛,获得奖项;大二下半学期开始担任班委或学生会干事、干部等,积极参与各种社团活动;积极参与各种社会实践;塑造良好的身体素质。接着就是制定行动方案,并严格实施了。

大二详细实施方案:

	知识方面	能力方面
目标	1 通过 CET－4 2. 提高英语听说能力 3. 获得奖学金 4. 申报校级学生课题	1. 积累面试经验 2. 提高自身礼仪修养 3. 锻炼沟通能力、实践能力、遇事的应对能力等
具体措施	1. 每天早上六点半出门读英语，背单词（早上和中午各半小时），晚上练听力半小时，做四级试题。 2. 专业课前预习，课堂认真思考，课后及时复习，做配套练习题。 3. 周末参加学生疯狂英语学习。 4. 开始学习写课题申请书，搜集感兴趣的课题。	1. 竞选班干部，多和老师同学沟通 2. 参加演讲比赛 3. 参加微笑俱乐部 4. 积极参与各种社团活动，与不同的人群交流 5. 积极报名参加暑期社会实践活动

 思考题

1. 请回想迄今为止，你在生活中所做出的五个重大决定，并反思你的决策风格是哪种类型？

2. 思考影响职业决策的因素有哪些？ 结合这些因素，你应该如何提高自我职业决策的质量？

3. 完成一份《职业生涯规划档案》，尝试为自己做一次职业决策。

第六章　提高就业能力

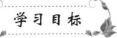

学习目标

1. 了解专业技能的内涵，自觉提升专业技能。
2. 了解团队精神、创新能力、沟通能力等通用技能对职业发展的重要意义，掌握提升各种通用技能的方法和技巧。
3. 了解学业规划的内涵，明确自己学业目标和任务。

 案例分析

　　一位知名医生因其业务能力强，即将被医院提拔为科室主任了。然而，在任职公示的那几天，却被病人投诉于某知名论坛，说他对病人不负责、态度恶劣。结果，引起了网民的围观，很多网民纷纷顶帖，也说有类似遭遇。院方对此事相当重视，在处理此问题的过程中发现，病人的投诉中反复强调："在整个接诊的过程中，医生都没有抬头看过我一眼，居然把处方开出来了。我多问几遍，他就爆粗口。"院方查看病历，发现医师记录了病人的主诉要点，用药非常对症，从诊断病情到处方都是正确的，这说明医师是认真负责的。为什么病人要投诉呢？就是因为医师"看都不看我一眼，还爆粗口"。最后，迫于舆论的压力，这名医生没有被提拔为科室主任。

【讨论】

1. 这位医生为什么没被提拔为科室主任？
2. 你认为作为一名医生，除了要有过硬的医术，还需要具备哪些能力和素质？

第一节　提升专业技能

　　在一次旅行之前，如果已经确定了目的地，有心的人接下来会做很多准备工作，查攻略、计划路线、订车票、订酒店、买行装，为顺利进行一次经济、高效的旅行做好充分的准备。

　　我们要开始职业之旅时也要做好类似于旅行前期的各项准备。在职业之旅中，当我们进行自我探索、职业探索，并通过这些探索找到或初步确定了自己的职业支点之后，下一步的工作就是集中精力发展自己的特长，提高自身的就业能力。大学生就业能力是大学生整体和个体通过在校期间学习、实践而获得并养成的，能够基本实现匹配性就业、成功维持良好就业状态以及在需要时重新获得新就业机会的综合素质能力。如果说职业兴趣影响一个人的择业方向,那么就业能力就决定着一个人在既定的职业方面是否能够胜任。所谓医学生的"就业能力"就是医学生获得工作、保持工作以及实现个人职业生涯发展的能力,包括医学的专业技能、通用技能等。

 拓展阅读

医学生应具备的能力和素质

国际医学教育组织(IIME)制定的"全球医学教育最基本要求"(Global Minimum Essential Requirements in Medical Education,GMER)提出了医学生毕业时必须达到的七大领域,23项能力与素质。

表 6-1　医学生应具备的能力和素质

GMER 的七大领域	相应的能力与素质
1.职业价值、态度、行为和伦理(1~2)	1.职业道德
	2.工作责任心和敬业精神
2.医学科学基础知识(3)	3.医学基础知识
3.临床技能(4~5)	4.分析与解决实际问题的能力
	5.临床技能
4.交流技能(6~8)	6.与患者及家庭成员的沟通技巧
	7.团队精神
	8.表达能力
5.群体健康和卫生系统(9~13)	9.对人群发病和死亡趋势的了解
	10.对疾病各类危险因素的了解
	11.对患者及家庭成员的健康教育
	12.对卫生保健系统及其运转的了解
	13.医疗卫生的成本/效益分析
6.信息管理(14~16)	14.收集、分析和解释医学信息的能力
	15.利用信息和通讯技术解决临床问题的能力
	16.对医学信息技术局限性的了解
7.批判性思维和研究(17~23)	17.科学思维和方法的掌握
	18.批判性评价和现有临床经验和技术的能力
	19.不断自我学习和评估的能力
	20.求知创新意识
	21.科研工作能力
	22.适应技术和社会迅速变化的能力
	23.进一步发展的潜力

一、专业技能的内涵

在这里我们所说的专业技能是指从事某一职业的专业知识应用能力,一般需要通过专业教育才能获得的特别的知识和能力。专业技能的获取途径包括学校课程学习和专业实践、社会培训和资格认证。专业技能是一个人成功实现职业化的必备条件,比尔·盖茨的十大优秀员工准则中的第 5 条准则就是"具有远见卓识,并提高专业知识和技能",具体包括:

(1)对周围的事物要有高度的洞察力;(2)吃老本是最可怕的;(3)不断学习,提高自己的工作能力;(4)掌握新知识新技能,以适应未来的工作;(5)做勇于创新的新型员工。

二、医学生应具备的专业技能

医学生毕业后大多数从事卫生行业或与卫生相关行业。由于卫生行业门类很广,涵盖不同的专业和职业,因此各自的专业技能的要求和侧重点也不尽相同。

(一)医生

医生的基本职能是"治病救人",即看病、诊断、决定治疗方案、主导治疗过程,直至医治好患者。因此,作为医生,在专业理论知识方面,必须具备扎实的学科基础和专业知识,掌握医学基本理论知识:如生物、化学、生化、医用物理、解剖、生理、组胚、病理、病生理、微生物等知识;掌握临床医学理论知识:如内科学、外科学、妇产科学、儿科学、眼科学、耳鼻咽喉科学、口腔科学、皮肤科学、神经病学、精神病学、传染病学等;以及诊断学、医学影像学、核医学等。在临床实践能力方面,应熟练掌握病历书写和分析、体格检查和一般基本操作技术、辅助检查结果分析、临床判断和诊断能力等基本的临床实践能力。

(二)护士

护理的主要目的是促进健康,预防疾病,照顾不同年龄的病人(包括精神病人和残疾人)。因此,作为护士,在专业理论知识方面应掌握基础医学与临床医学知识,临床各科常见病、多发病诊治基本知识,常见病和急危重症的病情判断、护理干预、预防保健和康复的知识等;掌握与护理相关的药学、检验学、预防医学、康复医学等知识,如常用药物的使用方法、用药观察、配伍禁忌的知识,临床常用化验、检查的正常值,不同人群的健康保健知识等;掌握护理学基本理论知识,急危重症护理的基本原则等;掌握专科护理知识。在专业技术方面,应掌握基础护理操作技术、护理体格检查技术、急救、危重护理技术、专科护理和专门监测操作技术、整体护理技术。

(三)药剂人员

现代医院药学工作的目标是"提供负责的药物治疗",主要工作内容已由传统的"药品供应"转变为"药品供应"和"直接面向临床的药学技术服务"。医院药师的工作任务主要分三方面:药品后勤保障、调剂制剂、临床药学服务等。作为药剂人员,在专业知识方面,必须掌握药剂学、药理学、药物分析、药物化学、调剂学等方面的专业基础知识,并且还要熟悉生物医学、临床医学、诊断学、分子生物学、药物治疗学、流行病学等医学综合知识,以了解分析病人的病因、病史、病情、诊治和用药。

(四)医学检验人员

医学检验人员主要分布在医药的检验科或临床检验中心,或在非医疗机构的检测中心或化验中心工作。检验人员应掌握本专业所有检验项目的基本原理、实验操作步骤、理论影响因素、实际操作时注意事项,能正确分析检验结果;同时检验知识丰富,具有熟练的检验专业实践和操作能力,具有较强的仪器分析、应用化学、物理、生物工程、数理统计、计算机技术应用等基础,熟悉技术应用、质量管理、实验室认证、计算机网络、仪器维护保养等,具有临床检验和卫生检验的基本能力。此外,检验人员应掌握生物化学、分子生物学、免疫学、病理学、细胞学等基础医学的基本理论,了解常见病、多发病诊治的基础知识,了解疾病的基本治疗药物及其对检验项目的影响。

（五）卫生监督人员

卫生监督人员应具有医学、生命科学、食品、化学等相关专业本科以上学历,并且通过卫生监督员资格考试,经国家有关部门选拔录用。卫生监督人员岗位主要在卫生监督所(中心)、卫生监督检验机构和疾病预防控制中心(防疫站)。卫生监督员除了需要掌握相关的医学、药学、卫生学等学科知识,运用公共卫生、流行病学等专业的基本理论、技术和方法,认真做好卫生评价和管理工作外,同时还必须具备法学知识,熟练掌握和运用法律法规,做到知法、用法和宣传法律知识。

（六）卫生管理人员

卫生行业管理人员主要分布于卫生部、卫生局、疾病预防控制中心和各级医院等卫生行政部门和医疗机构中,是指主要从事计划、组织、控制、协调和指挥活动的人员。卫生管理人员必须具备医学科学、管理科学、人文和社会科学的完整的三维知识结构。一是熟悉医学科学理论的基本框架:包括基础医学知识、临床医学知识、公共卫生学知识、卫生法学、卫生经济学、卫生政策学、医院管理学等。二是掌握管理学基础理论知识:如管理学原理、行政管理学、管理心理学、管理运筹学、组织行为学、公共关系学等。三是掌握从事专业所需的专业管理知识:行政管理人员须掌握相关专业管理知识,如财务管理、人力资源管理、工程管理、物流管理、行政管理、现代信息技术应用等。

三、医学生如何提高专业技能

"健康所系,性命相托"。医学生作为未来的医务工作者,将义不容辞地承担救死扶伤的神圣使命。因此,作为医学生,在校期间应努力学习,掌握专业技能,为未来从业打下扎实的专业基础。

一方面要树立自主学习的观念。自主学习应当是指一种能动的学习,医学生应当适应医学院校的学习环境并调整医学课程的学习方式,改变中学时被动应试的学习而转向自主创新学习。根据教学计划和医学专业学科特点,确定学习目标,广泛涉猎相关知识,构建合理知识智能结构,养成自主学习和独立思考的习惯,为今后的就业和事业发展打下坚实的基础。如对于形态学——解剖学的学习,医学生可以根据自己的学习情况,自主观察尸体标本、模型、图谱和挂图,形成融会贯通的知识体系。

另一方面要注意理论与实践的结合。亚里士多德曾说过:"靠书本知识成不了医生,医学著作仅仅为医学知识的传授提供了手段和方便,对拥有医疗技术的人是有用的,但对未受过医学训练的人并无用处,真正的医学教育在医疗实践。"作为医学生,必须在平时实验操作和临床实际工作中珍惜每一次机会,多动手,多动脑,做到眼勤、手勤、腿勤、口勤、脑勤,并结合实验操作和临床实践工作中遇到的问题去复习理论知识,只有这样,才能够取得较好的效果。拿实习来说,眼勤意味着应勤于观察,要深入细致观察患者,注意病人的活动、表情、语言、心理,用心体会;手勤意味着应充分重视体格检查比如心脏的视、触、叩、听,对基本操作技能如切开、打结、缝合技巧等反复实践,提高动手能力。腿勤意味着每天上班提前半小时进病房,要勤到病房巡视,了解患者病情。口勤意味着要养成勤学好问的习惯,要勤问病史、病情变化情况,发现病情变化要勤请示,汇报询问老师解决的方法,及时解决问题。脑勤意味着在实习中应抓住时机,培养自己的动脑能力,勤于思考,在观察中分析比较,结合病例多设疑问,联系在学校学过的理论知识,探究疾病的本质,做到知其然且知其所以然。

第二节　夯实通用技能

通用技能是指一些可迁移的技能,如团队合作能力、沟通能力、领导能力、创新能力等。之所以称为可迁移能力,是因为这些能力是做好任何一个岗位都必备的,是促进职业发展的重要推动力。

一、团队合作能力

美国医学博士 Healy 曾就新时代医生团队精神发表演讲。他说,当代医生应具备的核心能力之一就是——团队合作。他认为这种能力是贯穿医生职业生涯始终的基本素质,团队精神的缺乏是导致医疗纠纷和安全隐患的重要原因。

医生的团队精神,是医生的基本道德修养和医疗作风的集中体现。一个缺乏团队精神的医生,即使他医术再高,也不能成为一名好医生。医生首先要敬业乐群,一个有抱负的医生必定具有高度敬业乐群的团队精神。单靠一个医生单枪匹马解决患者全部问题的时代已经一去不复返了。现代医院更讲究团队协作,在集体中实现个人价值。

(一)团队合作能力的内涵

所谓团队协作能力,是指建立在团队的基础之上,发挥团队精神、互补互助以达到团队最大工作效率的能力。团队合作的基础是团队,一个团队不能只依靠一个人的力量,重视一个人的力量,要依靠整个团队协作的力量创造奇迹。医疗行业人力资源报告指出,团队协作在提高医疗护理质量、改善患者就医安全、降低医护人员短缺以及解决医疗保健专家超负荷工作等方面,是最有效的途径。

(二)团队合作能力的重要性

众人拾柴火焰高;一箭易断,十箭难折……在我们日常生活中明显地可以感觉到团队合作很重要。

1.团队合作能力是个人成功的支点

孟子曰:"天时不如地利,地利不如人和。"在任何时代,个人的成功,不仅需要个人的努力,更需要伟大团队的力量,团队合作是个人成功的支点。

一份哈佛大学成功百分比的数据统计,在其关于获取成功所需的要素中,其比例大致是这样的:

小事成功:专业能力占 80%,人际关系占 10%,观念占 10%;

大事成功:专业能力占 20%,人际关系占 40%,观念占 40%。

毋庸置疑,这组数据有力地揭示出,小成功靠自己,大成功靠团队。如果你只想获取一些小小的成功,依靠你自己的专业知识和出色的能力或许绰绰有余;但若想成就一番大事业,依靠单枪匹马的个人行为已经难以达成,唯有善用团队的力量,发挥众人的才智,才能成就大事业,获取大成功。

2.团队合作能力让个人之间优势互补

英国作家萧伯纳有一句名言:"两个人各自拿着一个苹果,互相交换,每个人仍然只有一个苹果;两个人各自拥有一种思想,互相交换,每个人就拥有两种思想。"一个人的能力和力量是有限的,每个人都有强项、弱项,在某些方面你可能有高过别人的地方,但在另外一些方面别人则会比你做得更好。而在团队中,个人可以通过相互学习来互相弥补各自的不足。团队合作也可能加强个人的自省,令团队成员充满工作激情。不同背景的成员走在一起,便可以产生不同的效果。团队精神存在的价值所在就是能使个人之间优势互补,从而使个人和团队做到超常水平的发挥,达到原本不可能达到的目的,最终实现个人与团队的共同成功。由于医疗专科高度分化和医疗实务条块分割,没有任何单一的专科医师能够解决患者的健康问题。在美国,很多病人需就诊于3～4个不同的专科医师。通过团队合作,可以实现各个专科的优势互补,从而有效治愈疾病。

3.团队合作可以完成个人无法独立完成的事情。

当今社会是一个抱团打天下的时代,现在很多事情,都不是一个人在战斗。例如,围绕着同一肿瘤患者,有外科医师、放射诊断医师、病理诊断医师、放射治疗医师、化学治疗医师、护士乃至社区服务人员等,这就是一个最为典型的医疗团队,各成员分工合作。由于团队具有目标一致性,从而产生了一种整体的归属感。正是这种归属感使得每个成员感到在为团队努力的同时也是在为自己实现目标,与此同时也有其他成员在一起为这个目标而努力,从而激起更强的工作动机,所以对于目标贡献的积极性也就随之油然而生,从而使得工作效率比个人单独时要高;而且通过多人合作,可以把团队的整体目标分割成许多小目标,然后再分配给团队的成员去一起完成,这样就可以缩短完成大目标的时间而提高效率。

(三)团队合作能力的培育

1.学会欣赏他人

欣赏同一个团队的每一个成员,就是在为团队增加助力;改掉自身的缺点,就是在消灭团队的弱点。欣赏就是主动去寻找团队成员的积极品质,学习这些品质,并努力克服和改正自身的缺点和消极品质。三人行,必有我师。每一个人的身上都会有闪光点,都值得我们去挖掘并学习。要想成功地融入团队之中,善于发现每个工作伙伴的优点,是走进他们身边、走进他们之中的第一步。每个人都可能会觉得自己在某个方面比其他人强,但你更应该将自己的注意力放在他人的强项上。因为团队中的任何一位成员,都可能是某个领域的专家。因此,你必须保持足够的谦虚,这种压力会促使你在团队中不断进步,并真正看清自己的肤浅、缺憾和无知。总之,团队的效率在于每个成员配合的默契,而这种默契来自于团队成员的互相欣赏和熟悉——欣赏长处、熟悉短处,最主要的是扬长避短。

2.善于表达与沟通能力

作为团队,成员间的沟通能力是保持团队有效沟通和旺盛生命力的必要条件;作为个体,要想在团队中获得成功,沟通是最基本的要求。现代社会是个开放的社会,当你有了好想法、好建议时,要尽快让别人了解、让上级采纳,为团队做贡献。否则,不论你有多么新奇的观点和重要的想法,如果不能让更多的人去理解和分享,那就几乎等于没有。团队成员唯有从自身做起,秉持对话精神,有方法、层次地对同事发表意见并探讨问题,汇集经验和知识,才能凝聚团队共识,激发自身和团队的力量。

3.包容团队成员

团队工作需要成员在一起不断地讨论,如果一个人固执己见,不愿听取他人的意见,或无法和他人达成一致,团队的工作就无法进行下去。团队的效率在于配合的默契,如果达不成这种默契,团队合作就不可能成功。为此,对待团队中其他成员时一定要抱着宽容的心态,讨论问题的时候对事不对人,即使他人犯了错误,也要本着大家共同进步的目的去帮对方改正,而不是一味斥责。同时也要经常检查自己的缺点,如果意识到了自己的缺点,不妨将它坦诚地讲出来,承认自己的缺点,让大家共同帮助你改进,这是最有效的方法。

4.获得支持与认可

要使自己的工作得到大家的支持和认可,而不是反对,必须让大家喜欢你。但一个人又如何让别人来喜欢你呢?除了在工作中互相支援、互相鼓励外,还应该尽量和大家一起去参加各种活动,或者礼貌地关心一下大家的生活。要使大家觉得,你不仅是他们的好同学、好同事,还是他们的好朋友,那还会有谁不喜欢与自己的朋友合作吗?

5.具备全局观念

团队精神不反对个性张扬,但个性必须与团队的行动一致,要有整体意识、全局观念,考虑团队的需要。它要求团队成员互相帮助,互相照顾,互相配合,为集体的目标而共同努力。曾经有这样两个大学生:他们共同承担一个项目,但其中有分工。其中一位在完成任务的过程中遇到了技术上的难题,此时他只会自己冥思苦想乱翻书,却不屑于向坐在旁边的高手请教一下。而这位高手此时不是把他当做是共荣共辱的合作伙伴,而是坐在旁边等着看笑话。这是我们应该吸取的教训。所以要有意识地培养全局观念。比如要建设一个优秀班组,每个人就不能借口自己有这样那样的事情而不参与集体组织的活动,否则将会像一盘散沙,优秀集体难以形成,自己也很难从中受益。

6.建立相互信任关系

美国管理者坚信这样一个简单的理念:如果连起码的信任都做不到,那么,团队协作就是一句空话,绝没有落实到位的可能。团队是一个相互协作的群体,它需要团队成员之间建立相互信任的关系。信任是合作的基石,没有信任,就没有合作。信任是一种激励,信任更是一种力量。团队成员在承受压力和困惑时,要相互信赖,就像荡离了秋千的空中飞人一样,他必须知道在绳的另一端有人在抓着他;团队成员在面临危机与挑战时,也要相互信任,就像合作猎捕猛兽的猎人一样,必须不存私心,共同行动。否则,到最后,这个团队以及这个团队的成员只会一事无成、毫无建树。

 拓展练习

团队合作游戏

1.将同学分成几个小组,每组以五人以上为佳。

2.每组先派出两名学员,背靠背坐在地上。

3.两人双臂相互交叉,合力使双方一同站起。

4.以此类推,每组每次增加一人,如果尝试失败需再来一次,直到成功才可以加一人。

5.人数最多且用时最少的一组为优胜。

讨论:1.你能仅靠一个人的力量就可以完成起立的动作吗?

    2.有哪些办法可以保证队员之间动作协调一致?

二、创新能力

历史告诉我们,没有创新,就没有人类的进步和社会的发展,更没有文明的兴起。因此,我国学者历来提倡创新。《易传·系辞》说:"富有之谓大业,日新之谓盛德。"《礼记·大学》也主张:"苟日新,日日新,又日新。"每一次医学创新,都给人类健康带来了福音。人的健康依靠医学进步,医学进步有赖于医学创新。免疫疫苗和抗生素的发明使传染病对人类的威胁快速降低,X光机、CT和磁共振的发明使疾病的诊断符合率大幅提高。随着社会的进步和生活水平的提高,人们对医疗卫生的需求越来越高。对于医务工作者来说,既是挑战也是机遇。作为医学生,在校期间应有意识地培育创新能力,敢为人先,在临床诊断和治疗技术、制药技术等方面积极创新,为我国的医药事业做出贡献。

（一）创新能力的内涵

所谓创新,就是人们能动地进行创造并最终获得更高效益的一个综合过程,简而言之,创新就是创造新的事物或发现新的规律。创新能力是人类特有的能力,是人类运用一切已知的知识和理论,在科学、艺术、技术和各种实践活动领域中不断提供具有经济价值、社会价值、生态价值的新思想、新理论、新方法和新发明的能力。创新能力包括创新意识、创新思维、创新技能等三个方面的内容。

创新能力是民族进步的灵魂、经济竞争的核心。当今社会的竞争,与其说是人才的竞争,不如说是人的创新能力的竞争。可以说,创新能力是21世纪人才的显著特点。医学人才需要有创新能力,不仅因为疾病的多样性、复杂性和新病种不断涌现,更重要的是因为,即使已攻克的疾病,在不同的人身上的表现也有差异。另外,医学科学的发展需要有创新意识,医学人才要具有批判性思维,要敢于质疑、挑战既有的检查和治疗方法,只有这样,医学才能不断进步和发展。

 拓展阅读

高创造性者的10对人格特质

美国芝加哥大学教授奇凯岑特米哈伊提出的高创造性者的"10对人格特质"（1996）非常有名,它们是:

1. 拥有充沛的体能,但通常都是很安静的休息者;

2. 聪明又天真;

3. 既贪玩又遵守纪律,或者说既有责任感又无责任感;

4. 有时想象、幻想,有时又有根深蒂固的现实感;

5. 既外向又内向;

6. 有时谦逊有时自傲;

7. 某种程度上回避刻板的性别角色;

8. 既反叛又传统;

9. 大多数人对自己的工作充满热情,同时对工作又极端地拒绝;

10. 他们的开放性和敏感性使得他们经受苦难和痛苦,同时也带给他们无穷的乐趣。

（二）人人都有创新能力

脑生理学家斯佩里认为,创新意识、创新精神,都是大脑机能的反应。心理学家恩斯特·卡西尔认为:创新乃是人的本性。从这个意义上讲,创新能力,人人皆有,也就是说——"人人都是创造者"。创新能力高低,是与一个人的遗传素质有关的,但是,遗传素质并不决定一切,日后的环境影响也关系重大。在遗传素质、成长环境的基础上,勇于实践才是决定一个人创新能力高低的关键因素。

创新能力虽然人人都有,但仍有很多人的创新能力得不到充分利用,原因就在于存在妨碍人们创新能力发挥的障碍。这些障碍从总体上可分为两类,详见表 6-2 所示。

表 6-2　妨碍人们创新能力发挥的因素

来自外部社会文化环境的障碍	在物质方面,资金、设备、仪器、材料及情报资料不足,就是常见的障碍;在精神方面,主要是社会舆论、风气和习惯等
来自人们内部心理活动的障碍	当人们的创新意识不太强或对创新的有关知识不太了解时,缺乏创新的热情、兴趣和积极性时,就容易产生心理障碍

（三）创新能力的培养

世界著名创造学家叫做奥斯本。他本是一位报社记者,后来失业,又到一家报社应聘。主考官看他文章写得不错,夸他文章内容富有创新性,就录用了他。因此他备受鼓舞,开始了"每日一创"活动。从此,发展成为一位大企业家,并成为创造学的学科奠基人。奥斯本的成功告诉我们:创新能力的具备要靠不断的自我训练。只要方法科学合理,就可以改变原来状态,成为一个创新能力突出的有用之才。我们该如何培养自己的创新能力呢? 可以从以下三个方面入手:

1. 增强创新意识

创新意识就是根据客观需要而产生的强烈的不安于现状、创造前所未有的事物或观念的动机,及在创造活动中所表现出来的意向、愿望和设想。创新意识是人们进行创造活动的出发点和内在动力,只有具有较强的创新意识,才能在创新之路上走得更远。增强创新意识的四个方面:

（1）树立独立和自主意识

创新讲究的是独一无二,而不是模仿、雷同。因此,培养创新意识,就要注意培养独立意识。独立意识包括独立的人格,独立获取知识,独立钻研问题,独立思考问题,不完全依赖他人,不盲从别人等方面。

创新还是对现实的超越,因此培养自主意识十分重要。自主意识包括自我激励、自我控制和自主发展意识。

（2）树立问题和怀疑意识

问题意识要求人们遇事要善于提出问题,凡事能问个为什么,这样就会有所发现,有所创造。

怀疑意识意味着要敢于怀疑、善于怀疑,来有效扩大自己创新思维的空间。

（3）树立风险与挫折意识

创新是在走一条前人没有走过的路,应理解在这一过程中难免遇到困难,遭受挫折。所以要想有所创新,就要有一定的风险意识和冒险精神,要有克服困难的勇气和百折不挠的意志。

（4）树立开放与合作意识

要进行创新，光靠一己之力是很难完成任务的，人们必须学会以开放诚恳的态度与组织内其他成员相互协作，有意识地培养自己的团结协作意识。

2.培养创新思维

创新思维是人的创新能力形成的核心和关键，没有创新思维，就没有创新活动。创新思维有发散思维、集中思维、逆向思维、横向思维、纵向思维、分合思维、转换思维、形象思维等。下面介绍三种创新思维：

（1）发散思维

是指从某一点出发向四面八方想开去，寻找事物的多种构成因素、多种可能性、事物发展的多种原因（条件）和多种结果，从而找到解决问题的多种设想、办法和方案。发散思维是一种开放型思维，是创新思维的核心。

就拿红砖的用途来说：不善于使用发散思维的人一般想到的盖房、砌墙、搭灶、搭炕、铺路，跑不出建筑材料的圈子。善于发散思维的人可以讲出的用途就多了：可以是工具钉东西、可以是武器、可以堆起来做凳子、磨碎掺进水泥做颜料、烘干后做吸潮剂、电炉盘、压东西、吊线、直尺、水泥地上当笔。

拓展练习

发散思维训练

1.在桌子上的一个杯子里放有三分之二的水，用什么方法，可以在不动这个杯子的情况下喝到水？方法越多越好。

2.在桌面上摆放六根火柴，将它们摆成不少于四个等边三角形。火柴之间不能断开，这是唯一的规则。你会得到几种解决方案？

（2）逆向思维法

顾名思义，逆向思维法就是反过来想一想，不采用人们通常思考问题的思路，而是从相反的方向去思考问题。

英国鞋厂与美国鞋厂的推销员到太平洋的一个岛国推销鞋子。拍回来的电报分别是——"这座岛上的土人不穿鞋子，明天我就搭头班飞机回来。""棒极了，这个岛上的人都还没穿鞋子，潜力很大，我拟常住此岛。"

逆向思维的具体方法：从一事物想到与之相反的事物（性质）、从事物某一作用想到的另一作用、从甲事物对乙事物的作用想到乙事物对甲事物的作用、从某一做法想到与之相反的另一做法、将事物的关系颠倒过来思考（正负、主次、好坏、因果等）等。

（3）横向思维法

横向思维法是通过借鉴、联想、类比、充分地利用其他领域中的知识、信息、方法、材料等和自己头脑中的问题或课题联系起来，从而提出创造性的设想和方案。这种方法的特点是：不是过多地考虑事物的确定性，而是考虑它的多种多样的可能性；关心的不是怎样在旧观点上修修补补，而是注意如何提出新观点；不是一味追求正确性，而是着重追求它的丰富性；不

拒绝各种机会,尽可能去创造和利用机会。

　　3.掌握创新的技法

　　创新技法是进行创新活动的有力工具,合理地运用这些工具可以帮助人们迅速地越过各种影响创新能力发挥的阻碍,更好地得到创新成果。

　　(1)头脑风暴法

　　头脑风暴法又称智力激励法,是依据一定的规则,让参与者各抒己见,共同无拘无束地讨论问题,激发智力,通过集体的思考和交流在短时间内产生大量的创新性设想的方法。智力激励法应遵循的主要原则有:自由畅谈、延迟评判、禁止批评、追求数量。

　　(2)检核表法

　　检核表法是是由美国的创造学家奥斯本发明的,因此人们通常称这种方法为奥斯本核表法。检核表法是利用检核表对研究对象进行缜密的梳理,从而找到我们日常没有注意或者没有想到的用途或功能。这种方法又被称为设想提问法或者分项检查法,它实际上是要求人们在思考问题时,把能够想到的重要内容记录下来,编列成表格,然后对照表格逐项进行检查的方法。麻省理工学院的创造工程研究室把奥斯本检核表的指标项目归纳成为交叉面尽量少的9个,如表6-3所示。

表 6-3　归纳后的奥斯本检核项目

序号	检核项目	新设想的名称	新设想的概述
1	有无其他用途		
2	能否借用		
3	能否改变		
4	能否扩充		
5	能否缩小		
6	能否代用		
7	能否调整		
8	能否颠倒		
9	能否组合		

三、沟通能力

　　戴尔·卡耐基说过:"一个人的成功只有15％是依靠专业技术,而85％却要依靠人际交往、有效说话等软科学本领。"可见,人际交往对于职业发展的重要影响。人际交往受许多现实因素的制约,如地域、时间、年龄、语言、文化、社会制度和种族等。为了达到交往的目的,人们就要不断地克服这些制约因素。所以人类的交往历史就是不断打破和摆脱各种束缚,扩大交往范围,不断丰富内容的历程。特别需要注意的是,在人际交往的过程中,表达理解能力、人际融合能力和解决问题的能力尤为重要。有效沟通不但是一门艺术,更是社会生存的技能。沟通能透过人的眼睛和耳朵的接触,让沟通的两个人相互了解。

　　据美国著名学府普林斯顿大学对1万份人事档案的调查分析发现:"智慧"、"专业技术"和"经验"只占成功因素的25％,而良好的人际沟通却占了75％。哈佛大学就业指导小组1995年的一项调查结果显示:在500名被解雇的员工中,因人际沟通不良而导致工作不称职者为82％。由此可见,沟通是个人事业成功的重要因素。而在临床实践中,医务工作者需要与本单位及单位之外的各类人员、组织发生联系,沟通交流能力也是医务工作者事业成功必备的一项重要技能。

沟通是建立良好医患关系的主要途径,在临床和护理工作中,医务工作者与病人及家属接触最频繁,医患间的沟通对于了解患者身心状况、向患者提供正确医疗知识、减轻患者的身心痛苦、帮助医生进一步了解病人及家庭情况、提高疗效是非常重要的。

医患之间的沟通不仅为诊断所必需,也是治疗中不可缺少的一个方面。世界卫生组织一位顾问曾做过一项调查:当病人诉说症状时,平均19秒钟就被医生打断了;一位专家曾说起,她所在科室的一些年轻大夫,很怕和病人多说话;更有甚者,一位刚从医学院毕业的医生,竟然不会问诊。那么,医患如何沟通?

(一)掌握语言沟通的技巧

语言沟通是一种双向的沟通,一般从打招呼开始,医生以诱导的方式提出问题,病人描述相关的资料,然后医生作一总结再与病人商讨进一步诊断治疗之计划。完成整个交谈的过程,语言沟通有许多具体的技巧:

1.注重初次交谈

患者进入诊室,对于首次就诊的病人,可用"你好","请坐"等礼貌用语,这样会让病人感到热情和温暖;对于熟悉的病人,医生宜以亲切之笑容与其打招呼,可直呼其名,对年长者宜用尊称如老伯伯、老妈妈等,对年轻者可用爱称如小邓、小李等。不宜以其诊号代替其姓名,这样会使患者觉得不受尊重。然后招呼病人坐下、握手或寒暄,先闲聊些家常或天气之类可以消除其不安。不宜一接触就问病情,以免让人感到医生关心的是疾病而不是患病的人。

2.得体的语言沟通

古代西方的医圣希波克拉底说过:"医生有两种东西可以治病,一是药物,二是语言。"语言与药物一样都是治病的工具,所以遣词用句也应十分注意,应避免使用专业术语,尽量用简单明了的字句使患者明确认知,并依患者的文化背景加以选择。在交谈中宜多用关怀的语句,在检查时应询问有无痛感,这些皆可使病人感到温馨。在交谈过程中需注意的事项:

(1)当病人陈述他的痛苦时,若不有违于原则,可以给予适度的认同。如病人说他因失眠而感到痛苦时,医生可以说"的确,如果夜里没睡好第二天一定没精神";如病人说他消瘦了许多时,医生可以说"是的,看上去消瘦了一些,体重称过没有";等等。对病人的痛苦给予适度的认同可使病人感到医生已经接受了他的说法,医生能体贴他的痛苦,关注他的病情。

(2)当病人阐述他的病情时,医生宜用鼓励性的语句支持其阐述,以获得更多的资料。如说"哦,这很重要,能不能说详细一点",或者简单地重复病人的陈述,也可以使病人就这个话题继续说下去。如"噢,自从那次以后您就经常有些低热了?",病人一定会说"是的,从那以后我便经常有些低热,而且……"。而如果病人的陈述已经不重要时医生便可以用转移话题的语句。如"噢,那么你与家人相处得如何呢?""你是不是可以谈一下你工作的情况呢?"等等。

(3)交谈应有针对性,同样是高血压的病人,除服药外,一人应劝告他注意调节情绪,而另一人则需告诉他应改进作息规律。按不同的对象有不同的处理,医生在与病人的交谈中亦应如此。当然这需要对病人有充分的了解。

3.善于倾听

当病人讲话时医生应该注意倾听,这是最重要也最基本的一项技巧。但遗憾的是,它常常被繁忙的医生所忽视。医生必须尽可能耐心、专心和关心地倾听病人的叙述,并有所反应,如变换表情和眼神,点头作"嗯、嗯"声,或简单地插一句"我听清楚了",等等。饱受各种痛苦折磨的病人,往往担心医生并没专心听他们的诉说。疑虑和抱怨多、说话倾向于重复的病人,尤其需要医生有耐心。有时,病人扯得离题太远,医生可以礼貌地提醒病人,请他回到主题上来。总之,医生不要干扰病人对身体症状和内心痛苦的诉说,尤其不可唐突地打断病人的谈话。可以说,倾听是发展医患间良好关系最重要的一步。诊断的错误,病人对医嘱的不依从等,常常是医生倾听不够所致。

（二）注重行为的沟通

行为沟通是指通过姿势、动作、表情、行为而达成的沟通。在医生与病人的沟通中亦十分重要。包括:

1.医生的坐姿应轻松,上身微微前倾或微微点头可使患者觉得医生在十分专注地听他讲述病情。如患者有紧张不安的表现,医生可用握手、拍肩表示关怀,可使患者放松一些。

2.保持目光的接触,有鼓励病人继续倾诉的作用。但需注意目光宜注视病人面颊的下部,而不宜一直盯着病人的眼睛看,不然将给人以高高在上的感觉并使病人不安;目光不能斜视病人,斜视表示轻视;目光不能游移,目光游移表示另有所图;如果病人的讲述离题太远,医生可将目光移开,可使其语言简洁。

3.医生的表情应与病人的感情合拍,当病人讲述他的痛苦时,医生的表情应该庄重、专注,甚至眉头紧锁;当病人讲到兴奋之处时医生的表情应该是面带微笑,表示分享其快乐;当病人诉述原委时,医生应以深沉的点头表示理解;当病人述及隐私时医生应将上身前倾,将与病人的距离缩小,以表示倾听并为其保密;这种"支持动作"将使医生的形象和蔼可亲。

在诊疗或交谈的过程中,医生应该专注地倾听和真诚地交谈,不宜频频接听电话,或起身暂离使交谈中断。医生对病人的距离一般宜一手臂之距,即"公务距离",不宜过分接近。若男医生需检查女病人的身体,必须有女护士在场,如若需女病人解开衣扣之类,男医生不宜亲自动手。

（三）创设良好的沟通氛围

1.诊室的环境:诊室的安静至为重要,应避免闲杂人员进出,通风应该良好,光线应该柔和。如有条件应尽可能地安排一位医生使用一个诊间,以保证病人病情的私密性和促成沟通的成功。

2.医生的装束:工作服需整洁,如用西装领工作服内着衬衫时,男医师宜系领带;男医师在夏季宜着长裤,且不宜穿风凉鞋、运动鞋等;若非手术操作不必戴帽,但头发应梳理整洁。女医师可用淡妆,但不宜浓妆艳抹,珠光宝气。

3.巡房时注意事项:在病房查房时,医生应先向病人打招呼,再询问和交谈。在检查下级医师工作时如发现不妥,不应当病人之面指责。在结束该病人的查房工作时,不妨询问些诸如饮食、睡眠等的一般问题,然后顺势开导,予以安慰。

4.手术时注意事项:手术开始时病人最为紧张,麻醉师与手术医师应向病人问候、解释和安慰。术中如遇病人清醒,医师绝不可表示惊讶、紧张。助手配合不够时不可即予指责。手术结束时应向病人说明,并向病人道别。

（四）注意特殊人群的生理、心理和行为的特点

1.儿童:应使用儿童能理解的语言,需多给予安慰和赞扬。

2.青少年:他们对伴随家长的陈述往往表示不同的意见,应让他们尽量发挥。

3. 老年人：由于感官能力降低，思维不够敏捷，言语亦多啰嗦，故医生应表现耐心，对交谈的要点宜多重复。

4. 预后不良者：医生应充分表达同情，为病人谋求最佳处置。不应用不实的保证，以免日后因失望而绝望。不宜抑制其悲哀，而应给予心理上的支持与关怀。

5. 虑病倾向者：应该认真地倾听他们的陈述，认真地为他们排除器质性疾病，并给予适度的关心和支持。

6. 骄傲自大的病人：应利用其自以为是的态度进行引导，如说"看来你对这个问题很了解，那么你就应该……"等。

第三节　提高医学生规划学习的能力

对于大学生来说，学业规划是至关重要的，规划做得好，可以有一个美好的未来，如果不懂得做好自己的学业规划，那么可能在求学的道路上会坎坷不平，到处碰壁。为什么同在一个专业年级学习，有的人毕业时可以保研，有的人却连一次面试复试都没有？为什么有的人毕业时可以拿到两个学位，还考上研究生，有的人却连一个毕业证都混不到？原因也许很多，但有一点是可以肯定的，凡是毕业时取得丰硕成果的，其大学学业生涯都是有目标、有准备的。

一、大学的学习

大学的学习特点与中学时代相比已发生了明显的变化：学习内容相对深奥，学习方法由"学什么"转变到"怎么学"，学习态度由"要我学"转到"我要学"，培养自学能力就成为关键。

大学阶段的学习，知识的广度和深度大大增加，专业方向基本确定，需要大力发挥学习的主动性、创造性。大学主要实行的是学分制，除了公共科目、学科基础课和专业课属于必修之外，各专业都开设选修课，同学们可以根据个人兴趣和能力选修相关课程，自由支配的学习时间增多，学习的自主性大大加强。大学图书资料和各种信息丰富，获取知识的渠道更加多样化，熟悉利用图书馆和互联网搜索资料和掌握信息，成了必备的学习技能。广泛涉猎相关知识，掌握科学的学习方法，培养自主学习和独立思考问题、分析问题、解决问题的能力，是大学阶段学习的重要特点。

在大学阶段，学习是同学们的首要任务，是大学生活的中心内容。只有学风端正，才能充分利用大学期间的宝贵时光，学到扎实的知识，掌握真正的本领，培养创造性精神，圆满完成祖国和人民交给的学习任务。同学们是未来建设国家的宝贵人才，只有养成优良的学风，将来才能在工作岗位上担当重要的责任，有所成就，有所贡献。从这个意义上说，优良的学风是同学们一生的宝贵财富。养成优良的学风，应在勤奋、严谨、求实、创新上下工夫。

（一）勤奋

就是要发奋努力、不畏艰难、锲而不舍、永不懈怠。唐代思想家韩愈有句名言："业精于勤，荒于嬉；行成于思，毁于随。"优良的学业是辛勤汗水的结晶，突出的成就只有通过刻苦学习和拼搏才能获得。马克思说过："在科学上没有平坦的大道，只有不畏艰难沿着陡峭山路攀登的人,才有希望到达光辉的顶点。"大学学习内容的专业性、系统性的特点,在广度和深度上增加了学习的难度。这就要求同学们更加刻苦、更加勤奋,通过自己的不懈努力成长为国家的有用之才。

（二）严谨

就是要一丝不苟、认真负责,做到严肃、严格、严密。严肃是指认真的学习态度和扎实的学习作风,反对学习上轻率漂浮、马虎应付的态度;严格是指对知识的掌握要弄懂弄通,对技术的掌握要严守规范,反对粗制滥造和不求甚解,反对急功近利和投机取巧;严密是指对学习、对生活、对工作要严谨细致、精益求精,包括在学习的安排上要周全有序,有条不紊地妥善处理学习中的各种关系。要坚决抵制急功近利的浮躁之风,坚决抵制违反科学和学术道德的不良风气,做一个有科学道德和学术道德的人。

（三）求实

就是要脚踏实地,求真务实,不轻信,不弄虚作假,不贪图虚名,"知之为知之,不知为不知"。对于大学生来说,首先就是要培养扎实打基础、老实做学问的学风,不驰于空想,不骛于虚声,唯以求真的态度做踏实的功夫。谦虚是求实的必然要求,只有虚怀若谷,才能博采众长,打开知识的大门。同学们要培养像大海一样宽广的胸怀,谦虚谨慎、戒骄戒躁,永远保持一种积极奋发、昂扬进取的精神状态。

（四）创新

就是要不拘陈规,敢为人先,进行创造性的学习和思维。大学生作为国家未来的建设人才,作为今后几十年社会各战线的骨干,更需要自觉培养勇于创新的品质和才干。要积极进取,形成勇于开拓的创新精神;面向现实、扎根实践,培养过硬的动手能力。党和国家提出了建设创新型国家的宏伟蓝图,新一代大学生要在实现这一宏伟蓝图中发挥重要作用。同学们要刻苦努力学习,打下扎实的理论和专业基础,不断提高和拓展自己的创新能力,为将来在祖国各个建设岗位发挥骨干作用做好准备。

二、医学生的学习特点和方法

（一）医学学习规律

学习应该遵循学习的基本规律,即认识—实践—再认识。医学是认识和增强人类健康、预防和治疗疾病、促进集体康复的科学知识体系和实践活动。医学知识体系是人类知识体系的一部分,同样应遵循人类学习的基本规律,然而,由医学科学的性质和特点,又决定了医学学习应遵循以下特殊规律:

1.全面发展

医学生的智能包括知识和能力两大方面,二者相辅相成,互为条件,互相促进。知识是发展能力的基础,能力又是获得知识的重要条件,是知识的升华。技能是从掌握知识到能力形成与发展之间的中间环节。技能对能力的发展有重要作用。医学生在学习的过程中要遵循知识、能力、态度共同发展的规律。提倡手、脑并重,不可轻视实践操作能力。

2.德业相辅

由于医学研究的对象是人,又服务于人,因此,医德和职业素养是医学生学习的主要内容之一。医务工作者不仅要求有渊博的医学知识和精湛的医疗技术,更重要的是要有优良的职业修养。医德和医术是相互联系、相互促进、相辅相成的。一个医学生只有把大众的利益放在心上,把为病人解除痛苦视为天职,才能激发学习的热情和奋发向上的精神。医学的飞速发展要求医学生只有刻苦学习,钻研更多的知识,才能适应时代发展对医学的要求。所以医学生应遵循德业相辅的规律,培养良好的职业道德、职业素养,努力钻研业务,不断攀登医学高峰。

3.终身学习

医学教育是一个连续统一的整体,是一项系统工程。由于医学学科的特殊性,决定了医学教育是一种终身教育。目前国内外医学教育界已经达成共识,将医学划分为医学院校教育、毕业后医学教育和继续医学教育。医学院校教育主要教授医学、自然科学、社会科学的基本知识和临床技能,培养医学生的全面能力,为今后从事临床、教学、科研工作奠定坚实的基础。毕业后教育是医学生成长为医师的重要阶段,要求医科毕业生经严格、规范的训练,具备将医学理论知识应用于医疗实践的能力,进而深入到临床医学各个专业更深层次的研究领域。继续教育是医务工作者不断更新、补充医学新理论、新知识、新技术、新方法的过程,是把握医学科学最新进展,并将其成果应用于医疗实践的过程,这一过程将贯穿于医务工作者职业生涯的始终。因此医学生要遵循终生学习的规律,选准学习方向,确定学习内容,以自学为主,采取各种灵活的学习形式,不断充实。扩展自己的智能结构和知识领域,以适应科学技术、社会发展与竞争的需要。

(二)医学的学习特点

医学科学独有的特征,加上新医学模式的建立,促进了医学教育的变化,同时,也给医学教育及医学生的学习带来了许多新的问题,这就决定了当代医学教育学习的"四多"特点:

1.医学教育文理交融,学制长,科系、学科设置多

一般理、工、文等专业的大学教育学制为四年,而医科大学教育学制均在 5 年以上,设有不同专业,如基础医学、临床医学、口腔医学、中医学、药学、预防医学、护理学等。从每个专业所设的课程来看,也大大超过了普通文理科。以临床医学为例,2007 年颁发的教学计划就设有大学英语、政治理论课、计算机概论及上机军事理论课、体育等公共基础课、医学基础课、临床桥梁课、临床专业课等近 100 门课程。

2.医学属于生命科学,社会意义大,必须掌握的内容多

医学专业培养的是德智体全面发展,能胜任医疗、预防、护理、检诊等工作,具有过硬技术,对人民健康、康复高度负责的专门人才。因此,无论本科还是专科教育,需要学生掌握的人体形态学、机能学、病理学、药理学、诊断、治疗、手术及预防等,有关内容十分庞杂、繁多。这些从宏观到微观、从直观到抽象的知识理论,与其他科系相比,需要学生理解记忆掌握的名词概念、基本理论知识、基本操作技术都多,所需要总学时是文科、理工科专业所无法比拟的。

3.医学实践性强,实验、实践课比重大,操作多

医学专业的实践性很强,全程约有 1/2 的教学时间用于实验或实践。医学课程以实验室实际形态观察学习和实验的操作为主,目的是使学生理论联系实际地学习,验证课堂理论,加深对理论的理解和运用,培养学生的实验动手能力和实验认识能力;中后期课程主要是以临床见习和实习方式进行实践教学,目的是训练学生的临床诊断思维能力和独立分析解决临床实际问题的能力。

4.医学科学发展快,需要更新学习的知识多

随着医学的发展,一方面,由于电子显微镜、X 线衍射等现代技术的应用及分子生物学

学科的建立,使医学研究从个体水平、器官水平、细胞水平,进入到分子水平。从微观角度对生命活动和疾病进行分析,因而相继出现了分子形态学、分子药理学、分子病理学、分子遗传学等,从而加深了对许多疾病的微观认识,创造出了许多新的防治措施。另一方面,由于物理、化学、生物工程技术的发展,促使医学出现了"影像医学"、"原子医学"、"超声医学"、"激光医学"、"电子计算机医学"等崭新的学科群。由于以上两个方面的情况,决定了医学观念将发生较大的变化。医学模式在注重生物、心理和社会的基础上,出现新的内容和变化;人们的健康观、治疗观、预防观呈现预防、治疗、保健一体化的趋势;社区医疗发挥作用;许多疾病如癌症、艾滋病,遗传病,糖尿病等的诊治有了突破性进展;心血管、肿瘤等疾病,较好的预防方法,预防将比诊断和治疗发现发挥更大的作用。由此可见,未来医学教育的学科、内容都将有大量的更新和变化,要充实和改革教学,以适应情况的变化,这已形成了一个突出的特点。

(三)医学生的学习方法

1.学会点-线-面-立体的医学学习思维

点,这里指各个医学学科中的每个知识点,如系统解剖学中的各个结构(如股骨的结构)的名称,生物化学中各个名词(如糖酵解)的概念,生理学某个机制(如尿生成的调节)的过程等。这些点既是我们学习新知识的起点,又为接下来深入学习打下基础。它就像造房子用的砖,砖的好坏直接决定房子质量的高低。因此在学习初期一定要花时间将这些知识点理解透彻,有些要熟记于心。

线,即由无数个点组成的一维对象,这里指各个学科内的各个知识点相互联系形成的线,贯穿于各学科各章各节。学习初期(一般第一遍或第二遍看书)学到的知识在头脑中都是零散的,将其联系起来颇为重要。这就要求我们培养识别各知识点之间连续而又紧密的关系的能力。如有以下几个知识点:①阿托品是 M 胆碱受体阻断药;②唾液腺、汗腺上有 M受体;③瞳孔括约肌和睫状肌上有 M 受体;④内脏平滑肌上有 M 受体;⑤血管上缺乏明显的 M 受体。将以上各个点连起来就是阿托品的作用,可以抑制唾液,汗液等分泌,有扩瞳,升高眼内压,调节麻痹等作用,但对血管和血压没有明显作用。一条完整牢固的线除了前面要求的全面高质量的点外还需要点与点之间的紧密连接。这也体现了拥有能将各个点整理归纳成线的能力的重要性。

面,也就是将多条知识线纵向联系起来,形成一个面,俗称知识面。要编织好完整的面,就要找到各知识线的内在联系,找到其交汇点和共同规律。要将各个基础医学的学科如系统解剖学、组织胚胎学、生理学、病理学、药理学、病理生理学、微生物免疫学等进行整合。如要了解高血压,就要在了解其解剖结构的基础上,了解血压的生理调节机制,知道血管上皮的正常组织结构,在病理生理学中学习引起高血压的病因及发生发展过程,导致病理学上的改变,用诊断学中的临床症状或实验室检查以及影像等辅助检查进行诊断,在用药理学的知识进行药物治疗,或外科学知识进行手术治疗。整个面包含了"从宏观到微观,从形态到功能,从正常到异常,从疾病到治疗"的原则。整个面非常系统和全面。熟练掌握这些既有利于增加知识面,也有助于增加学习医学的兴趣和信心。

最后是立体网络,即将各个知识面有机结合,构建一个强大的医学知识立体网络。在临床上,很多病人不仅仅只有一种病,经常会出现两种或两种以上的病同时出现,而且人体是一个非常复杂结构,疾病之间会相互影响,一种疾病也往往会伴发另一种疾病。如高血压容

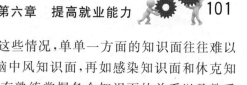

易引起冠心病、脑中风。感染容易合并休克。遇到这些情况，单单一方面的知识面往往难以解决问题，需要将各个知识面（如高血压知识面和脑中风知识面，再如感染知识面和休克知识面）融合成一个三维网络进行对病人的治疗。只有熟练掌握各个知识面的关系以及熟悉如何将各个知识面融合成各个相对应的三维网络才能以不变应万变地正确处理各种病情。练就一身行医能力。

　　2.养成良好的医学学习习惯

　　医学学习是一个终身学习的过程。一个良好的学习习惯对于医学生来说尤为重要。除了课前预习，课后复习，认真听课等一般的学习习惯外，这里介绍一下"看书－做题－再看书找资料－归纳整理"的医学学习习惯。

　　看书，这是指学习的初级阶段。首先，静下心来将要学习的章节通读一遍，初步了解出现的新名词，各个新知识点，对整个章节有个初步的了解。第一遍读的过程中难免有些摸不着头脑，感觉混乱，这时可以将那些新名词划出来，也帮助集中注意力。然后第二遍就要精读，建议精度之前可以先看一下整个章节的框架，结合大纲，知道这个章节主要讲了哪些问题，需要掌握哪些东西。在大脑中有个基本的框架后，就可将章节分成一个个小部分，然后带着问题和目的去仔细阅读这些小部分，掌握每一部分所讲的问题，把各个点连成线。如果有不懂的，无法理解的内容可以做一个小标记，等上课问老师或问同学。上述看书过程完成后，如果能知道这个章节讲了哪几个问题，书是如何将问题讲清楚的，那就成功了。看书是初学者在较短的时间内获取新知识的有效方法。

　　做题，做相应章节的配套练习，也是发现问题的过程，是学习的中级阶段。合理做题有以下几大好处：①加深对知识的理解，之前看书由于量大，范围广，容易对一些知识点理解不够深入，通过做题可以加深对核心与重点知识的理解以及弥补对某些知识点的遗漏；②做题是一个发现问题最快捷的途径。很多人都存在"看书的时候都懂，做题的时候都不会"这样一种情况。这是因为之前看书其实是一种"主动地学习'被动知识'"的过程，因为之前看书都是顺着作者的思路，没有磕绊的理解下来的。而做题的时候如选择判断题，会遇到类似的五个选项，就像遇到很多岔路一样，选择多了就会出现各种疑问。但经过深思熟虑后选择出的正确答案一定印象更加深刻，也对这个知识点有了更深的了解，不易忘记；③做题是对之前看过内容的一种有效的记忆方法。如填空是对之前各个知识点的回忆，简答题是对之前各个问题，或问题的各个部分的回忆，是对各条线的回忆，这些显然可以帮助记忆。

　　再看书找资料。做完题肯定会有更多疑问，做的题越多，疑问也就越多。这就需要带着这些疑问再次去看书，不仅仅是需要看本章节的内容，也要看其他相关章节或其他相关学科的书，也可以上网查找相关文献资料。总之要把这个问题从头到脚彻底地弄清楚，这个阶段花的时间和精力就会比较多，但这个过程也是将课本知识转化为自己知识的非常关键的步骤，只有把这些问题都搞清楚了，你才能，才敢运用这些知识。如果一个人精力不够，可以找一些同学朋友一起完成这个阶段，相互学习，相互帮助，相互提高。

　　归纳整理。把各个问题都弄懂了之后，就要把用自己的思路完成的整理归纳，记录下来。这个过程第一帮助自己记忆，第二也方便今后随时可以回顾。虽然整理的过程比较费时间，但整理好之后就是长久受用了。这个过程也就是将各个点，各条线组织成一个个相关的面，方便今后运用。也是自己医学知识，医学功底储备的关键步骤。

　　通过"看书－做题－再看书找资料－归纳整理"这个流程，可以有效地把新知识整理成自己的知识,储备起来方便今后运用。

3.运用各种医学记忆方法

医学知识量非常多,一本本厚厚的医学书基本都是需要记忆的。因此学会运用各种记忆的方法不仅可以提高学习效率,还能达到事半功倍的效果。以下介绍几种常用的医学学习记忆方法。

口诀记忆法。口诀就是将书中一系列知识点用一句简短的话概括,并使其读起来朗朗上口,易于记忆。如大家熟悉的十二对脑神经的记忆口诀"一嗅二视三动眼,四划五叉六外展,七面八听九舌咽,迷走及副舌下全。"这样就可以一次把十二对脑神经背出来而不会遗漏。再如手腕骨的记忆口诀"舟月三角豆,大小头钩骨;摔跤若易折,先查舟月骨。"不仅把手腕的所有骨记住了,而且还记住了最易折的骨。也许有人说记这些口诀也挺麻烦的,同样的时间照样可以把这些骨记住。虽然当时可能这些口诀效果不大,但口诀有助于长久记忆,像九九乘法表一样记住了就难以忘记。这个方法特别适用于解剖学。

图表记忆法。如果说上面的口诀记忆法是针对知识点的。那图标记忆法便是针对知识线和知识面的。一个复杂的问题(各种机制,原理)用文字的话要讲很多,也很难让人理解,但将它画成图,却能使人一目了然,也更加容易记忆。在很多问题需要横向或纵向对比时,一张表可以轻松解决问题。图表能使学习更加简单,理解知识更加方便,记忆更加深刻,效率更加高。初学者可以看人家画的图表,渐渐地可以学着自己画,并把图表运用到其他各个学科,各个方面,成为自己的一项学习技能。这个方法对学习病理生理、生理、药理等学科特别有用。

形象思维记忆法。相对于干枯的文字,大脑对形象的图案记忆更好。语言描述十句还不如看图一分钟来得直观和形象。课本上虽然配有插图,但不是十分全面。当碰到一些无法理解的描述时,可以从网上,从其他图谱上查找相关的图。文字结合图案,学习记忆起来肯定效果更好。另外还有一些三维软件对于学习知识也非常有用,因为人体结构本身是三维的,而平时我们看到的图,都是平面的,三维只能靠空间想象。这个方法对学习组织胚胎,病理学,解剖学等学科特别有用。

本质记忆法。很多医学知识都有其本质,深入理解其本质将会有举一反三的效果。临床上某种疾病有很多典型或不典型的表现,但出现这些表现的原因往往有一个中心的本质。如烧伤,它有很多临床表现,但其本质只有三个,烧伤的深度,创口的杂物,烧伤的广度。如皮肤再生像草再生一样,创口的深度关系到草的根伤得深不深,能不能再长;创口表面杂物就像地上的石头,会影响草长出来;烧伤的广度会影响到病人会不会休克。掌握了这三个本质就掌握了烧伤的各种处理方法。

比较记忆法。在学习过程中,难免会碰到很多相似的知识。这时将他们放在一起进行比较记忆可以达到事半功倍的效果。如"漏出液和渗出液的区分","大叶性肺炎和小叶性肺炎的区分"一比较就容易记忆。此类方法可以和图表法相结合,比较适用于内科学,药理学等学科。

其他记忆方法。如习题记忆法、形象记忆法等。这个在之前已经有叙述,且这些方法已经得到普遍应用,故不再赘述。

4.建立理论和临床相结合的医学学习模式

医学教育的一个突出特点是实验、实践课比重大。对于医学生来说理论和实践是缺一不可的。实践之前必须要有相关扎实的理论基础,只有拥有了理论知识,才有资格去运用它,才能从实践中学到更多的知识。前面主要讲述的是学习理论知识的一些方法,下面就主要讲述拥有扎实基础后如何实践的方法吧。很多学生也很认真地做实验,跟带教老师学习查房,写病历等。但收获还是很少,主要是没有很好做到以下两点:①勤观察,勤思考,勤归纳整理。首先要勤观察各种实验现象,观察病人,观察手术操作等,观察的时候要将现象和之前学过的理论对应起来如"肺水肿的病理切片的表现是怎么样的","病人的贫血面容,二尖瓣面容是怎么样的","问病史的顺序,查体的顺序是怎么样的","各种麻醉,手术的流程是怎么样的"。然后是勤思考。结合理论,思考"为什么会出现这样的现象","为什么要这样的操作,这样的操作有什么优势",很多临床和书本不一样的地方要思考,"为什么会出现不一样,这些不一样有没有本质的区别",等等,通过思考,产生疑问,查找资料,将这些内容进行归纳整理,吸收成自己的能力,最后运用到以后的实验、看病、做手术等上面。②勤动手,勤练习。实验、实践的另一个作用就是学习操作。知道了为什么做却不知道怎么做这也是不行的。在实验、实践中要勤动手,勤练习。操作要尽量规范。如学习"如何操作显微镜中的油镜","如何消毒","如何做各种穿刺","如何插导尿管"等各种操作,这些只能同学多练习,多操作才可以逐步提高动手能力。在实践过程中要积极发现问题、解决问题,积极积累经验,然后再回归到理论,发展理论。如此良性循环。

医学教育的另一个突出特点就是需要不断创新,不断探索。有人说我们现在学习的一半知识在以后都将被证明是错误的。这也说明医学是一个未知的海洋,其中的奥秘需要我们不断探索、创新、拓展。以新知识代替旧知识,新理论代替旧理论。以"基础-拓展创新-再基础"这样的学习模式不断学习,为医学事业的发展而努力。

三、制定医学生科学的学业规划

科学的学业规划设计有助于大学生合理定位,发掘自我,尽早地明确自我的人生目标。学业规划从每届新生入学开始启动,并始终贯穿他们大学五年的学习生活。期间根据学生不同阶段的特点,有计划、有重点、分层次地安排活动的内容。

 拓展阅读

学业规划简介

大学生学业规划,是一个近年来才提出的全新理念,是一种新型的人才成长观念,从属于职业生涯规划。学业规划是职业生涯规划在大学阶段的细化和具体化,是大学生对在校期间学业进行的安排和筹划。职业规划是学业规划的导向和目标,学业规划是职业规划的前提和基础。

"学业规划"要求大学生从大一就要开始充分认识自己。结合自己的特长、兴趣、气质及其家庭的实际状况,确立科学合理的职业期望,包括职业发展方向、职业发展区域、择业标准,然后围绕这些职业期望来制定合理目标并落实。

大学生作为学业规划的主体,应充分发挥自身的主观能动性,有条不紊地做好学业规划。

1. 学业目标选定

把自己的兴趣爱好、能力特长、社会需要结合起来,选择社会需要且最适合发挥自身优

势的专业方向和研究领域,把想干什么、能干什么、社会要求干什么有机地结合起来,并由此确定自己的学业目标。几方面的结合点和链接处正是大学生学业规划的关键所在。

2. 学业目标分解

学业总目标制定以后,要能自上而下进行分解,并确定各个目标实现的具体时间。可以按照以下的思路进行:总学习目标—年的学习目标—学期的学习目标—月的学习目标—周学习目标—日学习目标。使得学业规划落实到学习生活的每一天,确保学业的严格执行。

3. 学业规划评估

在规划实施过程中,由于环境的变化,需要不断对其进行评估与修改,及时纠正前期规划中不合理的地方,如生涯路线的选择、阶段性目标的修正、实施措施与计划。

(一)大学一年级:探索期;学业规划目标:适应大学生活,树立规划意识

大一适应期。大学和中学是学校教育的两个不同的阶段,大学的一个重要特点就是自主性、开放性的学习,学习主体就是大学生本人。特别是医学专业的学习,具有更多专业性、自主性、灵活性和探索性。中学阶段的学习是以依赖老师为主的追随型学习,以课堂为主,老师安排教学的各环节,督促检查学生的学习,学生被动地接受知识,对老师的依赖很大。而在大学强调启发式教学,上课是流动的,课程是多变的;没有固定的教室,没有安排的自习,没有频繁的考试,除了上课时间,大部分时间由学生自己来安排。教师不再面面俱到地检查督促学习,而是通过指导、启发、开列参考书等方式,培养和发展学生的自学能力和创造性思维。学习完全靠自己,所谓"师父领进门,修行在个人",这对于过惯了紧张生活的学生而言,无疑是一次大解放。有些学生感觉一下子从中学的严格管教中"松了绑",认为进入大学后可以好好放松一下,以补偿十几年的寒窗苦读。由于学习压力的暂时缓解而失去自控力,开始轻松一下,甚至放纵自己,结果表现得自由散漫,终日无所事事、空虚寂寞、困惑迷惘。也有一部分学生由于暂时不适应大学的管理方式,缺乏自主性和主动性,总觉得大学缺乏管理,自己得不到应有的关心与帮助,因此,表现出学习不得法,不会科学地安排学习时间与计划,跟不上教学进程,心中忧郁、焦虑、讨厌学习等消极面。

变高中阶段的被动教育为主动教育,即变应试教育为需要教育("要我学"→"我要学")。从中学的被动应试学习转向自主创新学习,关键在于学习方法的转变,就是学习上要求高度自觉,独立思考,这对于新生是一个很大的考验和挑战。大一新生要特别注意学习方法的重要性,通过各种途径尽快了解大学学习的特点和规律,端正学习态度,科学合理地安排学习时间,培养自学习惯和提高自学能力。正确使用图书馆、资料室、网络等资源,拓宽自己的知识面,弥补中学应试教育在这方面造成的缺憾,构建合理的知识结构。

此外,许多学生实现了自己考取大学的目标后,失去了奋斗目标和外界推力。大一新生在学习动力方面容易出现两种情况:一种是动力十足,但效果欠佳。进入大学以后,受到老师的教育和高年级同学的教导,有的同学意识到大学学习对于自身发展的重要性,开始加倍努力地学习,但其中有的同学因为学习方法不当而导致学习效果欠佳,于是就怨天尤人或自暴自弃。还有的同学试图全方面发展,在努力学习的同时还积极参加各种活动,但因为不能很好地平衡工作和学习的时间与精力,导致学习成绩不理想等。另一种情况是动力不足,动力不足与目标不明确有着直接的关系。中学时的学习在老师和家长的督促下有着明确的学习目标,因此干劲十足。到了大学则有明显的变化,考大学的目标已经实现,而新的目标还

没有找到,因此缺乏学习的动力。大一新生通过学校安排的一系列新生讲座和学长老师的谈话,了解自己的专业,重新确定自己的学习目标和要求,对自己五年的医学生涯有整体的规划,培养自己勤奋、钻研、精益求精的专业精神,开始接触职业和职业生涯的概念,进行初步的职业生涯设计。总之,应通过对大学生专业思想的指导,使提高自身的综合能力成为大学生的自发要求,并在此基础上,进行自我完善和塑造,进一步巩固专业思想,确认职业目标。

(二)大学二、三年级:定向期;学业规划目标:确定主攻方向,培养综合素质

二、三年级的学生要积极参加学校开展的综合能力培养和职业生涯规划指导,确立符合自身实际和社会需要的职业发展方向。对二、三年级大学生,应着重进行综合能力培养和学业生涯设计指导,帮助学生分析自我特长、优势和局限,制定学业发展计划,向他们宣传自身综合能力在今后就业和人生道路上的重要作用,使他们开始具有就业的压力和危机感、紧迫感。在学好专业基础课的前提下确定学期、学年目标,并根据自己的职业方向有目的地选修课程;参加课外讲座,扩充知识面,完善知识结构;二年级起,学生要开始考虑未来是深造还是就业,开始检验自己的知识技能,重点要通过英语和计算机相关证书考试,并开始有选择地辅修其他专业的知识充实自己。同时,开始尝试社会实践活动,并要具有坚持性,最好能在课余时间后长时间从事与医学专业相关的工作,提高自己的责任感、主动性和受挫能力。有目的地培养各方面的能力,如英语口语、计算机知识的获取、情绪管理的方法、语言能力的提高、交流技巧的培养等。

(三)大学四年级:提升期;学业规划目标:提升职业技能,积累职业经验

对四年级的医学生首先应强化专业课学习,进一步明确自己未来的学习目标和职业目标,参加围绕提高大学生的就业能力开展的培训工作,了解毕业生就业的市场情况,认清专业所适应的工作领域,并与自己的特点和能力相对照,培养和发展与其职业目标相适应的素质优势,或对其原定的职业目标做出调整。考取与目标职业有关的职业资格证书或通过职业技能鉴定;重视学生一专多能的培养,以社会发展所需的技能为导向引导学生全面发展;利用假期进行"适应就业"、"职业技能的学习与体验"等社会实践活动;树立学生的忧患意识和危机意识,深入接触社会,了解、搜集就业信息,进一步提高自己的职业技能。另外,积极参加学校组织的针对不同类型的学生进行的分类指导,如考研辅导,考公务员辅导等。

(四)大学五年级:冲刺期;学业规划阶段目标:充分掌握资讯,实现毕业目标

对五年级的大学生,要强化求职技巧,拓宽就业和自主择业视野,提高自主创业意识和竞争能力。做好就业准备(道德、知识、能力、心理、信息)、资料准备(自荐信、个人简历)、面试准备(面试技巧、面试常识、面试中应注意的若干问题)、笔试准备等。重视实习机会,通过一年的实习从宏观上了解单位的工作方式、运转模式、工作流程,从微观上明确个人在岗位上的职责要求及规范,为日后走上工作岗位奠定良好的基础。同时,通过网站、各种刊物、就业咨询、就业专栏、情景模拟等形式围绕择业观的引导、政策咨询、信息服务、就业形势、技巧商谈、心理调适等方面展开,从而了解就业形势,掌握就业政策,做好就业准备需要学生主动走向社会寻找自己的锻炼机会。

此外,加强医德教育,提高学生对医生职业的认识,注意培养学生树立远大理想。只有牢固树立献身发展祖国医学事业,救死扶伤,全心全意为人民服务的思想,才能激发高度自觉的和长久的学习热情,才能不为取得的成功而悠然自得,也不为遇到的困难而垂头丧气,

始终保持清醒的头脑,高昂的精神,顽强的斗志。引导新生树立正确的职业观,了解医生职业的特殊性,增强责任感和使命感,提高医德修养。要教育学生懂得医学是生命之所系,健康之所依。医生要能更好地为病人服务,必须掌握制服病魔的武器,要获得这一武器,就要付出代价,就要吃苦。

当学业规划选定以后,很多大学生或者拖延不动或者立即行动,结果导致很多大学生有了学业规划却不能实施或实施后不能持久,最终无法实现既定的学业。这些现象的出现是因为大学生在制定学业规划时缺少了一个重要环节:对学业规划的强化。强化学业规划就是学业规划的执行者在执行之前充分运用想象,详细地罗列出达成学业规划的好处,从而培养出积极的心态,进而增强动力、产生更大的执行力,确保学业规划顺利完成。

总之,对于在校的大学生来说,充分认识到学业规划的重要性,尽早尽快地明确自己的大学的学业目标,设计自己的五年学业规划,在充分了解自己学什么、怎么学、什么时候学等问题的基础上努力提高自身的综合素质,才有可能在将来激烈的社会竞争中把握住主动权,从而做到成就自我,实现自我。

拓展阅读

临床医学专业设置

学制五年。培养从事临床医疗工作的医学高级专门人才。

培养目标:通过学习,要求学生掌握基础医学、临床医学的基础理论、基本知识和医疗预防的基本技能,受到人类疾病方面的诊断、治疗、预防方面的基本训练;能运用所学知识和技能对临床常见病、多发病进行诊断处理;具备对急、难、重症的初步处理能力;熟悉国家卫生工作方针、政策和法规;具有独立获取知识、分析解决问题的能力及良好的人际交往能力;掌握一门外国语,能较顺利地阅读本专业外文书刊;具备开展临床科学研究的初步能力。

主要课程:人体解剖学、组织胚胎学、生理学、生物化学、微生物与免疫学、病理学、病理生理学、药理学、诊断学、医学影像学、预防医学、内科学、外科学、妇产科学、儿科学、精神病学、神经病学、医学心理学等。学生修完教学计划规定的全部课程,达到规定学分,准予毕业,符合学位授予条件者,授予"医学学士"学位。

毕业生主要去向:在各级综合性医院、专科医院、保健机构等部门从事临床医疗、预防等工作及在医学院校、科研机构从事教学和科研工作,或继续攻读研究生。

思考题

1.作为一名医学生,为了提高自身的就业能力,从现在开始你需要做哪些准备?

2.根据医学生学业规划的特点,请做一份适合你的学业规划。

第七章　职业适应与发展

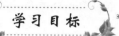

学习目标

1. 了解医学生在职场如何走向成功。
2. 熟悉从医学生向医务工作者角色转换的差异以及如何实现角色转换。
3. 了解初入职场的医学生如何树立良好的职业形象。

案例分析

经过五年的学习,小李以优异的成绩,领取了毕业证书,获得医学学士学位。然而,从小学、中学到大学,在老师和家长的心目中,他可谓是"标准学生",整日在书海中埋头遨游,却从没考虑未来。毕业对他来说是一件可怕的事情,他不敢走入社会,不敢面对医院新的环境,他对老师和家长说:"……我不想离开学校,还想在学校里继续学习……"

到医院上班后,小李自恃清高,认为自己是佼佼者,对同事不屑一顾。医院任务重,需要加班加点工作,他却按时到,按时走,一分钟也不愿意在医院多待,只做领导布置的工作,多做一点就怨声连天。他总是为自己的工作失误找"充分"的理由,久而久之,同事们慢慢疏远他。一年后,他离开了这家医院。

【讨论】

1. 为什么小李工作才短短一年就离开这家医院?
2. 如果你是小李你会怎么做?
3. 作为初入职场的医学生,要如何调整自我适应职场生活?

第一节　从"医学生"向"职业人"转变

医学生完成学业进入社会,走上医务工作岗位,是人生历程的重大转折,是一个质的变化。如何把握这一转折,顺利地完成由医学生角色到医务工作者角色的转换,尽快适应社会,适应新的工作,迈好走向成功的第一步,是摆在每一位医学生面前的现实问题。

一、角色转换的涵义

每个人在社会中所扮演的角色不是一成不变的,而是要发生多次的角色转换。所以,角色转换是指个体的人在社会关系中的动态描述。也就是说,角色是随着人的社会任务或职业生涯不断变化而变化的,从一个角色进入另一个角色,角色转换就是描述这样一个过程,其根本变化是人的社会权利和义务的变化。角色转换的涵义是社会责任、社会规范和角色权利的转换。

(一)社会责任的转换

社会责任就是社会角色的角色义务。学生角色的主要责任是接受教育、学习知识、锻炼身体,努力做到德智体全面发展。学生角色责任履行得如何,关系到个人知识掌握和能力培养的程度。职业角色的主要责任是以特定的身份去履行个人职责,依靠自己的本领去工作。职业角色履行得如何,直接影响到个人事业乃至社会发展。

(二)社会规范的转换

社会规范就是社会赋予角色要求的行为模式。学生角色的社会规范主要从培养和教育角度出发,促使学生以后能顺利成长成才。职业角色的社会规范,则因从事职业的不同而有所不同,这些规范既具体又严格,如果违背了,就要承担一定的责任。

(三)角色权利的转换

角色权利就是在社会中角色依法应享有的权利,即精神报酬和物质报酬。学生角色的权利主要是依法接受教育,接受生活的经济保证和资助。职业角色的权利则是依法行使职权、开展工作,并在履行义务的同时取得相应的报酬。

二、角色变化与差异

在校医学生与进入社会的医务工作者,所处的环境、扮演的角色、承担的任务有所不同,对社会的认识和感受也有很大差异。要想顺利完成角色转换就要充分认识两者之间的差异。

医学生角色与医务工作者职业角色的差异主要体现在如下几个方面:

(一)社会责任差异

医学生到医务工作者的角色转换,使得青年的社会责任得到增强,社会评价的要求更加严格。角色的任务以学习为主转变为以工作为主。

在大学里,医学生是"能量输入体",接受经济供给和资助,在老师的教导下完成学业;在单位里,医务工作者是"能量输出体",用人单位需要考虑对人才的投入产出,要为医务工作者付出薪资和福利,承担选择医务工作者的机会成本和"投资风险"。从医学生身份转变为医务职业人,原有的权利和义务也都随之变化。医学生角色责任履行得如何,主要关系到本人知识掌握的多少以及能力培养的程度。而人们在评判医务工作者角色时总是和工作联系在一起,总是将其看成身负重任的医务工作人员。医务工作者作为一个成熟、完备的社会人,其角色要求依法行医、依德行医,要求有强烈的社会主义人道主义责任感和全心全意为人民真情服务意识,肩负着救死扶伤,防病治病的职业责任。

(二)角色规范差异

医学生的角色定位是学生,他的社会规范是从培养、教育角度出发,主要任务是学习,核心能力是学习能力。而医务工作者职业角色规范则更为严格具体,违背了就要承担一定社会责任。在大学里,学生犯了错误或者出现了失误,比如迟到、旷课、重修课程等,大都可以承认错误或者通过自己的努力来补救;而在医务岗位上,强调的是对病人的负责,一时疏忽可能会引起不可估量的大错,关系到病人的健康乃至生命,所以医务工作者不能有半点失误,一次小的意外或失误都有可能会导致严重的后果。

（三）评价标准差异

我国大学对人才的评价主要是看综合素质,一般是考察在校表现、学习成绩和社会活动等。如果一位在校医学生在这三者间有一两样突出,其他表现一般,也可以算是"优秀医学生";而在职场,一名好的医务工作者,不仅要有过硬的医学业务素质,同时要有乐于奉献的人生价值观和良好的医德素养,与病人建立良好的医患关系,并被病人和同事肯定。

（四）角色环境差异

医学生长期学习生活在一个与社会相对隔离的单纯环境中,把追求学习成绩作为追求的主要目标。十几年的学习生涯中,所处的环境几乎相同,所接触的人不是老师就是同学,人际关系熟悉而单纯。老师把学生当作自己的小孩,以包容、宽容、教育、帮助的心呵护着学生成长,允许学生的错误和缺点。与同学相处,虽然有成绩上的竞争,但并不排挤他人,虽然有问题上的争论,但并不影响之间的友情。学生时代的生活学习环境更多的是淳朴、谦让和自由,而非庸俗、钩心斗角。长期处在这样环境的医学生显得比较单纯,但同时也缺少挫折的磨炼,缺少在复杂环境中实现目标的能力。

从医学生身份转变为医务工作者,不熟悉新的工作环境、工作程序和工作的特殊性,心中会有不知所措的感觉。一旦步入职场,其职业环境又非常复杂,职业活动可能涉及社会活动的方方面面。相对于学校中的师生关系、同学关系,医务工作者职场中涉及的关系更为复杂。在这个环境中,除上下级关系、同事关系外,还有最为重要的医患关系,除行业之间竞争、冲突等问题外,还有与病人及家属之间交际问题。职业活动中有严格的纪律和程序要求,有明确的职业道德、素养要求,人际交往由原来同龄人之间的交往转变为不同年龄层次、不同职级层次、不同专业层次的同事交往、社会交往,所接触的男男女女、老老少少、形形色色,性格和秉性差异很大,与人沟通,处理好各种关系显得尤为重要。在职业活动中不允许犯错误,因为错误的代价不单单是声誉、形象、利润等问题,更重要的是关系到人的生命。

（五）活动方式差异

从医学生到医务工作者的角色转换,产生了活动方式上的变化。医学生是以学习书本知识、应付各种考试为主要活动内容的。长期以来,医学生的角色处在一种习惯于接受外界给予的状态。而医务工作者角色则要运用所学的医学知识和能力,给病人提供防病治病的劳动。这种从接受到运用、从输入到输出则要求结合实际创造性地发挥医学才干。大学生长期养成了一种应付心理,只对考试范围之内的知识采取突击记忆的方式,考试范围之外的则大多不去认真对待。因此,有些医学生把这种应付心理习惯性地带入到医务工作中,就会一时难以适应,招架不住,甚至发生不良的医患纠纷。即使是一些在学校里比较出色的医学生,也经常在这样的变化中感到力不从心,手足无措。

由于医学生在就业前后面临着以上诸多方面差异,导致医学生就业初期各种各样不适应问题产生,为避免这些问题,医学生要对角色转换做好充分准备。

三、角色转换的准备

对于即将毕业的医学生来说,从应聘找工作到进入单位工作这一时期是角色转换的过渡期。医学生不但要完成毕业论文、医院实习、技能考试等相关的教学活动,同时还要准备各种应聘、招考。在完成学业与找工作两种压力下,部分医学生会表现出焦躁、迷茫、消沉等不稳定心理情绪。若调适不当,轻则影响学业成绩,重则形成心理疾病。所以,医学生要做好从学习岗位到工作岗位、从医学生到医务工作者角色转换的准备,正确调适角色过渡期的心理状态,尽可能缩短职业角色转换的适应期。

 拓展阅读

角色转换中常见的心理障碍

依恋心理:医学生刚走上工作岗位,在角色转换中容易出现依恋心理。多年的学生生活所养成的学习、生活和思维方式一时不容易改变,常常会自觉或不自觉地将自己置身于学生角色的位置,表现出对医学生角色的依恋,以医学生角色来要求自己和对待工作,以医学生角色的习惯方式观察事物、分析事物。面对与同事、领导、病人新的复杂的人际关系及职业责任的压力,不禁留恋相对单纯的学生时代。

畏惧心理:面对新的环境,有的医学生不知工作应如何入手,缺乏自信心,缩手缩脚,担心犯错误和承担责任,工作中放不开手脚。

自傲心理:有些医学生常以文凭、学位或者毕业于名牌学校而自居,自我评价过高,不尊重他人、不虚心。有些医学生自以为接受了正规医学教育,学到了不少医学知识,已经是医学人才了,因此,轻视实践,放不下架子,看不起基层医务工作和基层医务工作人员,甚至认为一个堂堂的名牌大学毕业生干一些护工都能做的不起眼的事是大材小用,有失身份,实际上是眼高手低,大事做不了,小事又不做。

浮躁心理:医学生在角色转换中表现出不踏实、不稳定的特点,对医务工作者本职工作坚持不下去,缺乏敬业、奉献精神,不能深入具体工作中,就职较长时间仍然未能以稳定的心态来进入医务工作者的新角色。很多医学生在校期间都忙着应付考试、应付作业,形成了草草应付就万事大吉的做事习惯。上班以后也将这种习惯带到医务工作中,只想应付了事,不去主动思考、主动学习、主动实践,工作缺乏主动性。

(一)做好角色转换心理准备

即将从高校毕业的医学生将要从学生角色转变成职业人角色,环境对这两种角色提出了不同的要求。学生时代,医学生主要压力来自于学习,而成为职业人后,将要面临适应新岗位、处理上下级、同事、病患及家属等各种复杂人际关系、承担一定医疗风险等多重心理和精神压力。

心理压力的承受能力大小、角色转变快慢,将直接影响医务工作者承担社会工作责任能力的大小。处在学生及职业人这两种角色过渡期的医学生,对于角色的认知容易产生混乱,如何尽快实现角色过渡,避免角色转变带来的冲突和矛盾,最重要的就是做好心理调适,转变角色。要抛开浪漫,抛开幻想,认识自己所处的真实地位和社会现实,实事求是面对即将转变的职业角色现实,不能随性而行;要摆正自己的位子,明确定位,客观、冷静地进入求职状态,同时认识社会、了解社会,以自身的实力,主动积极地适应新岗位、新环境的需要,在选择职业的同时,也要接受社会的选择,正确地迈出职业生涯关键的一步;要在硬件、软件上做好双重准备,不仅要有过硬的知识基础、高超的医学技能,还要有正确的人生观、价值观、道德观,成为有思想、有道德、有文化、有技术的医务工作者。

（二）树立明确的角色意识

社会是个大舞台，每个人都有自己合适的角色位置，并且每个角色都有特定的角色规范。对于即将走向社会的医学生来说，将要扮演医务工作者角色，应该要按照医务工作者职业规范，用自己实际行动满足社会、单位对角色的期望和要求，这样才能成为合格的职业人。医学生要建立强烈的角色意识，正确认识角色转换，给自己进行角色定位，认清自己在工作环境中所承担的工作角色以及角色性质、职责范围，清楚认识工作关系中自己的职权和义务，认识作为医务工作者，社会对自己的期望。如果角色意识淡漠，我行我素，目无上级、前辈，该请示的不请示，该自己处理的事情推给他人，那么将会与职业环境格格不入，很快就会被淘汰出局。

1.避免角色偏差

初入职场的医学生，角色意识不强，对角色理解不客观不全面，容易产生角色偏差，应尽量避免。首先，要避免角色错位。医学生从学生角色转变成医务工作者角色，在新的角色环境中有上级领导、同事、病患及家属等职业活动关系，在各种关系中，要明确自己的角色规范，行为处世不可超越角色规范。若超越了则会导致角色错位，角色错位容易引起他人反感，不利于良好人际关系建立。其次，要避免角色泛化。医学生从学生过渡到职业人，从单纯的学生角色转变成领导的下属、工作伙伴的同事以及医务工作者等多种角色，由于同时担任的几个角色的规范不一样，容易导致角色泛化，相互干扰，从而影响工作。再次，要避免角色矛盾。医学生作为学生角色是以接受教育为主，学习医学技能，是能量的吸收体，而作为职业人则要为所在单位、岗位创造价值，要将医学技能等专业知识充分应用到工作中，为病患的健康服务，是能量的释放体。当然职业人角色作为能量释放体的同时，还要继续做能量的吸收体，不断学习，不断进步，不能因为角色的改变而产生矛盾和冲突。

2.建立角色意识

角色偏差会影响对职业环境的适应，需要引起高度重视。首先，医学生在校期间就应该注意角色意识的自我培养，通过参与社团等学生组织、担任学生干部、参加专业实习实训等，学习和掌握角色知识和角色技巧；其次，要有意识模拟将来所要承担的职业角色，自觉进行角色训练，积极参加社会实践；再次，走向工作岗位后，要明确工作角色的责任和权力，明确自己要担任角色的任务、内容、职责、义务，确定自己的角色规范，并严格按照角色规范行事，使自己尽快进入职业人角色，缩短角色差距。

四、角色转换的实现

个人在社会中的位置是随着社会环境和职业岗位的变动而变化的。医学生大学毕业走出"象牙塔"，走向医务工作岗位从学生转变为职业人，角色发生了变化，因此就必须按照社会与医务工作岗位对角色的要求来重新塑造自己。

（一）客观评价自己

刚走出校门的医学生几乎都有"天高任鸟飞，海阔凭鱼跃"、创造一番业绩的理想抱负，但由于刚刚毕业的医学生社会阅历缺乏，十几年都是在学校单纯的环境中成长，对社会生活的估计简单片面，理想目标往往都是建立在个人主观意识上。在困难和挫折面前，容易产生不安或不满情绪，失去竞争的勇气和毅力。社会是一个万花筒，它既有利于初入职场医学生的发展，又有不利于医学生发展的一面。作为刚毕业医学生，不可自视清高，只有正视现实，接纳现实,正确了解和认识自己,客观评价和评估自己,将主观愿望与客观实际结合起来,才能站稳脚跟,尽快适应职场,融入职场。

（二）安心本职工作

安心本职工作是角色转换的基础,是适应职场的关键。刚走出校门的医学生,应尽快从学生状态调整过来,全身心地投入到新的角色工作岗位中。在学校里,学习会让学生有归属感和成就感,而走入社会,工作可以让人有归属感和安全感。医学生应该把第一份工作作为走向社会的桥梁,了解社会的窗口,利用第一份工作来重新认识自己,适应社会,尽快完成从医学生到职业人的转变。在这个转变过程,要给自己进行职业规划,进行客观分析,冷静思考,科学评估,理性决策。许多医学生在工作后几个月还静不下心来,认为自己"大材小用"、"怀才不遇",从而"人在曹营心在汉",这山望着那山高,三心二意,不安心本职工作,这对角色转换的实现是十分不利的,更会影响个人的职业发展。

（三）调整生活节奏

医学生毕业后成为职业人,结束了大学宿舍—教室—图书馆三点一线的学校生活,来到生活节奏、人际关系、处事方式截然不同的医务工作环境,只有主动调整自己的生活节奏,才能尽快适应新环境、新岗位。首先,作息时间的变化要适应。大学里部分学生早上睡到9点、下午3点起床的"九三学社"生活方式绝对不能继续。若工作单位是医院,则要适应"三班制"或夜间值勤的生活。其次,由于地域的不同,南、北方的生活习性、饮食结构、风土人情等差别,要学会调整原来生活习惯,培养新的生活习惯,尽快融入新的异地生活圈,学会安排自己的业余生活。在学校,课后有作业,晚间有自习,周末有丰富的文化活动。参加工作后,业余学习和生活,主要靠自己来安排或支配。不善于支配自己业余生活的,同样也不善于安排自己的工作,会很难适应新环境、新岗位。

（四）完善知识结构

任何一个大学生都不可能在学校学到工作岗位所需的全部知识和技能,对于医学生来说更是如此。由于医务工作者职业性质的特殊性,所以职业要求会更高。学校培养的医学生是专业医学人才,而实际医务工作中碰到的问题往往是综合性的,涉及跨学科、多领域的知识。尽管毕业生是学医的,医学业务技术很在行,但是如果需要你写一份医学方面的研究报告,动起笔来也会感到很吃力。假如让学新闻的毕业生写医学方面的研究报告,又会因医学专业知识的贫乏、专业术语的不通而力不从心。所以,社会需要的是"复合型人才"、"通才",不善于终身学习的人肯定跟不上时代的变化,要胜任工作、适应新环境,就必须不断根据工作需要学习新知识,完善知识结构。

（五）提高岗位意识

绝大部分医学生毕业都将进入医疗行业,成为医务工作者。而医疗行业是一个高风险行业,医疗安全直接关系到人民群众的健康和生命,也关系到医疗单位改革发展和稳定的大局,这就要求医务工作者具有高度的责任心和使命感。医学生在角色转换的过渡期,要提高将要从事职业的岗位意识,增强风险防范能力。参与有关医疗安全和事故防范讲座等职前培训,学习针对目前医疗行业存在的不安全因素,对医疗纠纷的成因、类型及防范技巧等有所了解,加强岗位规范化操作训练,树立良好的服务意识,同时也要认识到职业的严肃性和严谨性,树立质量意识和危机意识,自觉规范行医、安全行医。

（六）加强实践锻炼

医务工作是一项区别于其他行业的特殊工作，现代医疗发展对医务工作者的要求较高，不仅仅需要有精湛的技术水平、丰富的临床经验，还需要有高度的责任心、同情心、爱心，在实际工作中对患者满腔热情，用细致周到的服务化解患者的痛苦，挽回患者的健康甚至生命。

医学生刚刚走上工作岗位，对自己所从事的职业、服务对象停留在理性认识上。应尽可能多参加实践锻炼、岗前学习及实训，经常深入医院重症患者区域，感受患者的痛苦，熟悉自己将来的服务人群及对象，把理性认识上升到感性认识，设身处地进行换位思考，体验作为一位患者的需求，急患者所急，想患者所想，全心全意为患者服务。

总之，即将走向社会的医学生必须明白，社会不会像老师和家长一样，欣赏人性的天真和单纯。社会会关心但不会迁就年轻的新成员，社会要求遵守规则，社会期望成员劳动、贡献。社会与自然一样奉行一条法则，这就是：适者生存。现实中的角色适应虽然复杂，但只要医学生平时严格要求自己，加强个人医德素养，培养扎实的医学技能，提升良好的人际及交往能力，就完全可以胜任所承担医务职业人的角色。

第二节　适应"职业人"生活

医学生走出校园，步入社会，作为职业人面对新环境、新岗位，如何去主动适应，怎样才能成为优秀的职业人。

一、塑造职业新形象

职业形象是指在职场中，职业人在公众面前树立的印象，具体包括外在形象、品德修养、专业能力和知识结构这四大方面。通过衣着打扮、言谈举止、态度习惯等反映出来的职业素质和能力等。

（一）树立第一印象

第一印象是人们首次与某一事物接触后获得感知而形成的印象，有人称之为"三分钟效应"，在心理学上称作"首因效应"。由于人们通常是凭借第一印象来判断和了解事物，或从第一印象来了解判断一个人是否值得信赖和交往。在职场社交中，第一印象会影响以后一系列行为的效果，对今后的工作、交际都会带来很大的影响。初入职场的职业人如能够很好利用与陌生人见面的最初三分钟，把握好第一印象，对以后的职业发展将会达到事半功倍的效果。所以，要拥有良好的职业发展，就必须要有良好的职业开端，必须要树立良好的职业人第一印象。医学生从到医院报到之日起，就应有意识地塑造自己医务工作者形象，争取树立起良好的第一印象。医务工作者第一印象的成功塑造，对于初入职场的医学生来说，实际上迈出了就业上岗坚实的一步，意味着在今后的医务工作道路上可能会比较顺利；第一印象不佳，这个阴影在与他人交往特别是与病人交往过程中会使对方存有戒心，相处时关系容易紧张，医患关系可能也会别扭不顺。所以，医学生一定要特别重视医务职业人第一印象的塑造，开好头，起好步。

 **拓展阅读**

首因效应与晕轮效应

首因，是指首次认知客体而在脑中留下的第一印象。首因效应，是人与人第一次交往中给人留下的印象，在对方的头脑中形成并占据着主导地位的效应。首因效应也叫首次效应、优先效应或第一印象效应。它是指当人们第一次与某物或某人相接触时会留下深刻印象，个体在社会认知过程中，通过"第一印象"最先输入的信息对客体以后的认知产生的影响作用。第一印象作用最强，持续的时间也长，比以后得到的信息对于事物整个印象产生的作用更强。

晕轮效应又称"光环效应"，属于心理学范畴，晕轮效应指人们对他人的认知判断首先是根据个人的好恶得出的，然后再从这个判断推论出认知对象的其他品质的现象。

（二）如何树立良好第一印象

人际交往中的第一印象即感性认识阶段，这种感性认识主要通过外貌、仪态、行为、语言等感知形成。在医院里，医务工作者不论在门诊、病房都是迎接患者的一道风景线。为了建立良好的医患关系，必须重视第一印象的树立。通过仪表、行为、语言等信息的交流，使患者及家属对医院、医务工作者的职业形象树立信心。第一印象在人际交往中有着很强的导向作用。那么什么样的职业形象将产生良好的第一印象呢？美国著名心理学家卡耐基曾总结出留给别人良好第一印象的六个要素：真诚地对别人感兴趣；微笑；多提别人的名字，用别人喜欢的称呼；做一个耐心的听者；谈符合别人兴趣的话题；以真诚的方式让别人感到他很重要。这也正是基于马斯洛的需求论来满足人的心理需求。

1. 外表仪态

仪表在一定程度上反映一个人的内心境界，能给人深刻的印象，衣着服饰是一个人文化素养的外在表现。作为医务工作者，仪表要端庄，着装要整洁，医生戴白色圆帽，护士戴燕帽（除手术室、产房），且发不过肩，操作时戴口罩，戴有照片的胸卡，上班时不浓妆艳抹，不涂有色指甲油，不戴戒指、大耳环、手镯等装饰品，长裙不超过工作服，不穿高跟硬底鞋，不吸烟。若是护理人员，则淡妆上岗，这样既能使自身容光焕发、充满活力，又可让病人从心底感到舒畅，唤醒他追求美的天性，树立战胜疾病，回归社会的信心。

2. 言谈举止

言谈举止对良好医患关系的建立尤为重要。在医患接触时，病人首先感受的是医生的举止、风度、语言等外在的表现，美好的行为举止可使病人产生尊敬、信任的情感，增强战胜疾病的信心，这正是现代医学模式所要求的。在跟病人交谈时，在诊室就座应端庄大方，避免一些小动作：如挠头、摸脸颊，玩弄手中物品，跷起或抖动双腿的姿势等。这些小细节足以给病人一种不值得信任的印象。医务工作者必须讲究文明礼貌，注意修养，养成良好的举止习惯。在与病人接触时，医务工作者说话的语调、声音的强度、说话的速度等都要恰到好处。同样一句"你来了"用不同的音调说出，可以表示"久等的你终于来了"，或者"你怎么又来了"等多种含义。医务工作者应留意判断，并重视这些信息在沟通中的意义，学会与病人沟通的艺术。

3.态度习惯

良好的态度习惯会给人留下良好的印象。部分医学生在学校里养成了比较懈怠的生活习惯,上班迟到、早退,生活自理能力差,行为懒散,这些看来不大的毛病,往往会给工作带来不好的影响。医务工作者面对自己每天的工作应抱着热忱的态度,而不应萎靡不振,给患者不值得信任的感觉。在与患者交流过程中,要注意自己的态度,要适时给予点头、手势、微笑、身体前倾、面部表情、正面注视等反应。如病人诉说痛苦的经历,医务工作者的表情要严肃、深沉,表示正在分担病人的痛苦;病人情绪高涨时,医务工作者应报以兴奋的微笑,表示正在分享对方的快乐;病人述说事情的原委时,医务工作者可沉稳地点头,表示理解和接受;当病人暴露出自己的隐私时,医务工作者应上身前倾,表示认真倾听。这些恰如其分的动作,能反应医务工作者的良好素质和工作态度,这样不但能鼓励病人说话的勇气,而且也可医务工作者的形象显得和蔼可亲。

4.专业技术

医务工作者规范娴熟的专业技术使人信任,后续的治疗工作也容易得到肯定和配合。患者来医院不仅仅是为了得到医务工作者的理解和同情,主要目的是寻求专业的治疗和帮助。患者在与医务工作者接触之初,出于对自我的保护和健康的需要,会有意识地观察医护工作者的操作能力并考核,从而评价医护工作者的专业水平。因此,医务工作者在患者入院之初第一次见面时,就应严格、规范地进行各项正规操作,做到动作轻柔、娴熟,在减轻患者的痛苦和思想负担的同时,给患者以安全感和信赖感,从而使其安心接受治疗,积极配合各项诊疗措施,早日康复。反之,有的医务工作者在接待新患者时错误百出,操作不规范,动作不熟练,使用仪器设备生疏等,无形中会给患者造成巨大的心理压力,使其对医务工作者的专业能力产生怀疑。面对这种情况,患者往往会产生警惕心理,一开始就表现得对医护工作者不够尊重,不相信医务工作者的话,也不会遵照相关的嘱咐接受治疗。长此以往,势必会形成紧张的医患关系。

良好的第一印象有助于初入职场的医学生站稳脚跟,与同事融为一体,为以后职业道路的发展打下良好的基础。但由于第一印象是在获得不完全信息情况下建立起来的感知,对人的评价具有片面性,因此,毕业生不能一味追求给人产生好印象,应该要认真总结经验,塑造自己,实事求是地显示自己的能力和才华。

二、主动适应新职场

作为职业人,面对新职场,除树立良好的医务工作者第一印象之外,还要积极主动适应新环境、新岗位,以良好的工作作风、工作态度、工作品质、工作理念、工作关系,建立新职场新形象,做一名优秀的医务工作者。

(一)积极主动的工作作风

走出校园进入职场,作为医务工作者整天面对众多病人,做琐细而单调的医务工作,可能会对工作失去兴趣、耐心,甚至会厌倦。然而,这正是考验工作积极性的时候。医学毕业生应该学会控制自己,摆脱懒惰或厌烦,充分适应这些工作,并积极主动承担这些工作,这是与其他新进医务工作者区别的唯一方法。能否得到信任和器重,决定着是否能获得在这个领域进一步发展的机会。

医学生走上工作岗位后,可以通过参与那些并非自己必须参与的医务工作,去有意识地了解其他医务岗位的要求,得到多方面的锻炼。在自己所处的环境中,可以向有经验的医务工作者或专家学习,学会如何做一名优秀的医务工作者,不断思考,不断积累,从而迎接新挑战。同时,还要主动学习,不断充电,增强自己的业务能力,提高自己的知识水平,做一个能够自我激励、坚持学习、积极主动、愿意付出的人,这是用人单位最欣赏,领导最看重,病人最喜欢的医务工作者。

（二）勤勤恳恳的工作态度

医学生进入医务工作岗位后,要做到"勤"字为先,要有勤勤恳恳、兢兢业业、不辞辛苦、学会奉献的工作态度,要有高度的职业责任感,要将救死扶伤责任根植于内心。医务工作者每天要和众多病人打交道,接触的工作有脏乱的、危险的、紧急的、乏味的,工作的时间也没有其他职业那样常态化,经常会有紧急的工作任务,只有具备勤勤恳恳的工作态度,无私奉献的工作精神的医务工作者,才能坚持和守护这份崇高的职业。医务工作岗位是一个需要终身学习、实践、受教育的岗位,医学生毕业踏入岗位后,还要勤奋学习日新月异的医学知识,要有不断学习、精益求精、永不满足的学习态度,树立终身学习理念,不断总结实践经验,不断探索和研究业务水平,这样才能为广大患者积累充裕的服务资本。

（三）以诚待人的工作品质

以诚对待病人,是我们医务工作者的道德要求和行为准则。工作中要"以人为本",关爱患者,对患者的健康负责。对患者要有高度的同情心,爱护、关心他们,时时处处替他们着想,尽自己的所能给予他们最大的帮助。真正做到急病人所急,想病人所想,全心全意为病人服务。在与患者交流的过程中,要学会聆听,不轻易打断患者的陈述,这对于患者来说是一种释放和安慰;要学会微笑,这对于医务工作者来说尤为重要。微笑是最美好的语言,是进行良好医患沟通的关键。医务工作者的微笑既是自身良好形象的体现,又是尊重和体谅患者的重要体现。病人去医院就诊,由于身体不适或不知所患何病、结果会怎样,心理常处于紧张状态。如果遇到的医生面无表情、冷若冰霜,就会给病人带来更大的压力,甚至产生抗医心理,延误治疗时机;如果医生面带微笑,态度诚恳,就能使病人愉快就医,从而使疾病得到及时准确的诊治。医务工作者只有具备以诚待人的工作品质,才能笑得真诚友善,自然大方,得体有度。

（四）服务为先的工作理念

良好的服务是构建和谐医患关系最重要的基础。医务工作者对患者的服务是一种以科学为基础的艺术。新时代的医务工作者应该做细心的观察者、耐心的倾听者和敏锐的交谈者,必须具备和各种病人交流的能力。一句熟悉的方言、一张温和的笑脸、一个关心的眼神,能使病人感受到人与人之间的关爱和尊重,能取得病人的信任和理解并使其配合治疗工作,从而避免不该发生的医疗差错和事故,杜绝医患纠纷。医务工作者要牢记服务为先的工作理念,掌握与病人沟通的技巧,学会换位思考,多想想怎样才能减少病人的痛苦,怎样才能让病人得到最佳的治疗。对病人多些笑脸、多些温柔的肢体语言、多几句温和的话,以真情赢得理解,以奉献取得愉悦之心。

（五）团结和谐的工作关系

适应职场需要建立长期的良好的人际关系,通过不懈的努力,以自己出色的工作表现建立更深层次的长期印象。如何处理好与领导、同事、病患的关系,是维护良好工作关系中非常重要的三个部分。对领导应该先尊重后磨合。任何一个上级,能当上领导,至少有某些过人之处。他们丰富的工作经验和待人处世方略,都是值得我们借鉴的,我们应该尊重他们精彩的过去和骄人的业绩。当然再好的领导也不可能有你想象的那么完美。对领导先尊重后磨合,多沟通,多了解,这样就不容易产生误会。对同事应该多理解慎盲从。在办公室里上班,与同事相处久了,对彼此之间的兴趣爱好、生活状态都有了一定的了解。作为同事,我们没有理由苛求人家为自己尽忠效力。在发生误解和争执的时候,一定要换个角度,站在对方的立场上为人家想想,理解人家的处境,千万不可情绪化,泄露人家隐私。任何背后议论和指桑骂槐,最终都会在贬低对方的过程中破坏自己的大度形象,而受到旁人的抵触。同时,对工作要有高度的热情,对同事的意见也不能一味地盲从支持,不然会有拉帮结派之嫌,影响领导的信任。对病患应该热情服务,关爱有加。医务工作者的工作理念就是热情服务,微笑服务,对病患的健康负责。与病患接触,要懂得微笑,学会微笑,微笑是建立良好病患关系的润滑剂。除此之外,团结和谐的工作关系,还需要懂得团队合作,参与医学理论的交流和业务技术合作,积极参加单位组织的各种社交文娱活动。这样不仅可以提升个人专业水平,而且还能够增加与人沟通的机会,增强同事间的亲近感,主动随和,心胸开阔,表里如一。

　　总之,当今社会需要的是积极主动的职业人士,一味地等待别人来发现、来挖掘,终究会被社会淘汰,只有通过主动的工作态度来武装自己,才能把握职场,走向成功。

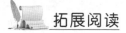 ## 拓展阅读

职场新人十妙招

　　第一招:把上司永远放在第一位。上司的时间比你值钱。当上司派一项新任务给你时,最好立刻放下手边的差事,以他的指令为优先。比如,当你正跟别人通电话时,上司刚好找你,你应该尽快终止通话,而如果通话对方是位重要人物,那应该以唇形知会上司。不要以手头上的事为借口,记住要把上司永远放在第一位。尊重上司的存在是上下属关系中极为重要的一环。

　　第二招:以上司的事业为己任。在职场,能否发展顺利,上司往往是重要的决定因素。上司发展顺利,你也会发展顺利。所以说,上司的事情就是你的事情,上司分配的任务要尽心尽力去完成。此外,还要多站在上司的立场考虑问题,做到心中有上司。

　　第三招:兵来将挡,水来土掩。如果上司突然交给你一个任务,并要你在短时间内完成,你必须有兵来将挡、水来土掩的能耐和决心,千万不可表现出不知所措的惊慌状态。一般单位在提拔人才时,吃苦耐劳的职员是最获青睐的。一些做事喜欢拖拖拉拉,爱发牢骚、踢皮球的职员,上司根本就不会放在眼里。

　　第四招:洞察先机,未雨绸缪。千万不要认为所有计划都能顺顺利利,事先想好后备方案是发生意外的解救之道。比如要筹划一个大型医学学术会议,你要考虑各种突发情况的补救措施。如嘉宾未能准时到场你如何应付? 音像设备出现问题要如何解决等。如此一来,不仅能保证会议顺利进行,还能让你的上司对你留下好的印象。

　　第五招:不怕吃亏,善于沟通。在未来领袖的字典里,是没有"对不起,我没空"这样的词句,它是从属关系中的大忌。想要收获,就必须付出代价。凡是不愿意多承担责任的职员只有两种出路:一辈子在原地踏步;或是被别人踩在脚下,永不见天日。不过,对额外的工作来者不拒者,还是要先权衡一下额外与本分的界限,如果你觉得实在负荷不了,而且过渡的工

作已经明显造成你身体或心理上的不适，而你又不便推却上司交付的任务，不妨试着和上司沟通，妥善解决工作的优先顺序。

第六招：出现错误，勇于承担。职场新人刚刚接手工作，在工作中犯一些错误在所难免。但是，一旦在工作中犯了较严重的错误，与其逃避责任，不如试着冷静下来，评估事态的严重性，并研究可行的补救措施，然后视情况向上级反应，万万不可在情况未明之时告诉上司，而又不知如何解决；更不可装作什么都没有发生，企图遮掩过失。有自己的主见，养成临阵不乱的沉着，这才是上司欣赏的特质。

第七招：站在最高点想事情。思考问题的角度是影响一个人思想高度的因素之一。结束学生时代，进入了一个新的环境，角色变了，思考问题的角度也要重新调整。站在最高点想事情，把自己当上司，是做出好规划、提出好建议的好方法。在处理小事时试着用上司的角度想，慢慢积累做事的格局。

第八招：把眼光放长远。如果一边是高薪的用人单位伸出的橄榄枝，一边是受到具有很好发展前景单位的青睐，你会作何选择？可能很多人会选前者，因为福利好。但是，刚刚进入职场的人可要注意了，职业生涯的发展不是光用金钱来衡量的。能学到东西，得到锻炼比起眼前的高薪来说应该更有价值。成就大事的人都会明白一山还有一山高，绝不会自满于小山丘的境界。

第九招：笑脸迎人是不二法门。没有人喜欢和一个整天愁眉苦脸的人在一起，原因很简单，因为这种人通常只把悲伤带给别人，而那正是大家最不想要的。而你想获得周围人的喜爱，保持笑脸是不二法门。面对他人的微笑，信任的大门会向你敞开；面对自己的微笑，自信的大门会向你敞开；面对生活微笑，成功的大门会向你敞开。笑脸迎人不但让共事的气氛更加欢愉，对于工作也有事半功倍之效。

第十招：比别人多一份努力和坚持。有些人经常抱怨自己生不逢时或英雄无用武之地，其实机会并不会在你面前等着你。机会是比别人多一份努力，比别人做得更好，比别人做得更出色；机会是遇到挫折时比别人多一份坚持。余彭年因为比别人付出多一份努力，从勤杂工做到亿万富翁；吴鹰凭着比别人多一份坚持，在条件并不占优的情况下成功应聘为美国某知名教授助教，为之后的发展奠定坚实基础。年轻人千万不能怕吃亏，要舍得付出，要勇于坚持。

第三节　医学生在职场如何走向成功

大学生风华正茂，是最渴望成功的一个群体，身上拥有无限的热情、饱满的冲劲以及对成功的强烈渴望。毕业后开始人生旅途中一段新的征途，然而通往成功的道路并不平坦。仅仅具备激情和热情是远远不够的，要想真正获得成功，需做出精心的准备，付出艰辛的努力，这样才能在职场游刃有余。

一、职业成功的影响因素

在如今的社会中，很多人都希望自己能够成功，希望自己能够在职场中获得工作的头彩，在职场上拥有立足之地，而这种希望不一定能实现。职场上充满了竞争、挑战、智慧。成

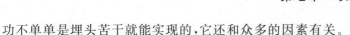

功不单单是埋头苦干就能实现的,它还和众多的因素有关。

（一）什么是成功

成功是什么？不同的人对此有着不同的理解。许多成功学家都对成功的概念有过界定,他们在界定成功时通常不仅仅看中表象的东西,金钱、地位等外在表现形式,这些只是成功的外部特征之一,而所谓真正的成功更多涉及成功者自身的心理感受、自我价值的实现、心理的满足感等。因此归根结底,所谓成功是心理和生理的双重结合,是内在和外在的有机统一,是表象和内核的完美融合,是一个建筑在一定光辉外表上的自我提升的系统工程。

 **拓展阅读**

成功人士的七个习惯

习惯对我们的生活有绝大影响,因为它是一贯的。在不知不觉中积年累月地影响着我们的品德,暴露出我们的本性,左右着我们的成败。每个人在日常生活中都有各种各样的习惯,如果单从表面来看,它是一件小事,不引人注意,但是很多人失败就失败在不良习惯上。美国成功学大师拿破仑·希尔说:"习惯能够成就一个人,也能够摧毁一个人。"这就说明了习惯的力量是巨大的。在现代社会,要想做一名成功人士,创造卓越的成就,就必须从培养良好的个人习惯入手。

习惯之一:积极主动别指望谁能推你走;

习惯之二:以终为始忠于自己的人生计划;

习惯之三:要事第一选择当前该做的事;

习惯之四:追求双赢远离角斗场;

习惯之五:善于沟通换位思考的原则;

习惯之六:统合综效"1+1"可以大于2;

习惯之七:不断更新全方位平衡自我。

（二）影响职业成功的因素

成功靠什么？有的人说,决定成功的主要因素是机遇,再有才华的人如果没有合适的机遇也只能一辈子怀才不遇;有的人说,决定成功的主要因素是一个人的行为等。其实这些论断都有些偏颇,决定一个人成功的因素有很多,对于医学生来说,如何在自己选择的医务职业领域中得到发展,取得成功？

1.良好的职业品质

职业道德作为人们从事职业活动过程中在思想上必须遵守的准则和规范,是社会主义道德在职业活动中的具体体现,它直接影响人们的工作态度、工作热情和行为方式。医学生要在职场取得成功,就必须树立正确的职业理想、职业道德、职业价值观和人生观;要具有忠于职守,献身医学事业的乐业、敬业精神;要有实事求是、严肃认真的职业态度,始终保持医务工作的严肃性和严谨性;要有刻苦钻研、精益求精的工作作风,不断学习、不断请教,在医学职业活动中团结协作、全心全意为病患服务的精神。在医务工作岗位上努力做到无私、正直、勤奋、诚实、守信、坚定、勇敢等优秀职业品质。

良好的职业品质是成功的重要基础,是获取成功的精神支柱,是走向成功的强大内驱力,是发挥作用的指明灯,对一个人成长过程有不可或缺的作用。同时它也是处理好各种人际关系的有利法宝。比如,一个热情友好、乐于助人、服务周到的医务工作者能得到病患信任;一个具有强烈事业心和责任感的医务工作者能得到领导的赏识;一个谦虚好学、脚踏实地、诚实肯干的医务工作者能得到同事的赞扬和好评。相反不讲奉献、自私自利、贪图安逸、缺乏爱心的医务工作者,是很难得到领导、同事、病人的青睐和喜爱的。

2.永不停息的学习观

当今社会发展日新月异,知识更新迅速,医学生在职场中如果不注意知识更新、积累,就很难适应快速发展的社会,很容易被社会所淘汰。其一,医学提供的健康服务要不断满足广大公众的需要,而迄今为止的医疗技术仍不能有效地控制和治愈所有疾病。虽然现代医学取得突飞猛进的发展,但尚难以解决所有生老病死的问题。疾病表现多样化、个性化,同患一种疾病的不同病人有其不同的特点,对治疗也有不同的反应。新的药物层出不穷,新疗法新技术也不断涌现,因此,医务工作者还需不断努力学习,跟上医学发展的动态,解决未能解决的问题。其二,医学借助其他科学的力量而迅速发展,多数医务工作者所掌握的技术落后于医学技术的进步,为了能更好地运用新技术医治疾病,医务工作者必须紧跟形势不断学习。在职场中人们总是在不断地校正自己的目标,随着起点不断抬高,目标的不断远大,医务工作者需要不断地通过充电才能达到目标。总之,如果不放弃自己的职业,保持永不停歇的学习观总是需要的。

3.百折不挠的意志力

任何一个成功人士都是经历一次次失败和挫折,通过不断战胜困难才脱颖而出的。因此,每一个立志成功的医学生都应当做好经受挫折考验的准备,以百折不挠的意志力,矢志不渝地做出新的努力。面对医务工作岗位中压力不屈服,面对医疗过程中困难不悲观,坚忍不拔、百折不挠,保持良好的精神状态,满怀激情地追求自己的职业目标。乐观、积极、永不放弃的意志力可以鼓舞病人,同时也可使自己逐渐走向成功。一个人在通往成功的道路上碰到失败和挫折在所难免,只有不畏惧失败和挫折,化不利为动力,战胜困难和不幸的人,才能有所作为、成就事业。只有具有百折不挠的意志力,克服各种压力,脚踏实地地用自己的努力去追求目标的人,才能成为职场的强者。

4.脚踏实地的敬业精神

敬业精神是对工作的责任心、成就感、奉献精神和信义程度。有敬业精神的人就是有成就感与责任心的人,以圆满完成工作而不是以升迁和报酬来衡量自己的人。对于医务工作者来说,敬业是渗透在医生职业生涯中的奉献精神,有了敬业精神才能指导自身一丝不苟地认真工作,才能推动自身不畏艰难攻克和探索解除病人痛苦的难题。在对工作的细心负责上,不心浮气躁,不心灰意冷,严格遵守纪律,认真执行规程,忠于职守,坚定信念。对于刚毕业的医学生具有的较大优势就是在于能够以最大的热情,全身心地投入到所追求的目标中去,愿意为自己的医学事业付出代价,敢于接受前进中任何狂涛巨浪的挑战,抱着敬业精神在职业领域中不断创新、不断奉献、不断前进。

5.勇于创新的竞争精神

具有竞争意识和创新能力是适应职场不可缺少的。由于竞争是各种事物在优胜劣汰法则下的发展规律,竞争必然会给人造成巨大的压力,任何置身于竞争环境中的人要争取优胜,避免淘汰。竞争是推动医务工作者努力学习、自觉提高职业素质和能力的动力。

创新能力是毕业生应重点培养的一种能力和必备的素质。开拓创新能力实质上是一种综合能力，它是各种智力因素和能力品质在新的层面上融合而成的。医学生不能只是被动地接受知识，而是要独立思考，敢于提出新问题，探索未知。医学生不能只是接受问题的答案，而应独立寻找解决问题的方法。如果只能熟悉、背诵书本中的定义、方法，而不加以思考、开拓创新，那这些知识没有多大意义，没有多少价值。社会的进步需要不断创新，职场需要能解决问题的人才。对于医务工作者来说更需要有开拓创新的精神，面对错综复杂的病患症状，只靠书本呆板的知识，没有用创新思维去思考问题，会很难对病症作出精确的判断。著名物理学家温伯格说过："不要安于书本上给你的答案，要去尝试发现与书本上不同的东西，这种素质可能比智力更重要，往往是最好的学生和次好的学生的分水岭。"

6.捕捉机遇的能力补偿

所谓能力的补偿效应，是指职业人身上发生的不同能力之间的相互替代或补偿作用，从而保持或维持活动的正常运行。在职业活动中，要注重能力补偿，要抓住一切机遇，实现能力补偿效应，从而加快职业人职场发展。

职业能力补偿是增加个人对组织的价值，保住现有工作，为个人职业目标的实现奠定基础。一个人只有对组织有用，有价值，才能滞留于该组织中工作。如果决心要在自己选择的职业领域发展，那么首要一步就是要保住现有的工作。为此，在个人职业生涯规划中，要预期自己在哪里、哪个岗位、哪项工作上为组织增加价值，而且要不断地为组织的事业做出贡献，创造价值。

要想能力得到补偿，就要请求担当更繁重或责任更大的工作，并切实完成好工作任务。职场新人要正确估价自己的能力，所担负的工作任务是自己力所能及的；同时要请缨担当重任，必须有充分把握能够圆满完成甚至出色完成任务，否则宁可不请缨。比如，医学生从医院实习到职业岗位试用再到成为正式医务工作者，通过自己的不断学习和积累，在有十足把握的情况下要尽可能请缨负责大任务、抓住机遇进行能力补偿。

7.良好的心理素质

一个人要想发展，在事业上取得成功不是一件容易的事情。面对复杂的社会，个人常常显得微不足道。因此，如果没有一定的社会生存能力、适应变化能力，是不可能走上成功之路的。随着医学职业内容的不断更新、新型病症的不断产生以及医疗领域新问题的不断产生，决定了医疗职业对人的素质提出更高的要求。新资源的开发、新医学技术的发明和应用、医疗组织的改革和管理水平的提高，要求医务工作者不仅要具备高超的医学技术知识和操作技能，而且要打破旧的传统观念，解放思想，开阔思路，树立时间观念、效率观念和合作观念，摒弃"一次选择定终身"的传统职业选择观，适合地调整自己与外界的关系，不断地提高自己的医学职业素质，以适应不断发展的职业要求。

一个人的心理状态对其成功有很大的影响，是生命的指挥仪和导向仪。医务工作者需要有良好自我调节心理素质，要有承受挫折、失败的能力，积极乐观的态度。医疗工作是高强度、高度紧张、高压力的工作，没有良好的自我调节心理素质是难以承受的。

8.和谐的人际关系

和谐的人际关系，使人感到生活在文明、温暖的群体中，可以不断地从中得到锻炼、充实，汲取营养，健康成长。作为初入职场的医学生，建立良好的人际关系，要处理好个人与组织的关系，了解用人单位的组织结构，明确自己在单位中的定位；建立良好的人际关系，要处理好个人与上级的关系，了解上级领导的工作风格，做一个"学习者"或"帮助者"；建立良好的人际关系,要处理好与同事的关系,学会合作,不能搬弄是非,对同事要谦让有加。建立良好的人际关系,要处理好个人与患者之间的关系,想病人所想,急病人所急。

医学是与人打交道的学科,需要随时与患者沟通、与同事合作交流,对于进入职场的医学生来说,建立和谐的人际关系具有特别重要的意义。有了良好、和谐的人际关系,医学领域长者、专家会指点如何处理医疗过程中的难题,并委以重任;周围的同事也会乐于合作,在工作中给予热情的帮助,尤其是困难之时,会伸出友谊之手;接触的患者也会对你信任,配合治疗进程,建立良好的医患关系,从而给自己创造和谐的工作环境及工作心情。

 拓展练习

测测你的人际关系

美国著名教育家卡耐基先生曾指出:一个人事业的成功,只有15%是由他的专业技术决定,另外的85%,则要靠人际关系。你是否善于交际? 请回答下面的问题:

1. 一位朋友邀请你参加(他)她的生日。可是,任何一位来宾你都不认识。　　　　(　　)

A. 你借故拒绝,告诉(他)她说:"那天已经有别的朋友邀请过我了"。

B. 你愿意早去一会儿帮助(他)她筹备生日。

C. 你非常乐意借此去认识他们。

2. 在街上,一位陌生人向你询问到火车站的路径。这是很难解释清楚的,况且,你还有急事。　　　　(　　)

A. 你让他去向远处的一位警察打听。

B. 你尽量简单地告诉他。

C. 你把他引向火车站的方向。

3. 你的邻居要看电影去,让你照看一下他们的孩子。孩子醒后哭了起来。　　　　(　　)

A. 你关上卧室的门,到餐厅去看书。

B. 你看看孩子是否需要什么东西。如果他无故哭闹,你就让他哭去,终究他会停下来的。

C. 你把孩子抱在怀里,哼着歌曲想让他入睡。

4. 如果你有闲暇,你喜欢干些什么?　　　　(　　)

A. 待在卧室里听音乐。

B. 到商店里买东西。

C. 与朋友一起看电影,并与他们一起讨论。

5. 当你周围有同事生病住院时,你常常是　　　　(　　)

A. 有空就去探望,没有空就不去了。

B. 只探望同你关系密切者。

C. 主动探望。

6. 在你选择朋友时,你发现　　　　(　　)

A. 你只能同你趣味相同的人友好相处。

B. 兴趣、爱好不相同的人偶尔也能谈谈。

C. 一般说来你几乎能同任何人都合得来。

7. 如果有人请你去玩或在聚会上唱歌,你往往　　　　(　　)

A. 断然回绝。

B. 找个借口推辞掉。

C. 饶有趣味地欣然应邀。

8. 对于他人对你的依赖,你的感觉如何? ( )

A. 避而远之,我不喜欢结交依赖性强的朋友。

B. 一般地说,我并不介意,但我希望我的朋友们能有一定的独立性。

C. 很好,我喜欢被人依赖。

说 明:A.1分; B.2分; C.3分

分数为25～30分:你非常善于交际,你的伙伴们非常爱你,你总是面带笑容,为别人考虑的比为自己考虑的要多,朋友们为有你这样一位朋友而感到幸运。

分数为15～25分:你不喜欢独自一个人待着,你需要朋友围在身边,你非常喜欢帮忙——如果这不花费你太多精力的话。

分数为15分以下:注意,你置身于众人之外,仅仅为自己而活着,你是一位利己主义者。要奇怪为什么你的朋友这样少,从你的贝壳中走出来吧。

二、勇攀医学职场高峰

当医学生进入职场并适应职场后,在漫长的历练中,通过个人努力会逐步走向成熟,超越自我,走向成功。那么,在职场需要做哪些努力才能攀上医学职场高峰呢?

(一)学会医学职场的管理艺术

许多医务工作者特别是医生,并不认为自己是个管理者,要肩负管理的责任。事实上,医生在职业活动中充满了管理行为。我们所指的医疗活动是医患双方互动的,为实现共同目标的协作过程。病人找医生看病,医生将按一系列规程程序向病人询问病情,给病人检查,为病人诊断,制订治疗方案和计划,监督医疗计划的执行,对医疗效果和病人状况进行评价等。这些都是管理活动,具备了管理的计划、组织、指挥、协调、执行、监督、评价等功能。医生管理着病人的信息、病人的治疗以及病人的某些行为。同时医生要与病人家属协商治疗方案,也要与治疗小组共同协调多方面的资源和力量来落实治疗措施。

在繁忙的工作中,医务工作者通常很少在意管理方法和技术的运用。在缺乏科学管理时,将会使许多细致的工作做得粗糙,使需要高效管理的工作徘徊在低效或无效中,从而不可避免地损害医院临床工作质量。如果医务工作者把管理像看待基本专业技术那样给予关注,临床工作就会是另一番情景。正因为这方面的欠缺,当年非典爆发流行时,才会使我们的重要工作陷入不知所措,计划被打乱,有些工作被停顿,管理呈随意状态,资源被无原则地浪费。正因为忽视了管理技术的更新,越来越不能适应群众需求服务的现象才会出现。低效率、技术纰漏、管理混乱充斥医院。所以,这些无不与管理有关。要改变这种状况,就需要拿起管理的武器解决问题。仅医生而言,学会一些基本的管理技术必然会受益,何况每一位医生都有机会担负未来管理的任务,包括专业小组组长、科室主任、甚至医务科长或是院长。曾有医务工作者有机会参与医院管理,却面临管理的考验而无法胜任。作为医院的重要成员医务工作者,无论是做好当前的临床工作、护理工作还是为未来承担更大责任的管理工作,都需要补上管理学这门课,这对于要走向成功的医务工作者来说,是十分重要的。

(二)懂得医疗实践的人文精神

医学充满了人文精神才如此人道,医务工作者实践了人文关怀才格外亲切。而如今,这种形象正逐渐淡化。现在医生由于过度依赖高科技手段,从而削弱了人文精神对医疗的作用。如今医院里,病人接触到的是一台台冰冷无情的仪器设备,遭遇到的是被漠视和冷落的表情,感觉到的是自己的脆弱和无助。当然,这种状况不是发生在每家医院,但却仍在人们心中留下难以抹去的阴影。医疗实践急需更多的人文精神,病人需要更多的人文关怀。作为医务工作者必须尽可能将人文精神贯穿于医疗实践的全过程。具体如下:

1. 胸怀宽阔

有宽阔的胸怀才能容得下喜怒哀乐,使人保持良好稳定的心态。医务工作者处于良好的精神状态,充满激情,可以鼓舞病人勃发战胜疾病的力量,增强战胜疾病的信心。医务工作者和普通人一样,生活中、工作中不可避免会伴随着烦恼、困惑、忧愁和悲伤。但在医务工作岗位上必须要胸怀宽阔,对人、对事要有更大的包容。

2. 为人忠诚

忠诚才能与人共事,才可获得他人的信任。医务工作者忠诚表现在,对人友善、乐于助人、坦诚相见、实事求是、不嫉妒、不欺骗、不讹诈等。身为医务工作者要老老实实做人,踏踏实实做事。对同事忠诚会赢得支持,对病人忠诚会取得信任。

3. 心地善良

因为善良才会心存大爱,只有善良才可以把握医道仁术。医务工作者必须具备善良的品质,能对病人的遭遇充满同情,对病人的痛苦满怀关切,对病人的不幸表示悲哀。以善良为前提才能设身处地为病人着想,把关切、关爱带到治病救人工作中。

4. 待人关爱

仁者爱人。热爱病人就是热爱生命,这是医务工作者应具有的价值观。医务工作者要热爱所有的病人,对病人一视同仁。只有热爱病人,才能得到病人的尊重,才能全面了解病人,发现疾病的根源,从而做出正确的临床决策。关爱病人,要耐心倾听病人的述说,要关注和同情病人,满足病人的要求,解决病人的问题。

5. 做事认真

认真是医生最基本的工作态度。只有认真才不会遗漏病情的重要信息,只有认真才能执行工作程序,只有认真才可以减少临床失误。坚持认真的做事作风,才能摒弃马虎、敷衍、草率、应付等不良行为,才能提高医疗质量。

6. 积极维权

医务工作者有责任维护病人的权益,包括为病人保守秘密,不公开病人的隐私,不进行过度医疗,不滥用药物,更不在病人不知情时用病人做实验。特别要尊重病人的知情权和参与权,要诚实地向病人或家属解释病情,忠实医疗文件。在进行决策时,要征求病人的意见。对病人的财产、标本、资料要妥善管理。医务工作者要勇于接受病人的批评和建议。

 拓展阅读

医生"炼心"

北京朝阳医院孙文兵刊载在 2005 年 10 月 24 日《健康报》上的一篇"医生应该重'炼心'"的文章,对医生人文情操和职业的修炼应该有所启发,现摘录如下:

医生应该有感恩的心态:首先感恩的心态应源于患者的牺牲。患者是医生治疗的对象,

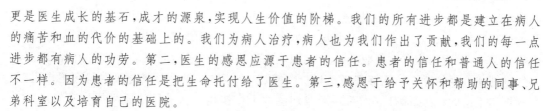

更是医生成长的基石,成才的源泉,实现人生价值的阶梯。我们的所有进步都是建立在病人的痛苦和血的代价的基础上的。我们为病人治疗,病人也为我们作出了贡献,我们的每一点进步都有病人的功劳。第二,医生的感恩应源于患者的信任。患者的信任和普通人的信任不一样。因为患者的信任是把生命托付给了医生。第三,感恩于给予关怀和帮助的同事、兄弟科室以及培育自己的医院。

医生应该有单纯的心态:单纯是做医生的高尚境界。单纯可意为四大皆空。如抛开私心杂念,以单纯的心态去治病救人。只有心态单纯了,才能够把脚迈进病房里,把心放在患者身上,把思用在研究疾病上,才会有那份苦苦的追求和执着的探索。试想一个正在做手术的外科医生,如果脑子里不停地想:这次手术如何决定前程,如何影响声誉;能不能赶上下午的飞机;股票涨了没;晚上的饭局谁参加;等等,那么这次手术的质量也就很难保证了。

医生要有真诚的心态:只有拥有真诚的心态,才会有同情心、责任心,才能在制订手术方案时,真正把握"以病人为中心"的服务理念,更多地考虑病人的远期效果、心理要求、经济状况、家庭背景等情况。只有拥有真诚的心态,才能真诚地与患者交流。

医生要有自责的心态:医生治病,从病人入院到出院,诊断一步一步地开展,治疗一步一步地推进,虽有那么多原则和标准可以掌握,但谁又能保证每一步都是正确的呢?因此,要每日三思其过。只有这样在学术上日臻完善,在技术上精益求精,在服务上全心全意,才能少犯甚至不犯错误。

(三)创造职业发展机会

在医务工作岗位上,要善于利用环境分析工具,对自己职场的优势、劣势、机会和威胁进行客观的分析。对于具有优势的机会,要充分利用与发挥,如取得高学历、高能力,培养强烈的敬业精神和谦虚的学习态度,提高善于合作共事的能力,把握医师培训和学术交流机会等,都有助于医务工作者走向成功。对于劣势状态下的机会,要对个人劣势进行改进,最大限度地降低其不利影响,以获得更多有利的机会。

医务工作者在岗位上要保持适度的发展张力。敏感性、注意力和兴奋性是医务工作者职业发展张力的主要构成要素。具有较强职业敏感的人,更容易抓住发展机会,有利于洞察未来趋势,客观地认识自己的优点和不足,能对发展方向和重点做出明智的判断和选择。职业敏感性和注意力是促进保持一定兴奋状态的因素。处在兴奋状态的人,对发展的需求也会增加。如同期毕业的同学已经成为某一方面的技术骨干,身边的同事获得多项科研成果,同一科室的经常获得群众和病人的表扬等。如果职业敏感性较强的人,这些事情会构成威胁或刺激,会激起不甘落后、奋起直追的兴奋激情;如果缺乏职业敏感性的人,则会对自己身边的事情无动于衷,没有一点成名成功的欲望和动力。所以,在职场保持适度的张力,也就保持了职业发展的动力。有了激情和动力,才会去不懈地努力,才会有信心和勇气抓住发展的机会。

(四)实现从新手向高手转变

要成为医学职场中的高手,必须要学会成熟。第一,要形成独特的思维特征。加强感知问题的敏锐性,提高识别信息的能力,判断问题要有独到见解,洞察问题要清晰深远,临床思维方式要自成体系。要克服岗位中片面、主观、粗放的情绪化思维方式。第二,要形成独特的工作风格。工作节奏、工作程序、工作习惯、工作效率、工作技巧要有一致性和整体性,并具有稳定的内在特征。要改变岗位中随意、多变、无序、低效的工作态度。第三,形成稳定的心理状态。情绪、态度、信念、理想、行为有连续性、持久性、关联性。消除岗位中出现的浮躁、盲目、怀疑、矛盾等不易控制的状况。第四，要形成良好的职业品质。在与病人沟通、关爱病人、坚守职业信仰和注重职业声誉等职业态度方面，凸显出明显的个人价值观，理解做人的准则和人生的意义。能够理想地评价金钱、事业、声誉、职业形象对医生的真正作用，并自觉抵制不良的行医行为。第五，要形成娴熟的工作技能。当进行一系列操作和解决病人问题时，能充分显示出个人的独特技巧和成熟流程，能用自己的工作方式有效地解决临床问题，较好地控制不规范的动作、失误和差错。

（五）努力从高手向专家升华

专家就是在某个领域有研究和特长的人。医学专家是在某些专科有专业特长和技术造诣的医生。医学专家既是医学职场中的高手，也是不同程度演绎医学艺术的优秀人才。专家除了博学、专长和高尚的道德境界外，还需要具备以下几个方面：

1. 独到见解

这是专家所拥有的经验和智慧在解决医学问题时的反映。独到的见解是根据个人的观察视角和判断思路得出正确结论的远见卓识。更成为一定独到见解的医学专家，需要不断培养独特的科学思维方法，良好的倾听和沟通技能，细致敏感的观察习惯。在岗位中善于总结和运用经验，是形成独到见解过程中的基质，经验越是丰富，识别假象的能力就越强，而产生正确结论和做出正确决策的概率就越高。

2. 专门技能

医学专家必须有专门技能，专门技能是处理专门领域中技术难题的工具，是一技之长。专门技能需要刻苦训练和长期实践，这些技能只有经过专门训练的人才会拥有，它是训练和领悟、规范和创新的结果。专门技能越高，解决该专业领域问题的效果就越好，职业的影响度就越高。

3. 破解难题

专家不同于一般医务工作者的另一个特征是在关键时刻能用常规或者非常规的方式解决复杂困难的问题。在别人束手无策、一筹莫展的时候，能够表现出足够的勇气和胆识，将风险降低到最低程度，果断从容地破解难题。这需要医务工作者在岗位上不断地锻炼和积累。

4. 善处危机

当遇到紧急事件或处于危急时刻，专家能够有效运用专业特长处理本领域、本专业范围内的紧急状况。在灾害现场或者事故现场，能临危不惧，有条不紊地按专业规则妥善处理出现的问题。

5. 创新工作

专家能创造性工作，在借鉴经验和探索科学的过程中，不断产生质的递进，推陈出新，发现新的理论和方法，取得新的突破，推进学科领域走向新的高峰。要培养创造性的能力，医务工作者在工作中要注重科学研究与实践操作相结合，将工作遇到的问题不断地学习、不断地研究，因为研究是打开人们困惑之门的钥匙，是登上医学巅峰的阶梯。

思考题

1. 具备哪些条件，能顺利地完成从"医学生"到"职业人"的角色转换？

2. 假如你是一名刚毕业的医学生，请问你如何适应新职场？

3. 影响医学生在职场取得成功的因素有哪些？

4. 作为一名医务工作者，你认为如何才能早日登上职场的高峰？

第八章　职业道德与职业理想

第一节　医务工作者职业道德的内涵

 案例分析

哪些职业失去操守的现象最严重？调查结果：医生、公安干警居前。

中国青年报社会调查中心通过题客调查网，对全国 12575 名公众进行了一项调查，公众给出的排序依次为：医生（74.2%）、公安干警（57.8%）、教师（51.5%）、法律工作者（48.4%）、公务员（47.8%）、新闻工作者（37.6%）、会计师（30.7%）、学者（20.3%）、社会工作者（10.9%）。

哪些职业失去操守的现象最可怕？调查结果：还是医生、公安干警居前。

调查中公众的排序与对"失去操守最严重职业"的判断完全一致：医生（82.4%）、公安干警（69.4%）、教师（64.6%）、法律工作者（59.4%）、公务员（46.5%）、新闻工作者（43.8%）、会计师（33.7%）、学者（21.5%）、社会工作者（13.3%）。调查中，73.0% 的人认为职业操守底线一再被突破的首要原因是"人们过于注重对利益的追逐，忽略了职业信用的重要性"；其次是缺少法律监管和舆论监督的环境（52.4%）；52.3% 的人认为是整个社会大环境道德滑坡；41.9% 的人感觉职业操守和职业信用的意识还没有深入人心。

"对违反职业操守的问题就应该发现一个惩处一个。而且要严惩不贷。一旦发现，要使其永不得再从事原职业。只有形成这种压力，才能保证底线不被突破。"一位从事审计工作的人员说。调查中，64.8% 的人赞同此观点。

【讨论】

医生职业失去操守的原因是什么？如何提高医生职业操守？

一、职业道德的涵义

何谓职业道德？人们长期从事某种职业，因为有着共同的劳动方式、职业习惯和职业纪律，形成的共同的道德信念、道德标准及道德品质，此乃职业道德。职业道德是人们职业活动中应遵循的行为规范，是本行业对社会所承担的道德责任和义务，每个从业人员都要遵循职业道德，如医生的职业道德是救死扶伤，教师的职业道德是为人师表。

职业道德体现了职业义务、职业责任以及职业道德准则，它不是一般地反映社会道德和阶级道德要求，而是要反映职业、行业以至产业特殊利益的要求，表现为某一职业特有的道德传统和道德习惯，表现为从事某一职业的人们所特有的道德心理和道德品质。《公民道德建设实施纲要》规定："要大力提倡爱岗敬业、诚实守信、办事公道、服务群众、奉献社会为主要内容的职业道德，鼓励人们在工作中做一个好建设者。"

(一)爱岗敬业

爱岗敬业是紧密联系在一起的，爱岗是敬业的前提，敬业是爱岗的升华，爱岗敬业就是要求人们热爱自己的本职工作，用一种恭敬严肃的态度对待工作。爱岗敬业也是为人民服务精神的具体化，是人们对从业者工作态度的普遍要求。爱岗敬业要乐业，要勤业，更要精业。

(二)诚实守信

诚实守信是做人的基本准则，它是指说话真实，信守诺言。它要求具有言行一致、执著追求的精神理念，信实的态度和遵信守诺的负责精神。作为一种重要的传统伦理道德规范，诚实守信广泛存在于家庭，人际交往，甚至治国领域，也用于其他领域。诚信作为基本的社会道德之一，具有普遍的要求。

(三)办事公道

办事公道是对人的一种态度，是被人们称道的职业道德。

首先，要客观公正。要按照事物的本来面目考察，不带个人偏见。平时有意识地培养自己热爱真理、追求人格正直的品格。坚持实事求是的原则，办事情、处理问题合乎道义。要做到照章办事，按原则办事，做到行所当行，止所当止。

其次，要公私分明。公私分明原意是指要把社会整体利益、集体利益与个人私利明确区分开来，不以个人私利损害集体利益。在职业实践中不能凭借手中的职权谋取个人私利，损害集体利益和他人利益。在职业实践中，要正确认识公与私的关系，增强整体意识，培养集体精神。要从细微处严格要求自己。

再次，要公平公正。公平公正是指按照原则办事，处理事情合情合理，不徇私情。做到公平公正，才能弘扬正气，打击邪气；发扬团队精神，加强团结协作；增强凝聚力，提高工作效率；树立威信，赢得群众的拥护和尊重。

最后要光明磊落。光明磊落是指做人做事没有私心，胸怀坦白，行为正派。在执业活动中，做到光明磊落，就是克服私心杂念，把社会、集体和企业的利益放在首位。在任何时候、任何情况下，都要说真话，不说假话；说实话，不说空话和大话；干实事，不图虚名；言行一致，表里如一。

(四)服务群众

服务群众就是为人民群众服务。在社会生活中，人人都是服务对象，人人又都为他人服务。要真正做到服务群众,首先,心中时时要有群众,始终把人民的根本利益放在心上。其次,要充分尊重群众。要尊重群众的人格和尊严。再次,千方百计方便群众。

（五）奉献社会

奉献社会就是积极自觉地为社会做贡献。奉献,就是不论从事任何职业,从业人员的目的不是为了个人、家庭,也不是为了名和利,而是为了有益于他人,为了有益于国家和社会。正因为如此,奉献社会就是社会主义职业道德的本质特征。

奉献社会并不意味着不要个人的正当利益,不要个人的幸福。恰恰相反,一个自觉奉献社会的人,他才真正找到了个人幸福的支撑点。个人幸福是在奉献社会的职业活动中体现出来的。个人幸福离不开社会的进步和祖国的繁荣。幸福来自劳动,幸福来自创造。当祖国进一步繁荣富强的时候,每个人的幸福自然就包括在其中。奉献和个人利益是辩证统一的。奉献越大,收获就越多。一个只索取不奉献的人,实质上是一个不受人们和社会欢迎的个人主义者。

（六）遵纪守法

所谓遵纪守法指的是每个从业人员都要遵守纪律和法律,尤其要遵守职业纪律和与职业活动有关的法律法规。遵纪守法是每一个从业人员必备的职业道德品质,是职业道德的重要内容。每个从业人员要遵守国家法律法规,遵守职业纪律。

二、医务工作者职业道德内涵

作为未来的医务工作者,医学生只有对医务工作者职业道德有清醒的认识,才能明确自己的努力方向。医德是医务工作者在医疗卫生实践活动中所应遵循的道德规范,是知识分子职业道德之一。医德是随着医学的出现而产生的。中国最早的医书《黄帝内经》中就有《疏五过》、《征四失》等论述医德的专著。唐代名医孙思邈在他的巨著《千金要方》中有一章专门写医德,系统地提出了医生的道德准则。他在书中要求医者不避艰险,尽心竭力,治病救人,不怕脏臭,不分贵贱贫富、长幼妍蚩,一视同仁;不以一技之长,掠取民众财物。这些要求长期以来被奉为医务工作者的道德箴言。医德同其他社会职业道德一样,在实践中不断充实、发展,形成稳定的职业心理和习惯,世代相传。

在社会主义条件下,广大医务工作者对以往传统的医德有继承的一面,但又有很大的区别。1992年10月14日国务院第106号令发布实施的《医务工作者医德规范及实施办法》对医德的内容做出了一个比较明确的规定,主要内容包括:救死扶伤,实行社会主义人道主义;尊重病人的人格与权利;文明礼貌服务、廉洁奉公,自觉遵纪守法;不以医谋私;为病人保守秘密;互学互尊,团结协作;严谨求实,奋发进取;钻研医术,精益求精;诚实守信。《中华人民共和国执业医师法》在总则部分明确提出了:"医师应当具备良好的职业道德和医疗执业水平,发扬人道主义精神,履行防病治病、救死扶伤、保护人民健康的神圣职责。"

（一）遵守法律法规,遵守技术规范,廉洁行医

医疗卫生行业是高风险的行业,医疗卫生服务质量直接关系到人民群众生命健康,医务工作者要依法办事,按章操作,遵守医疗卫生方面的法律法规。具体而言,分为五个方面的法律法规制度:①医务工作者执业资格和执业行为,包括:医师、护士、药剂师和其他技术人员;②医疗卫生机构的管理,包括:医疗卫生机构的设置和执业、医疗卫生机构的相关管理、法律责任;③疾病控制与医疗卫生预防保健,包括:传染病防治、病原微生物实验室管理、医

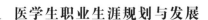
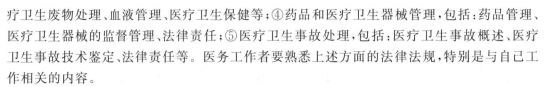

疗卫生废物处理、血液管理、医疗卫生保健等;④药品和医疗卫生器械管理,包括:药品管理、医疗卫生器械的监督管理、法律责任;⑤医疗卫生事故处理,包括:医疗卫生事故概述、医疗卫生事故技术鉴定、法律责任等。医务工作者要熟悉上述方面的法律法规,特别是与自己工作相关的内容。

医务工作者还要廉洁奉公,全心全意为病人服务,坚持原则,不以医谋私,不开人情处方。严格执行医疗卫生护理常规,按病情选用恰当药物和检查,不开大处方,乱检查,增加病人负担。不接受病人的红包和礼物,不接受吃请。不接受医疗卫生设备药品等销售或代理不正当利益。合理治疗,合理用药。严禁对药品、仪器检查、化验检查及其他医学检查等实行"开单提成"办法。不违反规定外出行医,不私自在外开展有偿诊疗活动。不开具虚假医学证明,不参与虚假医疗卫生广告宣传和药品、医疗卫生器械促销,不隐匿、伪造或违反规定涂改、销毁医学文书及有关资料。

(二)要认真钻研医务技术,对技术精益求精

医务工作者要勇于攻克疑难病症,积极进行革新创造,不断开拓医学新领域,钻研医术,努力提高自己的诊治技术,努力提高医疗卫生服务质量。诊察施术是一种技术性的行为,对医者的基本要求就是要具有高明的医术、要有熟练的专业技术,做到能娴熟地运作,能获得准确的结果,从而减少或避免给患者造成身心痛苦。诊察施术的过程是一种责任行为,医者对患者健康负有法律责任和道德责任。病人就医也拥有自身的权利,如神圣不可侵犯的医疗卫生健康权、自主权、知情权、同意权、保密权、隐私权等。医者必须既科学又周到地给予解释,必须让患者切实感到医者是设身处地为他着想,维护患者的切身利益。

(三)忠于社会主义医疗卫生事业,热爱本职工作

医务工作者要处处关心病人的疾苦,把维护人民的生命,增进人民的健康,同疾病作斗争,作为自己崇高的职责。对工作极端负责任,对病人极端热情,一视同仁,时刻想到病人的痛苦和安危,养成严谨细致的医疗卫生作风,平等待人。

(四)关心、爱护、尊重患者

尊重患者的人格与权利,对待患者不分民族、性别、职业、地位、财产状况,都应一视同仁。要爱护病人、平等待患,不要以貌取人、厌恶呵斥。服务细致,谨慎周到,一丝不苟。医务工作者要尊重患者。医院应成为患者之家,医者应成为患者之友,患者应该得到关怀和爱护。患者是因受疾病痛苦折磨而求治的,他们是弱者,是需要帮助的。医务工作者要充满同情和关怀,给予帮助和安慰,对于患者恢复心理平衡,化解其心中的负担是一种最大的情感上的支援。

(五)尊重病人,奉献爱心

作为医务工作者,应仪态端庄,举止得体,慈眉善目,面带微笑。而切忌衣裤不整;或表情冷漠,或表现出不耐烦之举;或慌慌张张,快步乱跑;等等。语言是医患之间交往的重要工具。医者对患者的语言应是礼貌的、鼓励的、解释的、中肯的、轻柔的和积极暗示的。医者的语言应在患者惴惴不安时给他们带来安全感;在患者心情痛苦时给他们带来解脱感;在患者烦愁郁闷时给他们带来欣慰感;在患者孤独无助时给他们带来帮助感。患者感到医者是他的朋友、亲人、尊敬的师长,感到医者是他们值得信赖和带来希望的人。

(六)保守病人病情"秘密"

医务工作者要严谨求实、慎言守密,不要主观臆断、泄人隐私,为患者保守医密,实行保

护性医疗卫生,不泄露患者隐私与秘密。

（七）宣传医疗卫生保健知识,对患者进行健康教育

医务工作者不仅具有救死扶伤的职责,还具有进行健康保健知识宣教的责任。要把医院内外结合,门诊和非门诊时机结合,利用一切有利时机向患者或其他群众宣传健康保健知识,为提高全社会的健康水平作出贡献。

（八）互学互尊,团结协作

正确处理同行同事间的关系,要敬重同行、医护协作,不要各行其是、互相推诿。同行之间,应当互相尊重,互相切磋,以便取长补短,共同得到提高。每一名医务工作者都有自己的老师,有理论部分的,有临床部分的,还有进修学习新技术的,即使在同一个科室,也同时存在着老中青三代人,大查房、病历讲座等也都在潜移默化地传授。从总的趋势看,是长江后浪推前浪,一代更比一代强,但决不意味着华佗不懂得输血而你比华佗强,决不意味着希波克拉底不懂得合理使用抗生素而否定他是西医之父。医务工作者都是各有所长,亦各有所短,理应彼此敬重,取长补短,互相学习,共同进步,而切不可互相攻击和鄙斥。

 **拓展阅读**

大医精诚　医者楷模
——温州医学院(现为温州医科大学)附属第一医院李智渊医生主要事迹

李智渊,1943 年 7 月出生,浙江宁波市人,中共党员。1969 年毕业于温州医学院医学系。曾任温州医学院附属第一医院(以下简称温医一院)副院长、院长等职务,现任耳鼻喉科主任医师,浙江省医学会理事,浙江省医学会耳鼻喉科学会副主任委员。曾被授予国家医师行业最高奖——"中国医师奖",温州市卫生系统"优秀院长",温州医学院校级优秀党员、先进工作者。在"2006 年温州十大年度影响力家庭"评选活动中,李智渊主任医师和妻子张君丽主任医师家庭因"仁德之心"高票入选(市民投票产生)。2011 年,他成为温州市唯一荣膺全省首届"感动浙江卫生"十大人物称号的医护人员。

周六坐诊三十年,废寝忘食是常事

李智渊夫妻俩住在温州医学院的宿舍里,这幢 1982 年盖的房子已经很陈旧。在这 60平方米的屋子里,四处堆放着医学书籍,家具上还落了不少灰。熟悉李智渊的人都知道,家里没空整理,是因为他把时间都留给了病人,留给了医院。他有个坚持了 30 来年的铁规矩——星期六上午看门诊,雷打不动。

几十年来,除了平时的日常医疗工作外,李智渊总是坚持每周六上午的门诊工作,甚至有时人在外地出差,夜车坐回温州一早出诊也是常事。选择星期六门诊,是因为他觉得,很多人尤其是上学的孩子,只有周末才有空来看病。

由于李智渊在浙南地区有较好声誉,许多病人慕名而来,再加上一些耳鼻喉科肿瘤病人及一些慢性疾病需长期随诊和复查,每周六上午,他都会比别人提早半个小时看诊,下午一两点钟还没下班、没饭吃更是常有的事。每每说起这些,他总是笑着说:"病人来趟医院不容易呀,我们就是要努力避免漏诊一个病人,误诊一个病人,否则内疚呀!"

"口头禅"婉拒红包,喝"番薯汤"也很甜

由于温州地区特殊的民风习俗,人情风较盛,手术前送红包也是一件较为普遍的现象。

58岁的陈瑞诚是英国双鹿啤酒集团（温州知名企业）常务副总经理，在李智渊为他做手术前，陈瑞诚的爱人想给主刀医生一些辛苦费，表达自己朴素的感谢之情，但他们多次托了熟人送红包都被李智渊拒绝了！痊愈出院后的陈瑞诚为表达感激之情和敬佩之意，写下了这样的一段话："李智渊主任一生遵循：医路走来，一生风采；医无戏言，有问必答；医心最美，实话实说！"

李智渊有句"口头禅"，就是"病治好了，才是我最大的心愿，到时候你就是请我吃番薯汤我也很高兴啊"。而这句话就是他专门用来挡病人送红包的。记得有一次，一个专门从福鼎赶来做耳部手术的病人，硬塞了1000元给李智渊，希望他手术做得认真些。见这个病人精神压力很大，李智渊勉强先收下，但他自己的心里却忐忑不安。妻子张君丽看出了他的心事，便建议他等病人手术成功以后，将这钱存到病人的住院缴费账户。这以后，李智渊就有了对付红包的"硬法子"：能推的就把它推掉，遇到一些坚持要送的病人，为了手术前不影响病人情绪，李智渊会佯装收下，手术后再把"红包"还给病人，或者直接存入病人的住院缴费账户。

医心最美，让百姓放心看病

大多患者尤其是家境贫困的患者进大医院求医，往往都怀着忐忑的心：担心遭受医生的冷漠，担心医生敷衍了事。对此，李智渊经常对年轻医务工作者说："做医生不仅要有精湛的技术，还要有一颗仁者之心。"前不久，一位来自温州贫困县——泰顺县的74岁老人因患鼻腔恶性黑色素瘤住进了耳鼻喉科。为"图放心"，老人的家人硬塞了500元给李智渊。他不仅婉言谢绝，还对同事千叮咛万嘱咐："农村老人看病不容易，他们家连医药费都是东拼西凑借来的，用药方面尽量开最便宜的……"事后，老人家属得知他这些话以后，无不为之动容。

不乱开药，让病人放心治好病，同类有效药物中选择最便宜的药物治疗，不给病人做无谓的检查，不绕弯路，是同事们对李智渊行医原则的总结。一些病人来自偏僻的农村，文化水平也较低，李智渊总是反复地、不厌其烦地向他们解释病情，交代如何去做检查，如何合理使用药物，对于需要复查的病人，他总是反复嘱咐下次要及时来院复查。在他这里病人总是焦急而来，满意而去的。

李智渊擅长耳鼻喉科的疑难杂症的诊治，病人中许多都是经过多次诊治而未见好转或改善的病例，他总是格外重视，详细地询问和细致地检查，从而纠正了误诊，进行了正确的处理。有时候，一些病人病情复杂，需要多科协助诊疗或者需要立即处理，他总是亲自联系予以协调，直到病人得到妥善的处理为止。这个时候，旁人总是以为是哪个熟人介绍的，孰不知这就是他的一贯原则，在他看来，没有熟人介绍的病人和有熟人介绍的病人之分，没有熟悉的病人或者陌生的病人之分，只有一般、普通病人和需要急救、危重病人之分。

言传身教，带出一支好队伍

近年来，在李智渊和同事们的努力下，温医一院耳鼻喉科做了很多省内乃至全国领先的手术。1982年，李智渊在我国首先开展前鼻孔部分闭锁术治疗萎缩性鼻炎手术；1986年完成我省首例电子耳蜗埋植入手术，使聋哑患者从无声世界恢复到有声世界；20世纪80年代初率先在温州推广喉显微手术和中耳显微手术；20世纪90年代初在温州引进微创检查耳鼻喉疾病技术。

李智渊不仅对自己的医疗技术精益求精，对年轻医生的教学培养更是倾注了满腔的热情和心血。作为温州医学院的附属医院，温医一院承担了学校学生的教学带教任务。每次课堂教学,他都认真对待,严谨认真,授课深入浅出,先后获得了医学院优秀讲课奖、优秀教学奖,受到了广大学生和老师的好评。

耳鼻喉科疑难、危重病人较多,经常遇到年轻医生向他请教,每次求教,他总是热情地予以帮助教导,利用自己丰富的经验和渊博的知识教导他们,使他们得到了长足的进步。小儿气管异物是耳鼻喉科的危重疾病,处理稍有不慎,就会引起不堪设想的严重后果,而年轻医师的诊治经验较为缺乏,故每到这个时候,总是请他前来指导抢救,而他也总是热情前来帮忙,即便在半夜二三点钟,他也总是及时赶到。耳鼻喉科医生每谈起这些事情来,总是敬佩地叫他一声老师。而他总是说,看到年轻医师在不断地进步,事业有了可靠的接班人,是他的最大满足。

兢兢业业获殊荣,心中最淡泊的是名利

学术上出色,当起院长来李智渊也干得漂亮。从1987年到2001年,他分别担任温一医院副院长、院长。他廉洁勤政,秉公办事,以身作则,开拓进取,大胆工作,敢于管理。在以他为首的领导班子带领下,医院广大职工共同努力,艰苦奋斗,医院建设、业务发展等各方面取得了很大的发展,医院的医疗业务收入在10年内翻了近10倍;医院的医疗业务量都成倍增长;医院新起了门诊大楼和住院大楼,医疗就医环境有了明显改观;医院先后被浙江省卫生厅授予"文明医院"、"示范文明医院"等荣誉称号,医院也进入了快速发展期,为推进医院的进一步快速发展打下了坚实的基础。

而李智渊自己,至今还住在60平方米的旧房子里,每天骑着自行车上下班。2006年,当他凭借其高尚的医德和高超的医术摘得了"中国医师奖"——这项中国医师行业中最高的奖项以后,医院党委奖励了他5000元。如今,这笔钱早已被他悄然送到了温州市慈善总会。

就这样,他总是这样做着他认为很平凡的事情,急病人之所急,想病人之所想,全心全意为病人服务。在他身上,我们看到了新时期一名白求恩式的医务工作者的光辉形象。他用精湛的医术救治了无数的病人,他高尚的医德医风,对病人热忱的服务态度,深受患者和广大医务工作者的称赞,也感染了一批又一批的年轻医师,把我们的社会主义卫生事业不断推向新高。

三、医务工作者职业道德建设的重要性

2001年教育部和卫生部联合发布的中国医学教育改革和发展纲要中写到:"医学研究与服务的对象是人,在医学教育的过程中必须加强文、理、医渗透和多学科交叉融合,把医德和医术的培养结合起来,加强综合素质培养"。医学职业对职业道德具有特殊的要求,因为它是直接与人打交道的职业,是人命关天的职业,与其他职业的区别就在于,其他职业是人去选择职业,而医学职业更重要的是职业去选择人。只有那些具有良好医德的人才能胜任这个与生命打交道的神圣工作。这说明了加强医务工作者职业道德建设的重要性。

加强医务工作者职业道德建设的重要性是由医学的本质决定的。在中国古代,医学被称为"仁术",医生被赞誉为"仁爱之士"。纵观人类医学发展史可以发现,人类医学的本质特性就是人文关怀;其根本宗旨,是促进人类身心健康和生命活力。医学科学与人文精神的宗旨是一致的。正如英国科学史专家斯蒂芬博士所言:"医学是人道思想最早产生的领域。"最初的医学,既不是谋生的手段,也不是专门的职业,是一种人文关怀的自然行为。治病救人是仁爱他人的理想途径。神农尝百草,创医药,旨在怜爱部落的子民,救护病弱的生命。世

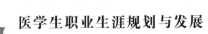

界上第一家医院，是大罗马时期的一位慈善家，为护理贫病交加的患者，变卖自己的家产而创办的。三国时期的东吴名医董奉心怀慈悲，对贫苦病人精心诊治，关怀备至，为人治病既不收费，也不受礼，更不吃请，只要求被诊治者在其门前空地上栽一棵杏树以作纪念，数载之后，杏树蔚然成林，独成一景。由此以来，"杏林"就成了象征医学人文关怀的千古佳话，也成为对医家精湛医术和高尚医德尊崇的崇敬与赞许！

被尊为"医学之父"的古希腊名医希波克拉底，在2400多年前就特别强调医学的职业情操和人文关怀。他在著名的希波克拉底誓言中指出："我愿尽余之能力及判断力所及，遵守为病家谋利益之信条，并检束一切堕落及害人行为。……倘若我严守上述誓言时，请求神赐予我生命与医术无上光荣，我苟违誓，天地鬼神共殛之。"1948年世界医学会在希氏誓言基础上，制定了《日内瓦宣言》，作为医生的道德规范，其中特别强调："我庄严宣誓为服务于人类而献身！""我在行医中一定要保持端庄和良心。""我一定把病人的健康和生命放在一切的首位。""对于人的生命，自其孕育之始，就保持最高度的尊重！"。医学的本质特性是人文关怀，人文关怀是从医的首要前提，人文精神是良医行事的天然良知和道德支柱。

加强职业道德建设是医疗卫生行业的特殊性决定的。医生的职业道德和其他职业者相比，似乎具有更特殊的重要性。医疗卫生行业是专业性强、技术难度大、高风险的行业，病人虽然可能有选择医院和医生的权力，能同意或拒绝接受某种治疗方案等。但是和专业医务工作者相比，他们掌握的医疗信息极为不对称，由于病人的医学知识不多，对某些药物的疗效不了解，对一些手术的必要性和危险性不了解，对医师业务水平和工作作风不了解，可能导致病人及其家属很难做出正确的选择和决策。在一些急重症情况下就更不用说了。在这样的背景下，需要医务工作者具有高度的道德自觉，全心全意为患者服务。

加强职业道德建设是医疗卫生质量、医疗卫生安全的保证。加强职业道德建设，能激发医务工作者的职业尊严感、责任感和成就感，把对病人满腔热忱、对工作极端负责、对技术精益求精的职业道德内化为内心信念，再转化为敬业、乐业、勤业和精业的职业行为，促进医疗卫生质量的进一步提高，为群众提供优质的医疗卫生服务。大量事实证明，具有良好医德的医务工作者，责任心强，服务态度好，虚心求教，对病人采用的每项治疗措施深思熟虑，治疗效果好，漏诊、误诊少，医疗卫生纠纷少，甚至没有；反之，医德不良的医务工作者责任心不强，服务态度差，即使技术水平较高，也常常出现责任性差错和事故，给病人增加痛苦，甚至造成伤残、死亡。

加强职业道德建设是树立医疗卫生行业良好形象的重要途径。医疗卫生行业是精神文明建设的"窗口"，职业道德建设是社会主义精神文明的重要组成部分。加强医疗卫生职业道德建设，树立良好的医德医风，是建立新型医患关系，纠正行业不正之风，提升服务形象，构建和谐社会的重要举措。医疗卫生工作关系到千家万户，医务工作者的职业道德直接体现"窗口"服务形象，也直接关系到人民群众的生命健康。再好的医疗卫生设施和技术水平，如果缺少良好的职业道德，离开"为民服务"宗旨，漫不经心、不负责任，就会造成医患关系紧张、群众不信任、不理解，影响行业整体形象。

加强职业道德建设有利于培养合格的医学人才。医务工作者的职业道德具有独立的知识体系和特殊的规范性要求，它不能脱离医学专业教育，也不能脱离思想品德教育和其他的社会人文学科的教育。只有坚持医德教育和综合素质教育相结合，才能产生最佳效应，有利于医学生人才的健康成长。

加强职业道德教育是培养合格医学人才的重要组成部分。在完整的医学教育体系内，加强医学知识和操作技能的培养是对医学生未来职业的硬件要求，而高尚的医德、敬业精神的培育则是对未来职业的软件需求，是培养高质量医学人才不可或缺的过程。

　　目前医学正处于由生物医学模式转变为生物－心理－社会医学模式的阶段。医务工作者要适应新的医学模式，不仅要具有专业技术方面的条件，而且要达到职业道德方面的要求，医德是新医学模式的重要组成部分，其与医疗卫生实践中各种操作是否规范一样，直接影响患者的健康。加强职业道德教育，帮助医学生树立良好的职业道德，深入理解新医学模式的内涵，增强社会责任感，努力学习，未来争做医德高尚的医学人才。

第二节　提升医务工作者的职业道德

一、医务工作者职业道德现状

　　由于体制机制的不合理及信息不当传播等各种原因，当前相当数量的社会公众对医务工作者的职业道德现状产生了负面印象。但是只要审慎分析，绝大多数医务工作者的职业道德是好的，广大医务工作者为了人民群众的生命健康辛勤付出，默默奉献，为提高群众生命质量和健康水平作出了巨大贡献。特别是在抗击非典、抗震救灾等特殊时期，广大医务工作者所表现出的救死扶伤、治病救人、无私奉献的精神就受到了社会广泛好评。

　　因各种主客观因素的影响，医务工作者职业道德的确存在令人担忧的现象，严重影响了医疗卫生事业健康发展，甚至导致医患关系紧张，主要表现在以下几个方面：

　　（一）价值观出现偏差，导致职业道德滑坡

　　由于医疗资源总体不足，医疗资源分布不平衡；医疗卫生资源在医疗系统内配置不合理，主要集中在大型医院；医疗保障覆盖面太小；药品流通渠道秩序混乱；等等，医疗卫生资源和服务逐渐市场化，追求经济利益使一些医务工作者的价值取向出现偏差，他们的从业行为已经褪去了崇高和神圣的色彩，将工作看作是一种谋生的手段，从而导致了职业道德失范行为。他们利用患者对消费的物品缺乏了解，难以在消费时进行选择，对于医务工作者提供的检查与治疗只能被动接受的情况，诱导病人过度医疗，过度检查和收受、索要红包等。少数医务工作者在采购或使用药品、医疗卫生器械、医用耗材的过程中收取各种名目的回扣，严重败坏了医务工作者的形象，这些是当前群众反映最强烈的问题。

　　（二）工作强度过大，导致情感淡漠

　　繁重的工作任务、繁琐的医疗文书、长期的较大的心理压力使一些医生对工作心生厌倦感和疲倦感，时间长了，就导致医生的情感淡漠，从而把医患关系简化为简单的经济交换关系，主要表现：对患者缺乏人文关怀，态度冷漠，缺少耐心和热情，甚至有的医生对病人痛苦的呻吟、抢救或治疗请求无动于衷。服务态度恶劣，缺乏人道关怀，缺乏起码的责任心和同情心，使患者及其家属无法感受到医生的温暖和社会的爱心。

　　（三）劳动风险过大，导致道德风险

　　医生的劳动风险是医疗卫生职业特点所决定的特有风险。道德风险是指人们在从事经济活动时为了最大限度地增进自身效用所做出的不利于他人的行动。目前,患者法律意识增强,权利意识觉醒,相关法律制度(如举证责任倒置)得到进一步完善,而相应的医生风险分担机制还未建立起来,这导致医生承担的职业风险越来越大。只要出现一起医疗卫生事故,医生的声誉、地位、经济都会受到很大的影响。为了最大限度地规避这种风险,医生就会甘愿冒道德风险,主要表现为:过度检查,甚至是逐项排查;将风险病例拒之门外;夸大治疗的副作用;过多增加病人知情同意的文书等。

(四)医学生的道德状况堪忧

作为"准医生"的医学生道德状况,对未来走上医务工作者岗位职业表现具有重要影响。一方面,市场经济和医疗领域出现的不正之风,对医学生价值观带来极大冲击,一些学生缺乏职业情感和责任感,价值取向功利化、世俗化。另一方面,在校期间,部分医学生中重利轻义、重智轻德的现象越来越多。具体而言:医学生职业道德存在以下问题:

1. 部分医学生对学医目的不明确,职业理想教育需要加强

医生是一种特殊的职业,服务的对象是"处于相对弱势"下的病人。医生的处置决定,直接关系到病人的安危。这就要求每个学医之人,都必须树立"救死扶伤"、"治病救人"的学习目的。只有这样,才能学好医、治好病、当好医生。但目前有相当多的医学生学医动机不够端正。他们有的不是出于自愿,而是受父母之命;有的学医是为了求个稳定的工作和较高的经济地位;还有的学医竟是看中了医生能收到"红包"、"挣大钱"。还有些学生对学校开展的职业道德教育认识不清,认为自己尚无职业,接受职业道德教育是以后工作的事,在校只有学好专业知识才是目的。因此,他们对学校开设的职业道德教育课程重视不够,对学校组织的职业道德实践活动出现走过场现象,直接影响到职业道德素质的提升,致使部分学生价值观扭曲,自私自利,损人利己,诚信度低,考试作弊,抄袭毕业论文,与医学生的高尚品德格格不入。

2. 受医疗卫生界不正之风影响,部分医学生道德观念滑坡

当前在医疗卫生界最大的不正之风莫过于医生收受患者或家属的"红包"。再有就是给病开大处方、让病人接受与治疗无关的多项检查,甚至还有因为医务工作者疏忽大意导致病人致死致残。对这些丑恶现象,大部分医学生是深恶痛绝的。但也确有少数医学生对这些不正之风不是反感,而是羡慕;不是谴责,而是附和。他们认为,病人给医生"送红包"、请吃饭、送礼品是人之常情,是病人及家属对医生优质服务或超额劳动的报酬;还有的学生认为,医生给病人多开药、多做检查也是迫不得已,在市场经济条件下医院和医生也要追求个人的经济利益。这些奇谈怪论足以说明当前的医学生职业道德教育面临着严重的危机,必须要引起医学教育界的足够重视。

3. 部分医学生不遵守职业道德,出现违规行为

当前医患矛盾比较突出。能否坚持把病人的利益放在第一位,是对医生,包括对医学生最基本的道德要求。但令人遗憾的是,有相当数量的医学生还做不到这一点。这突出反映在医学生在实习期间的表现上。有的学生对医院的规章制度不能严格遵守,经常迟到早退,以至影响到对病人的治疗;有的学生为了提高自己的临床经验,反复给病人检查;有的学生对病人不能一视同仁,对贫困患者态度生、冷、硬;等等。有些实习生在医院实习,服务态度不好,服务质量不高,不善于与患者及其家属沟通,缺乏基本的人文关怀和道德修养,造成医患关系紧张,甚至有极个别实习生对医院出现的某些不正之风存在从众心理,收受病人"红

包",给医院造成不良影响。

拓展阅读

医学教育瘸了"人文"这条腿[①]

最近,中国协和医科大学出版社社长袁钟有些疑惑:一位急诊科的年轻医生刚和病人说了三句话,病人就要举手打他。"为什么一些医生连话都不会好好说了呢?"

这还算不上厉害。过去一年,以同仁医院医生被砍为代表的恶性事件频发,昭示着医患之间的矛盾已深入骨髓。人们开始反思,是什么让本是"同盟军"的医生和患者同室操戈?医科学生的人文教育由此成为医学和教育界最受关注的话题。

"医疗卫生有时是治愈,经常是帮助,却总是抚慰。唯有在医学教育中深植人文精神,手术刀才会闪出温暖的光芒。"袁钟对中国青年报记者说。可是,曾为中国协和医科大学校长助理的他也知道,当下一些学校医学教育的薄弱之处恰恰也在这里。

校园里人文课程成"走过场"

哈尔滨医科大学的一项研究发现,国内医学专业人文课程的课时数占总学时8%左右,而美国、德国多达20%～25%,英国、日本约为10%～15%。这份调查还显示,当下国内一些医学院校人文社会科学的课程设置较混乱,不仅开设的课程门数少,学时也少。

在这一点上,刚刚经历了2012年研究生入学考试的武汉某高校临床专业大五学生龙飞湖有切身的感受。龙飞湖告诉记者,他所在的高校培养方案上称"要将思想品德和职业道德考核放在首位,注重学生综合素质的培养与考核",但在日常的学分选修学习中,感受到的却是"培养重技术不重人文"。龙飞湖本科的学制是国内医学教育中较为普遍的五年制。按照培养方案,5年内该校临床医学的学生毕业学分要达到185学分,必修课共开设50门,共计162学分。在这些必修课中,大多是人体解剖学、内科学、外科学、生物化学等专业类基础医学或临床医学的课程,以及英语、数学、物理等公共基础课和与各种专业理论课相对应的实验课程,龙飞湖经常和同学感慨,"除了英语和政治,没有一门课是有关人文通识或医德教育的。"

近5年来,龙飞湖只选修过一门和医德相关的课程——医学伦理学。这还是一门选修课,1.5个学分。院方要求本科生的选修课达到20学分,其中,通识课12学分,专业基础课2学分,专业课6学分。这意味着,本科阶段,龙飞湖选修和人文有关课程的学分还占不到总学分的1%。浙江某知名高校医学院毕业生白俊翔有着类似的感受。白俊翔发现,同学中选修医学伦理课这门"大课"的并不多,一个能装下300人的阶梯教室只坐了一半,而听课学生的数量,则从学期开始的一半逐渐减少。他还记得,人最少的一次,任课老师对前来听课的学生说:"今天我不点名了,你们自己挨着报名字就可以。没报上名的都算旷课。"

"这些课有时很无聊。"白俊翔告诉记者,头几节课,他听到任课教师谈起当下医患纠纷事件时会竖起耳朵听,但到后来,老师的讲课越来越偏重说教,"一上来就告诉我们不要收红包,要好好练本领,对得起这个患者,对得起那个家属……"作为医科生的他听到这些"脑子

---

① 摘自《中国青年报》2012年2月7日第3版。

就大",便偶生逃课的念头。

大三时,白俊翔所在的医学兴趣社团做了一个针对临床专业大五学生医德教育情况的调查。结果显示,有29%的学生认为课程缺乏体系,与专业课的关联性较低;有33%的人认为意识形态的教学内容较多,理论联系实际的较少;另有16%的人认为课程之间的交叉融合较少,实用性不强。

都忙论文去了,谁还管人文

一些学校医学人文教育的缺失仅是一方面。"医德的教育与传承更多地在医院这样的社会课堂上断了线,没有人,也没有环境给年轻的医生讲'医乃仁术'。"一位急诊科主任对袁钟说。

事实上,医院的考核内容在一定程度上决定着医学院的教育方向。

当前,不少医院虽然有相应的医务工作者医德考评制度。"但多是摆设。"首都医科大学教授李方正(化名)说,很多医德考评由自我评价、科室评价、单位评价三部分组成,但仅从这三部分考核来看,"自己不给自己说坏话,科室同事彼此之间不说坏话,不了解具体情况的单位领导则只盖个章",缺乏患者评价的医德考评很难具有可信度。

"即便是有较为真实的医德考评,也未必能倒逼医德的进步。"丁香园创始人李天天对中国青年报记者说,这一问题的症结在于当下的医院管理制度。常和一些三级医院打交道的他说,国内不少医生只有三分之一的时间来看病,另外三分之二的时间多用来搞科研和教学,"不能全身心地投入到医疗卫生之中"。

一位三甲医院的老教授告诉李天天,他每天除了8个小时临床诊断、预定手术的上班时间外,其他大部分时间都放在文献阅读上。这位老教授说,"他每个月要读一百篇全英文的论文,平均一天三四篇,一篇读下来,一个小时都算快的"。

李天天告诉记者,在公立医院中,院长之间比拼的一是论文发表的数量,二是医院当年的收益。前者是看院内的医生能发表多少篇论文,后者则通过每个科室的"翻床率",即一年能看多少位病人来计算。医院院长通常会把科室主任叫到办公室,单独分配任务,"你们去年是100万,今年就150万吧,多了? 130万。"科室主任还要当着院长的面签下责任状,"如果完不成创收任务,下一届主任就不要再干了"。

"如果花上30分钟看一个病人,医生和病人都愿意,但是,谋求创收利润的医院领导不乐意。"李天天感慨,医生看病渐渐取代看人,看病则成了出效益的流水作业。这也是医德教育难以开展的原因所在。

人文这条腿瘸不得

袁钟认为,一段时间以来,医学院校的人文教育和医院层面的治疗成了两张皮。在不少医生和医学生眼中,医德在实际医疗卫生工作中作用不大,于是,学生不爱学,老师也不好好教。

这实际上是一个误区。袁钟说,医德对于实际的医疗卫生工作有着至关重要的作用,医学界的一句名言"医疗卫生有时是治愈,经常是帮助,却总是抚慰",便是最好的佐证。当然,"有说服力的医德教育并不是单纯地说教,更是要在医疗卫生工作和实践中进行"。

"一次见证死亡的经历就够了。"进入浙江某三甲医院工作后,白俊翔有了新的感受。当他看到病人在自己眼前死去,才知道医生的担当何在,尤其是他在重症监护部门轮岗的那段时间,更是了解了医生在患者心中的地位。

一个医科学生曾对全国政协委员、吉林大学医学部博士生导师迟宝荣说,尽管在临床技能中心的模拟人身上做过多次训练,但是当他第一次走进病房碰到"活人"仍旧十分紧张,结果额头上的汗都滴到病人的肚子上。病人擦了擦肚子上的汗,递了纸巾给他,这位学生竟未能察觉。当病人第二次把纸巾举到面前时,他才反应过来。

后来,这位学生才知道,多亏自己进门时对病人说的那句"我是实习医生,做检查的时候如果您有什么不舒服,请告诉我"。病人对他的紧张不仅没有反感,还不停安慰他说,"小伙子,别着急,慢慢来。"

另一位实习医生的经历更是让迟宝荣记忆犹新。这位学生要照看的是一位眼睛失明的农民老伯,做超声波检查时拄着拐杖,每次都需要人搀扶,这次,轮到了这位学生。检查结束后,老伯对他说了一句,"小医生,你的手很温暖。"这一句看似冷不防的话,让这位学生差点哭了出来。因为整个检查过程中,他除了一直牵着老伯的手,扶着他以外,"我什么都没做。"原来,医生的任何一个小动作,都会对患者的心情乃至治疗产生影响。

"缓解医患矛盾,关键在于沟通。"迟宝荣告诉中国青年报记者,要让医生和患者形成良性的沟通,需要医生具备两个条件:一是过硬的专业技术;二是良好的职业道德。尤其是后者,医科学生要通过实践中的医德教育来领会,实习时,除了注重临床实践,还要通过切身经历来感受沉甸甸的医德,以及"手术刀"的责任。

二、提升医务工作者职业道德的途径和方法

提高医务工作者职业道德的方式有很多,既需要外在的推动和约束,也需要医务工作者自我主观的努力,多管齐下,才能取得较好效果。

(一)建立医风医德考评制度和监督反馈机制

成立考评小组,制定出考评内容标准,进行不定期的考评,主要考评医疗质量、服务态度、坚守岗位、履行职责、收受钱物等方面的情况,建立医德医风档案。每年对医务工作者进行1~2次的集体综合考评,将考评情况装入档案,把考评结果公平、公开、公正地向群众公布,与职称晋升、调整工资、表彰先进挂钩,使得好的及时受到表彰,有问题的及时处理,达到激励先进、教育大家的目的,使医疗卫生事业健康有序地发展。

接受人民群众监督,建立院内、院外监督员制度,采取走出去、请进来的方式,听取意见,设立举报箱、举报电话,建立接待日制度,把人民群众的意见集中进行处理,针对存在的问题,制定相应的措施,做到定时间、定人员落实整改措施,对违纪的人和事,按情节轻重及时做出处理。

(二)建立完善的法律法规来规范医疗活动

对于目前普遍存在的不良医德医风现象,还没有一个系统的完善的法律法规来进行约束,普遍是行为自约和自律。部分医务工作者缺少法律知识,对从事医疗活动中的违法犯罪行为认识不够,以致违法后才认识到后果,所以必须大力普及法律知识教育。另外,也应该加强立法,保护医务工作人员从事医疗活动的正常运作,减少社会上越来越多的如殴打医务工作者,打砸破坏医院设备的情况发生,建设和谐的医、药、护、患关系,建设医德医风,营造一个良好的社会环境。

(三)提高精神境界,努力做到"慎独"

慎独是在没有外界监督的情况下,自觉遵守道德规范,不做任何对国家、社会和他人不道德的事情,它是一种重要的道德修养方法,又是一种崇高的道德意识的体现。

慎独是儒家提出的一种道德修养方法,儒家认为,君子在别人看不见的时候,总是非常

谨慎，在别人听不到的时候总是十分警惕，从最隐私处最能看出人的品质，从最微小处最能显示人的灵魂。所以，越是独自一人，没有监督时，越要小心谨慎，不做违反道德的事情。

一个人要真正做到慎独是很不容易的，需要经过长期的艰苦的自我锻炼，要时时处处严格要求自己。培养慎独精神要在隐藏和微细的地方下工夫，大处着眼，小处着手，防微杜渐，还要特别重视自制能力的培养，随时用职业道德规范严格要求自己的行为，始终如一地坚持自己的职业道德信念。

道德修养，根在实践，贵在自觉，重在坚持，难在"慎独"，只浮在表面，不亲自参加实践，或者缺乏应有的自觉性和主观能动性，不能持之以恒，其结果必然是一无所获，职业道德修养也难以形成。

（四）加强医学生职业道德教育

1.加强课堂中的职业道德教育

将大医精诚、医者仁心的"仁"、"爱"精神融入教学的各个环节，对护理专业的学生要培育细心、耐心和爱心，对临床专业学生要注重对生命尊重、对患者尊重的一心赴救的医学生伦理道德的培养，让药学相关专业学生在实训、见习、顶岗实习过程中，体验"用心做药、造福社会"的企业价值理念，形成严格按规程和标准办事，严肃认真、一丝不苟的职业规范，培养对患者健康负责的高度责任感，培养赤诚济世、仁爱救人、清廉正直、诚信奉献的药学道德。

2.加强职业实践教育

利用寒暑假组织学生深入医药医疗卫生行业，了解医药医疗卫生行业的发展前景、所取得的成就、行业对人才的需求以及行业技术人员的素质要求等情况，精心设计和组织医学生开展"医疗卫生下乡"活动，为贫困地区村民送医送药，为福利院孤寡老人、残疾儿童做健康体检活动，等等。有利于医学生正确认识所学专业的社会价值，明确自己将来所要担任的社会角色，能够促使其更好地投入专业知识学习，以自己所学实现自我价值。根据医学生将来的职业特点，在实习阶段，强化医德教育。一是以"健康所系，性命相托"医学生誓言为准则，对医学生进行生命观的教育，强化"救死扶伤，实行人道主义"的道德规范；二是针对市场经济条件下，医药单位出现的某些金钱至上的不正之风，对医学生进行义利观教育；三是结合医院行风建设，加强学生服务意识和文明礼仪教育；四是以医院医务工作者严谨的工作态度，高超的医疗卫生技术，精益求精的追求为学习榜样，对医学生进行爱岗敬业教育。

3.加强自我教育

引导大学生自觉联系自己的择业求职实践，严格解剖自己，克服缺点错误，通过不断地自我调节、自我激励、自我管理和自我修养，逐步达到自我完善。加强自我教育，激发学生自我教育潜能，更能使学生把一定的道德要求内化为自身的需要，变成自己的行动。

第三节　职业理想与职业评价

一、职业理想

职业道德和职业理想密切相关，职业理想为职业道德建设提供强大动力，只有具备职业理想的人,才会在职业生涯中爱岗敬业,精益求精,才会养成良好的职业道德。大学生要不断明晰和坚定自己的职业理想,确定自己的奋斗目标,执着于美好未来的追求,实现自己的价值。

（一）职业理想的内涵

理想是由社会理想,生活理想以及职业理想组成。社会理想是指一定社会阶级或个人对未来社会制度和政治结构的追求、向往和想象。道德理想是指人们对未来道德关系、道德标准和高尚人格的向往和追求。生活理想是人们对未来美好的物质生活、精神生活和家庭生活的向往和追求。而职业理想是人们在职业上依据社会要求和个人条件,借想象而确立的奋斗目标,即个人渴望达到的职业境界,是个人对未来职业的向往和追求。它建立在显示可能性的基础之上,同具体奋斗目标相联系,在追求社会对劳动认可的同时,它也追求个人美好的幸福生活。

职业理想具有差异性。职业是多样性的。一个人选择什么样的职业,与他的思想品德、知识结构、能力水平、兴趣爱好等都有很大的关系。政治思想觉悟、道德修养水准以及人生观决定着一个人的职业理想方向。知识结构、能力水平决定着一个人职业理想追求的层次。个人的兴趣爱好、气质性格等非智力因素以及性别特征、身体状况等生理特征也影响着一个人的职业选择。因此,职业理想具有一定的个体差异性。

职业理想具有发展性。一个人的职业理想的内容会因时因地因事的不同而变化。随着年龄的增长、社会阅历的增强、知识水平的提高,职业理想会由朦胧变得清晰,由幻想变得理智,由波动变得稳定。因此,职业理想具有一定的发展性。

职业理想具有时代性。社会的分工、职业的变化,是影响一个人职业理想的决定因素。生产力发展的水平不同、职业理想社会实践的深度和广度的不同,人们的职业追求目标也会不同,因为职业理想总是一定的生产方式及其所形成的职业地位、职业声望在一个人头脑中的反映。

（二）大学生职业理想的特点

1. 职业理想的特点

大学生是一个文化层次较高的青年群体,他们对未来职业充满理想色彩,当今市场化和全球化信息化的独特背景使当代大学生的职业理想具有以下特点:

（1）社会多元化的现实为当代大学生的职业理想追求提供了更加广阔的思路。当今的时代,世界多极化,经济一体化,文化多元化,价值多样化,这种趋势日渐增强,成为时代潮流。中国与世界不再隔绝。多元化时代,多元化社会,给大学生的理想追求,提供了前所未有的广阔思路和选择空间。又因为中国的计划生育政策的普及,当代大学生大多数都是独生子女。随着物质生活的大幅度提升和父母长辈的多方宠爱,当代大学生相比 20 世纪五六十年代或七八十年代的大学生,幸福地在"蜜罐"中成长,享受了更多的来自社会与家庭的关爱。

正因为如此,当代大学生身上的劳动意识,吃苦勤奋,朴实节俭,团结合作等品性,存在着不同程度的缺欠。当代大学生,其理想追求比较普遍,是从"张扬个性","实现自我"的角度切入的。大学生的人生目标的选择,自然呈现多方位的特点。还由于社会职业的供求的不平衡,竞争也日益剧烈,在理想追求的进程中,常常伴随着浮躁,焦虑和急功近利的心理特征。

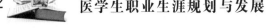

（2）事物多层次的规律，为大学生的职业理想选择提供了更加自由的空间。

人生理想的各个层次是互相联系，互相影响，互相制约的。在理想结构中，社会理想属于理想的最高层次，起着主导和支配的作用，它是一个人全部理想的核心。理想的多层次性，为大学生职业理想提供了自由的空间。

一个人是不是从事着自己喜爱的职业，他是不是把自己的工作看作是自己人生理想的实现？如果当一个人从小热爱一种职业，并树立起对它的理想追求，那么，在他长大成人之后，终于能够从事这项工作时，或许会保持一种较高的职业理想追求，因而具有较好的职业道德。但在很多情况下，我们是被动地选择自己的职业，或者是由自己学习的专业限制了职业的选择，这就在某种程度上是自己的理想与职业发生矛盾。如何树立正确的职业理想，如何适应社会主义经济发展的需要，发挥自己的才能，就成为一个重要的问题。

2.树立正确的职业理想观

大学生在选择职业前，一定要树立正确的职业理想观，这将会对正确地选择职业、建立高尚的职业道德，起到不可估量的作用。

（1）大学生在进行职业选择前，一方面受所学专业的限制，因为自己的职业理想与所学专业矛盾而放弃对理想的追求；一方面没有亲身实践，对职业理想依然停留在纯"理想"的限度内。因此，要突破职业理想的狭隘含义，把从事任何一种工作的意义与国家的未来、人民的希望联系起来，从一个崇高的境界去确立自己的职业理想。

（2）大学生应该把专业理想与职业理想合理地统一起来，使专业知识的增长与职业理想的提高，相得益彰，共同进步，这样一方面能使专业知识在适合的工作岗位上发挥作用，一方面又把自己的职业理想建立在专业工作上。

（3）要树立吃苦耐劳、工作在前、享受在后的品格，到祖国最需要的地方去。事实上，只有在火热的生活中，你的职业理想才能得到最完美的实现，只有在祖国最需要的地方，你的专业才能发挥出最大的作用。

3.正确处理职业理想与现实的矛盾

有人说，现在找工作赚钱就行，尤其是在就业形势非常严峻的情况下，没有必要再谈职业理想了。这种看法是不对的。实际上，在任何情况下，一个人都应该有一个长远而又切实的职业理想。

在实际生活中，现实往往与职业理想发生矛盾。很多人不能按照自己的理想标准选到合适的职业，于是有的人索性不就业，坐等理想职业的出现；有的人随便谋个有收入的职业混日子；也有的人对与自己的职业理想不相符的工作怨天尤人，无所作为。这些现象发生的根源，皆在于择业者没有能正确认识职业理想与现实的关系。

其实，在大学生毕业后的头两年，大多数人都会感觉到现实与自己职业理想的落差非常大，这段时期被我们称作"职业探索期"。在这段时间里，职业理想与现实发生冲突非常正常。我们应该用这段时间积累经验，同时通过增加对自己兴趣、能力等各方面的认识调整自己的职业理想，积极寻找机会，从而为自己的长期发展奠定基础。

对于即将毕业的大学生来说，职业理想与"饭碗"的矛盾更会经常发生。这种现象一旦发生时，既不要怨天尤人，也不要心灰意冷，而是要冷静地看待。

（1）要认真地分析一下自己的职业理想定得是不是脱离实际、过高；自己的职业素质符合不符合你所选择的职业要求。职业理想虽然因人而异，没有绝对的标准。但是，有一点必须指出的是,理想职业必须以个人能力为依据,超越客观条件去追求自己的所谓理想,是不现实的。这就要求大学毕业生在选择职业之前一定正确估价自己,给自己一个合理的定位。

(2)我们把职场分为"天堂团队"、"人间团队"、"地狱团队",很多人以为不能进入"天堂团队",就是不理想的。实际上,很多真正有能力的人是从"人间团队",甚至"地狱团队"走出来的。因为当一个人的职业生涯并不是一帆风顺的时候,往往反而可以使一个人的多方面能力得到更好的锻炼。

(3)要懂得职业理想不等于理想职业。一般认为当个人的能力、职业理想与职业岗位最佳结合时,即达到三者的有机统一时,这个职业才是你的理想职业。只要你的职业理想符合社会需要,而自己又确实具备从事那种职业的职业素质,并且愿意不断地付出努力,迟早会有一天实现自己的职业理想;而理想职业却带有很大的幻想成分。

(4)如果你所选择的职业岗位已无空缺,而你又需要立即就业,那就先降低一点自己的要求。因为如果没有工作,即意味着没有实现职业理想的可能。而就业以后,可以在主观的作用下向自己的职业理想靠近,例如对自己的兴趣、爱好进行一定的调整。

二、职业评价

职业评价一定程度上影响从业者的工作热情和职业忠诚度。评价高的职业,希望进入此行业的从业者众多,工作起来有干劲,反之,则可能懈怠、三心二意。正确的职业评价观,对职业态度和职业道德具有重要影响。

(一)职业评价的内涵

职业评价是指人们根据自己的价值观,对社会各种职业的好坏、优劣和重要性方面的一种判断。职业选择是指人们受到主体需求动机、自身条件制约,既要考虑职业的声望、地位、社会意义、经济报酬、劳动强度、晋升机会,也要考虑自身的才能、兴趣、爱好等,是一种从主客观多方面进行综合考虑后做出的实实在在的价值判断。

职业评价的一个标准就是什么样的职业生涯是成功的,很多人(尤其是年轻人)都会认为,职位高、挣钱多、权力大就是成功,这在一定程度上反映了当今社会对职业成功的普遍评价标准,即以职位的晋升速度和频率,以及相应的待遇变化作为标准。

职业成功标准的变化,是目前中国人的职业生存方式发生的重要变化之一。传统的职业生涯成功的标准是沿着金字塔式的组织结构向上爬,担任更高的职位,承担更多地责任,获得更多的物质财富。但是人们越来越感到这种职业生涯目标的实现,不仅受个人自身努力的影响,还受到组织发展的制约。为了应对激烈的竞争,组织常常采用结构扁平化和降低劳动力成本的策略,只是组织能够提供给雇员的实现职业成功的资源越来越少,很多人过早进入了职业高原区而无法向上升迁,这给越来越多的人带来了职业上的挫败感,加大了人们的职业压力。

在这种情况下,职场上成长起来的新一代,职业成功的标准发生了很大的变化,他要么更多地强调职业生涯的目标是心理成就感,他们对地位并不十分看重,但希望工作丰富化,具有灵活性,并渴望从工作中获得乐趣。与传统职业生涯目标相比,心理成就感更大程度上由自我主观感觉认定,而不仅仅指组织对个人如晋升、加薪等的认可。

成功的判断标准应该多元化,关于成功,英国思想家塞克斯的经典论述:"成功没有秘诀。成功是做你应该做的事情。成功不是做你不应该做的事情。""成功是发现你最佳才能、

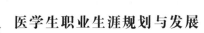

技巧和能力,并且把它们应用在对旁人做最有效的贡献的地方。""成功是把自己的心力运用在你所爱做的工作上面。它是指一个人热爱自己的工作。它需要你全神贯注于你生活中的主要目标。"

目前,国际上公认的成功的定义是:实现自己有意义的既定目标。成功的实质是自由。凡是成功者,其生存空间、意志范围必然扩大,可支配、操纵的物质或知识更多。

对成功自由度作一个最通俗的注解:当你想当的人,做你想做的事,去你想去的地方,说你想说的话。

(二)正确面对职业评价

什么是职业成功? 很多人会说:"职位高、权力大、挣钱多。"这种以待遇和权力作为单一标准的职业成功观,是否反映了职业成功的本质? 国际上公认的成功的定义是实现自己有意义的既定目标。成功的实质是自由,凡是成功者,其生存空间、意志范围必然扩大,可支配操纵的物质或知识更多。

职场成长起来的新一代,职业成功的标准发生了很大变化,他们更强调的是心理成就感,他们对地位不是十分看重,但希望工作丰富化,具有灵活性,并渴望从工作中获得乐趣。

1.单一成功观及其局限

市场经济时代,财富的多少和职位的升迁以及地位的高低,成为人们衡量职业成功的重要指标,应该说是一种正常现象,但若以这种单一的标准来衡量职业成功,会有怎样的后果和影响呢?

(1)让个人造成不可避免的职业挫败感。众所周知,绝大多数的组织的职位通道是金字塔形的,越向上走,职位越少、晋升越难。这就意味着只有少数人能站到金字塔的上层,大多数人无论怎么拼搏还是只能处于塔基部分。因此,如果仅以职位晋升衡量职业成功与否,那就可以说大多数人都是失败的。这必然造成许多人心理上的挫败感。

(2)对医疗卫生机构和社会产生不利影响。医疗机构大多数人不可能担任单位的领导,如果绝大多数员工认为自己的职业生涯是失败的,那还怎样指望大家发挥主观能动性、积极进取、开拓创新呢? 同样,如果大家秉持这样的职业成功观,对于医疗卫生机构来说,帮助那些职业通道受阻的员工规划他们的职业发展道路,也将是一个极大的难题。推而广之,如果一个社会绝大多数人都是心灰意冷的失败者,社会的安定又从何谈起? 那将是一件多么可怕的事情!

(3)如果将职业成功定位为职位晋升,那么为达到成功肯定会有不少人使出浑身解数,努力进取的正当手段也就罢了,就怕有些人为了所谓的成功而放弃最起码的做人原则,使出拉帮结派、钩心斗角、行贿送礼等烂招。这样的话又怎能使组织团结协作? 又谈何团队建设?

尽管存在这么严重的后果,但无论在企业管理者还是员工中,持这种职业成功观的人仍不在少数。某医药集团近期准备实施员工职业生涯规划的项目,人力资源部为了顺利导入观念,特请专家进行一次职业生涯规划的培训。通知要求全体员工都要参加培训,但实际到了培训的当天,参加者却是年轻员工多,年长员工少。事后了解得知,一些40多岁的员工都很消极地说:"我们这么大把岁数不可能再规划什么了,还参加这个干吗?"这或许是当今社会不少人无奈的想法。面对许多招聘条件中要求的"35岁以下",有些人甚至说"到了35岁,职业生涯就走到尽头了"。好像到了35岁,如果还没有被提拔到管理岗位或者自己还没开始创业,职业生涯的道路就漆黑一团了。其实,这也是官本位的职业成功观惹的祸。

上述一元论的职业成功观应该说有很大的局限性,它的弊端如前所述是显而易见的。因此,应当提倡职业成功观的多元论,要从评价标准、评价阶段和评价者等几个方面的多元化去衡量职业的成功与否。

2.多元化的职业成功观

世上并不存在人人适用的唯一的成功标准,自然也就不存在唯一适用的职业成功标准。前文所提目前许多人的成功标准集中指向财富、地位等,其实这也正是阶段性的标准。随着改革开放的深入,国家经济、文化的繁荣发展,国民的价值观必将逐步走向多元。

国外许多学者都就职业生涯成功的多样性发表过众多论述,其中米歇尔·德维(Micheal Driver)将职业成功定义为四种类型,包括:

攀登型:这种类型的人认为职业成功是螺旋上升和自我完善的过程;

安全型:这种类型的人需要长期的稳定和相对不变的工作认可;

自由型:这类人视职业成功为经历的多样性;

进取型:这类人视职业成功为升入组织或职业较高的阶层。

可以看出,不同类型的人所追求的职业成功标准是不一样的。每个人都应该对自己的职业生涯成功明确自己的定义,建议大家从以下几个角度去考虑:

(1)身心健康,品德高尚。"身心健康,品德高尚"看起来好像和职业生涯没有直接的联系。但是相信大家曾不止一次地听到这样的案例:一些成功的经理人或专家,在正直壮年且处于事业巅峰之际,却英年早逝。这不能不说是极大的憾事。因此,身心健康不仅是职业成功的必要条件,甚至应作为职业成功的评价标准之一。清华大学有一句口号:"为祖国健康工作50年!"工作前面加上"健康"二字非常必要。至于说到品德高尚,也许有人觉得标准太高。但这正是一切成功的前提条件和衡量标准。一个职业成功的人如果不是一个品德高尚的人,那他就不会得到他所处社会的认可,这只能是一种一厢情愿的成功,而不是真正的成功。

(2)家庭和睦,人际和谐。美国前总统里根先生曾说,人最要紧的是生活。而生活中又以家庭生活为第一要位。这是大自然进化的规律,越高级的生活,围绕家庭生活的分量越重。谁也不能否认职业生涯的每一个发展阶段都与家庭息息相关。寻求职业与家庭的平衡是每一个职业人所希求的。

麦考林国际邮购公司CEO顾备春先生曾说过这样一段令人感动的话:"其实,成功与否、钱多少、职位高低并不是主要衡量标准。一定还要有家庭、生活的成功。到今天,我认为那个正在母腹孕育的孩子,才是我30多年最大的成功。那天,陪太太做孕前检查,看到B超中小生命在动,真是感动极了。"试想以牺牲家庭和谐为代价的职业成功,又怎能算作真正的成功。

(3)胜任工作,取得业绩。胜任工作看似简单,实际做到却不容易。尤其是随着企业发展,工作要求不断变化,需要工作者不断调整以跟上职位的需求。取得业绩看似较难,实际操作起来也是可行的。只要按时、按质完成本职工作,就是一种业绩的表现。

但是胜任工作、取得业绩不代表就会取得职位升迁。例如一个火车司机,他的职业成功可以体现在长期坚持安全、正点地将乘客或货物运达指定地点,而不是当上铁道部部长。

这个标准还蕴藏着一层含义,即对所从事职业的兴趣。如果工作对于个人已毫无兴趣可言,就很难做到不断自我调整以胜任工作。

(4)发挥潜能,自我超越。职业成功还有一个重要的衡量标准是个人潜能是否得以充分发挥,能否不断超越自我、满足自我实现的需要。

马斯洛的需要层次论是大家所熟知的。马斯洛的贡献不仅是将人的需要分层,更重要的是发现了"自我实现这样的高级需要也是与生俱来的"这一规律。婴儿第一次吸吮到乳汁的快乐就是自我实现的体会。在工作中发挥潜能、不断自我超越也是一种自我实现。从事任何职业的人都有自我实现的需要,不仅仅是管理层,每个基层工作者也是一样的。例如刚参加工作的新人,希望提交的方案得到上司的认可;工作多年的库房管理员也会发现更省时节能的办法以提高工作效率。

职业成功就是提高每个人的需要满足度的过程,尤其是高级需求。可以这样理解,一般人的生存需要满足度如果为85%,职业成功者的生存需要满足度可能达到90%,甚至95%;一般人自我实现需要满足度如果是10%的话,职业成功者的自我实现需求满足度可能达到30%、50%或者更高。

作为未来医疗卫生产业的从业者,大学生应对自己的职业成功负起责任来,首先调整好心态,不人云亦云,切实搞清各阶段自己需要的是什么,明确目标,稳步迈进。在该积累的时候,充实自己;在该承担责任的时候,勇于担当;在该跟上的时候,紧紧跟随时代的脚步。要兼顾家庭和工作的平衡。另外,还应在做好本职工作基础上,发挥潜能,超越自我。正如一位诗人所言,"如果自己不是一棵参天大树,那就做一棵小草吧,但一定要做最碧绿茁壮的那一棵!"

 拓展阅读

获得职业成功需要做到的几个方面,你具备吗?

1.坚持学习,积极向上,能不断接受新的想法和观念

无论是处在职业生涯的探索期、发展期和衰退期,无论是刚毕业的学生,还是要退出职场的老人,坚持学习非常重要。一定要维持创新的思想,能主动接受各种新的想法和观念,在思想和工作方式等方面不断创新,避免变得固执和死板。

2.有耐心,为了目标能投入时间、金钱、人力和物力等

耐心,但不能太谨慎,太谨慎使你不敢行动。然而也不能太急躁,太急的话容易缺少积累和准备,不能成功。工作发展上,应该有明确的目标和计划,并做一些准备,有准备才能有更好的发展。

3.快速行动起来,而不仅仅是想象

有些人想法很多,想干这个想干那个,但没有努力和行动,而且有些想法是不切实际的,只是在想象,结果过了大半辈子,还是在不停地想象和抱怨。

4.能克制自己的欲望,不能放纵自己

有很多人很"随性",希望能按自己的想法做事,不能很好地约束自己。其实,既然是社会人,当然受到了很多客观环境的约束,一个成功人士应该能理性地克制和约束自己的各种欲望,不能放纵自己。

5.做事能循序渐进,有条理

一个成功人士应该能很好地进行时间管理和计划管理,如果不能很好地做到这些,那他的工作和生活可能会很糟糕,自己似乎是救火队,很忙乱。

6.遇事不犹豫,不恐慌,能从容应对

这其实也是人如何面对各种突发事件,考验人的抗压能力和心理承受能力。如果在应对突发事件时,非常慌张和恐惧,那必然不能有效地应对各种情况。

7.执着,具备一定的能达到目的的信念

人一生都是在挑战自己,既然是挑战必然会遇到很多困难。然而有些人非常脆弱,经不起困难和挫折。职业生涯的成功需要执着的态度,能坦然面对各种困难,不断迎接挑战,那才有可能走向成功。

8.不断总结错误,使自己不断提高

人们常说"人无完人""人应该避免犯同样的错误",犯错误是正常的,但应该不断总结错误,提升自己的能力,避免犯同样的错误。

9.正确的职业定位,不断掌握与职业目标相关的知识

如果你掌握很多知识,但不是围绕你的核心目标,或许你会浪费很多时间和精力,你需要围绕目标,去积累和提升。

10.良好的人际关系

获得成功的人一定是建立在良好的人际关系基础上的,待人不卑不亢。低调做人你会一次比一次稳健,高调做事你会一次比一次优秀。有望得到的要尽力,无望得到的不介意。良好的周边人际关系,让你拥有更好的职场资源和成功的基础。

最后,再累也要爱自己!

 思考题

1.如何准确把握医务工作者职业道德内涵?

2.医务工作者职业道德现状如何? 怎么样改变现状?

3.医务工作者职业道德有效提升的路径有哪些?

4.你如何看待医生这个职业?

附录 Ⅰ

医学院校毕业生的主要职业环境举例

　　麦可思按国际标准(世界银行开发的 O. Net 系统),通过五年全国大学生就业跟踪调查的修正和本地化,开发了中国职业环境系统(COIN),该系统包括三维职位信息:职位特征、任职资格要求、任职者属性要求等。具体内容为:职业描述、工作内容、工作方式和环境、职位所需使用的现代技术工具;任职者必备的职业技能、知识、智体能力以及职位的任职资格;工作要求具备的性格、职业兴趣、企业氛围、工作价值观等总共 12 项分类信息。

　　需要注意的是,该职业环境系统作为通用的标准,高校在使用该职业标准的时候,应结合本校毕业生就业的主要行业和用人单位特点,进行相应的走访、调研、修正,比如:对重要性排序的调整,采用更贴合实际的举例,等等。以下职业环境仅供参考。

附表(1)　传染病学者的真实职业环境(2012 版)

一、职业描述

　　传染病学者:调查并描述导致疾病、残疾及其他健康问题的决定因素和分布情况,制定预防措施和控制方法。

二、从业者的工作要求

TOP5	主　要　任　务
1	监督公共健康项目,包括:统计分析、医疗保健计划、监督系统和公共健康改进项目。
2	研究疾病或寄生虫以便确定其诱因、风险因素、演变过程、生命周期或传染方式等。
3	计划并指导研究以便调查人或动物的疾病,落实预防办法和治疗方法。
4	与卫生部门、行业人士、医生和其他人士协商,计划、管理并评估卫生安全标准和方案以改善公共卫生状况。
5	为研究协议书和健康状况调查表的样本选择和分析的设计、管理和评估提供专业技术。

TOP5	工作要求具备的主要技能	举例说明
1	基本技能——积极学习	例如:理解一条新闻的启示。
2	基本技能——有效的口头沟通	例如:能快速了解患者的病情。
3	基本技能——科学分析	例如:进行常规体检化验来判定健康状况。
4	基本技能——学习方法	例如:从他人那里学到完成任务的不同方法。
5	基本技能——积极聆听	例如:听懂患者的需求。

TOP4	工作需要的知识	具体的知识结构
1	中文语言	关于汉语言结构和内容的知识,包括词的意义和书写、构成规则和语法。
2	数学	关于算术、代数、几何、微积分、统计及应用的知识。
3	生物学	关于植物和动物有机体、组织、细胞、功能、依赖性、互为影响以及与环境之间的关系等知识。

4	计算机与电子学		关于线路板、处理器、芯片、电子设备和电脑软硬件的知识,包括应用软件和程序编写。
工作要求的任职资格	**资格分类**		**资格级别**
任职资格——要求相当程度职务准备	总体经验		需要从业者最少具备 2~4 年与工作相关的技能、知识或工作经验。例如:一个会计必须完成 4 年的大学课程并从事会计工作若干年后,才有资格成为会计师。
	在职培训		从业者通常须具备几年的有关工作经验、在职培训或职业培训经历。
	任职资格举例		这个大类中的许多职业都要求从业者与他人协调,负责监督、管理或培训的工作。例如:会计师、人力资源经理、计算机程序员、教师、药剂师。
	教育背景		除个别职业之外,大多数职业均要求从业者具备 4 年的本科学士学位。

TOP5	工作方式和环境		具体要求
1	信函和备忘录		该工作需要频繁书写信函和备忘录。
2	与他人的交流		该工作需要从业者经常与他人打交道(面对面交流,电话联系或其他方式)。
3	精确的重要性		该工作对精确度的要求很高。
4	进行决策的自由		该工作可为从业者提供不受监管的自由决策空间。
5	坐的时间		该工作需要从业者长时间坐着工作。

TOP5	工作活动		具体要求
1	资讯输入		获取信息。
2	资讯处理过程		更新并运用相关知识。
3	与他人互动		与上级、同级人员或下属沟通。
4	工作产出		操作计算机。
5	资讯处理过程		对数据或资讯进行分析。

TOP5	类别	工作要求的智体能力	具体要求
1	认识智能	对问题的敏感度	指出错误或有可能出现错误的能力,但不包括解决该问题。
2	认识智能	归纳推理能力	将零散信息组合从中找到一般规律或结论(包括在看似没有联系的事件之间找出相互关系)的能力。
3	认识智能	会话理解能力	通过倾听理解口头词句所包含的信息和思想的能力。
4	认识智能	口头表达能力	与他人进行口头交流,使其明白自己传达的信息和思想的能力。
5	认识智能	演绎推理能力	将总体规则运用到具体问题中,并据此找出有意义的答案的能力。

TOP5	工作要求具备的性格		具体要求
1	分析思考		要求工作者分析资讯,运用逻辑思维处理工作相关问题。
2	细微观察		要求工作者在工作中注重细节,完美地完成任务。
3	正直		要求工作者诚实,有道德感。
4	协作精神		要求工作者乐于与他人协作,并在工作中表现出和善、合作的态度。
5	可靠性		要求工作者可靠地、有责任感地、值得信赖地履行自己的职责。

三、从业者追求的工作满足

TOP1	职业兴趣	兴趣描述
1	研究性	研究性职业通常需要工作者在工作中注入自己的理念,进行大量的思考。这类职业需要工作者通过研究找出事实,经过思考找出问题所在。

续表

TOP2	工作价值观	价值观内涵
1	成就感	满足此项工作价值观的职业看重工作结果,通过成就感的刺激,使工作者的能力得到最大程度的发挥。相应的前提是才能充分发挥与成就感得到满足。
2	独立性	满足此项工作价值观的职业允许工作者独立工作、独立决策。相应的前提是创造力、责任感以及自主权。
TOP5	企业氛围	具体内容
1	认可	该项工作的从业者因其工作得到认可。
2	工作条件	该项工作的从业者有良好的工作环境。
3	活动	该项工作的从业者随时都很忙碌充实。
4	自我管理	该项工作的从业者在规划自己工作时很少受到监管。
5	责任	该项工作的从业者可以做决策并为其负责。

四、职业招聘广告示例

某医院招聘传染病学家,条件如下:

猪病毒性传染病研究人员

任职资格:

1. 兽医预防学微生物、传染病等相关专业,有从事猪病毒性传染研究经历者优先;

2. 从事猪伪狂犬病、猪繁殖与呼吸综合征、猪传染性胃肠炎、流行性腹泻、猪细小病毒病等分子生物学课题者优先;

3. 有猪基因工程疫苗和猪病毒性常规疫苗的研究工作经验者优先;

4. 学历要求本科。

（数据来源:麦可思（MyCOS)-中国职业信息数据库,http://www.mycos.com。）

附表（2）　放射医疗师的真实职业环境（2012版）

一、职业描述

放射医疗师:按照放射线医师的要求,根据惯例和标准,向病人实施放射治疗。职责包括检查处方和诊断结果,充当医师和辅助护理人员间的协调人员;准备固定器、治疗仪器和保护设备。整理记录、报告和文件。可能需协助完成放射量测定及肿瘤定位工作。

二、从业者的工作要求

TOP19	主要任务
1	按照惯例和常规,使用放射治疗设备对身体某部分进行一定量的放射治疗。
2	根据处方精确地安置病人的治疗位置。
3	将数据输入计算机,操作并调整设备,控制药物用量。
4	遵守为病人、自己和他人进行放射性治疗的原则。
5	维护记录,报告并撰写要求文件,包括:放射量、设备设置和病人的反应等信息。
6	检查治疗方案、诊断结果、病人病历表和身份。
7	根据长期治疗计划和病人内科医生的指导,独立完成大多数的治疗。
8	检查放射治疗的设备,确保其可以正常工作。

9	在治疗过程中观察病人,向内科医生报告任何不正常反应,若出现预计外的情况,立即关闭设备。	
10	检查是否有副作用,例如:刺痛、恶心或脱发;评估病人对治疗的反应。	
11	通过回答问题、提高帮助和强调医生的建议来教育病人和其家人应如何看待治疗反应以及如何进行后期护理。	
12	在每次治疗中,计算实际的治疗用药量。	
13	准备并制造设备,例如:固定器、治疗设备和保护性器具。	
14	对病人患处拍照,并冲洗胶片。	
15	使用有关病人病情的信息,帮助内科医生、肿瘤放射师和门诊医生准备放射性治疗的身体和技术方面的工作。	
16	培训并管理学生或下属的放射治疗技师。	
17	充当物理学家和辅助治疗人员之间的调停人。	
18	在放射量测定程序和肿瘤定位中,为健康护理人员提供帮助。	
19	执行适当的跟踪护理计划。	
TOP5	工作要求具备的主要技能	举例说明
1	基本技能——积极学习	例如:理解一条新闻的启示。
2	基本技能——科学分析	例如:进行常规体检化验来判定健康状况。
3	基本技能——学习方法	例如:从他人那里学到完成任务的不同方法。
4	社交技能——服务他人	例如:根据观察询问患者是否需要其他服务。
5	技术能力——操作和控制	例如:调整复印机的设置以缩小复印件尺寸。
TOP5	工作需要的知识	具体的知识结构
1	消费者服务与个人服务	关于向顾客和个人提供服务的原理和过程的知识,包括评估顾客需求、达到服务质量标准、确定顾客的满意程度。
2	数学	关于算术、代数、几何、微积分、统计及应用的知识。
3	中文语言	关于汉语语言结构和内容的知识,包括词的意义和书写、构成规则和语法。
4	心理学	关于人类行为和表现、个人的能力、个性和兴趣差异,学习和动力、心理研究方法,对行为和情感紊乱的评价和治疗的知识。
5	生物学	关于植物和动物有机体、组织、细胞、功能、依赖性、互为影响以及与环境之间的关系的知识。

工作要求的任职资格	资格分类	资格级别
任职资格——要求中等程度职务准备	总体经验	要求工作者具备与此职业相关的技能、知识和工作经验。例如:在成为一个电工之前应当当3年或4年的学徒或者接受过职业培训,并且通常还要求工作者通过从业资格考试获取证书方能工作。
	在职培训	从业者需要接受1年或2年的培训,包括在职工作经验的积累和接受经验丰富的工作者的指导。
	任职资格举例	通常要求从业者运用沟通技巧和组织能力协调、监督、管理或培训他人以达到目标。例如:电工、森林保护人员、法律秘书、记者以及保险销售代理人。
	教育背景	这个级别的任职资格中的大多数职业要求从业者接受过职业培训学校的培训,具备在职工作经验或者大中专文凭。有些职业要求学士学位文凭。

续表

TOP5	工作方式和环境	具体要求
1	用手操作、控制或接触物品、工具或控制器的时间	该工作需要从业者花费长时间用手操作、控制或接触物品、工具或控制器。
2	身体接触的密切程度	该工作需要从业者经常与他人进行身体上的密切接触。
3	在环境可控的室内工作	该工作需要从业者经常在环境可控的室内工作。
4	与疾病或传染病的接触	该工作需要从业者频繁暴露在疾病或传染病之中。
5	重复同样工作的重要性	不停地重复同样的身体动作(例如:将数据录入)或智力活动(例如:检查分类账的录入)。

TOP5	工作活动	具体要求
1	资讯输入	对过程、原材料和周边环境的情况进行监控。
2	资讯处理过程	处理资讯。
3	工作产出	归纳、建立档案或信息记录在案。
4	工作产出	操作计算机。
5	资讯处理过程	更新并运用相关知识。

TOP5	类别	工作要求的智体能力	具体要求
1	认识智能	对问题的敏感度	指出错误或有可能出现错误的能力,这并不包括解决该问题,而只是指发现该问题。
2	感觉能力	近距离视力	在近距离内(几米之内)辨认细节的能力。
3	认识智能	会话理解能力	通过倾听理解口头词句所包含的信息和思想的能力。
4	感觉能力	话语的清晰度	清楚表达以使他人理解的能力。
5	认识智能	阅读理解能力	阅读并理解书面信息和思想的能力。

TOP5	工作要求具备的性格	具体要求
1	正直	要求工作者诚实,有道德感。
2	细微观察	要求工作者在工作中注重细节,完美地完成任务。
3	关心他人	要求工作者能够敏感察觉到他人的需要,体谅他人的感受,对他人工作有所理解和帮助。
4	可靠性	要求工作者可靠地、有责任感地、值得信赖地履行自己的职责。
5	协作精神	要求工作者乐于与他人协作,并在工作中表现出和善、合作的态度。

三、从业者追求的工作满足

TOP1	职业兴趣	兴趣描述
1	社会性	社会性职业通常涉及与他人协作、沟通以及教育他人等内容。这类职业经常要求工作者为他人提供帮助或服务。

TOP2	工作价值观	价值观内涵
1	人际关系	满足此项工作价值观的职业允许工作者为他人提供服务,并在非竞争性的友好环境中与同事协作。相应的前提是同事、道德价值观和社会服务。
2	成就感	满足此项工作价值观的职业看重工作结果,通过成就感的刺激,使工作者的能力得到最大限度的发挥。相应的前提是才能充分发挥与获得成就感。

TOP5	企业氛围	具体内容
1	公司政策和惯例	该项工作的从业者受到公司的公平对待。

续表

2	报酬	与其他从业者相比,该项工作的从业者报酬较丰厚。
3	监督,人际关系	该项工作从业者的上级管理者通过管理对手下的员工进行支持。
4	活动	该项工作的从业者随时都很忙碌充实。
5	成就	该项工作的从业者有成就感。

四、职业招聘广告示例

某医院招聘放射医疗师,条件如下:

放疗医师

任职资格:

1.医学专业本科及以上学历;

2.一年以上肿瘤相关学科临床工作经验或一年以上放疗科工作经验优先;

3.掌握肿瘤学、放射学、放疗学等相关专业知识,对CT、直线加速器等有一定了解;

4.有较好的文字和口头表达能力;

5.英语水平四级以上;

6.良好的沟通能力,能够熟练操作电脑;

7.有较强的研究、学习能力,责任心强、敬业进取,有良好的团队合作精神;

8.能够胜任出差任务。

(数据来源:麦可思(MyCOS)-中国职业信息数据库,http://www.mycos.com。)

附表(3) 理疗师的真实职业环境(2012 版)

一、职业描述

理疗师:评估、策划、组织并参与帮助伤残人士或病人提高灵活度、增加力量、减轻病痛、减少或预防残疾。

二、从业者的工作要求

TOP21	主要任务
1	策划、准备并执行身体治疗项目,以维护、改善或恢复身体功能、减轻病痛、预防病人身体状况恶化。
2	完成并记录第一次的检查结果,通过数据分析,找出问题并诊断。
3	评估不同阶段的治疗效果,调整治疗方法以达到最佳效果。
4	通过组织病人锻炼、帮助病人按摩来减轻其病痛,增强病人力量,预防或减少变异和残疾。
5	指导病人和其家庭成员在家里进行治疗的程序。
6	与病人、医生和其他相关人员交流,策划、执行并评估治疗计划。
7	检查医生和病人的治疗记录,帮助确定诊断结果和需要进行的身体治疗方法。
8	在病人的病历卡中记录诊断、治疗、反应和进展,并将上述数据输入计算机。
9	取得病人的许可并对其进行治疗。
10	在目标或结果实现后,可停止对身体的治疗,适当提高跟踪护理。
11	测试并测量病人的力量、功能、感觉认知能力、呼吸及循环系统的情况;记录上述数据。
12	确定并记录治疗目标、预期进展和恢复计划。
13	向病人提供有关治疗方案、可能风险、预期成效及任何可能的备选方案的信息。
14	在诊断结果超出了医生的医疗范围时,通知病人,向其推荐另一位合适的医生。
15	指导并管理助理人员,评估其能力,分派任务,并建立交流渠道。

续表

16	进行涉及物理因数应用的治疗,使用各类设备如湿润容器、红外线灯和超声波等。
17	为学生及健康专家授课。
18	评估并调整各类仪器,推荐改进方法。
19	提供与身体疗法、身体理疗师、伤病治疗、人类工程学及提高健康状况有关的教育信息。
20	指点客户到社区资源和服务中心。
21	负责或支持实验,将实验结果运用于实践。

TOP5	工作要求具备的主要技能	举例说明
1	基本技能——积极聆听	例如:听懂患者的需求。
2	社交技能——指导他人	例如:指导他人使用一件工具。
3	资源管理技能——时间管理	例如:制订每月会议日程表。
4	基本技能——有效的口头沟通	例如:快速了解患者的病情。
5	基本技能——批判性思维	例如:判断下属是否有正当的迟到理由。

TOP5	工作需要的知识	具体的知识结构
1	治疗与保健咨询	关于诊断、治疗和恢复身体与精神功能紊乱及提供职业咨询和指导的原则、方法和程序的知识。
2	消费者服务与个人服务	关于向顾客和个人提供服务的原理和过程的知识,包括评估顾客需求、达到服务质量标准、确定顾客的满意程度。
3	教育与培训	关于课程和培训的设计和方法、教授和指导个人及团体、评估培训效果的知识。
4	生物学	关于植物和动物有机体、组织、细胞、功能、依赖性、互为影响以及与环境之间的关系的知识。
5	心理学	关于人类行为和表现、个人的能力、个性和兴趣差异,学习和动力、心理研究方法,对行为和情感紊乱的评价和治疗的知识。

工作要求的任职资格	资格分类	资格级别
任职资格——要求相当程度职务准备	总体经验	需要从业者最少具备 2 年到 4 年与工作相关的技能、知识或工作经验。例如:一个会计必须完成 4 年的大学课程并从事会计工作若干年后,才有资格成为会计师。
	在职培训	从业者通常须具备几年的有关工作经验、在职培训或职业培训经历。
	任职资格举例	这个大类中的许多职业都要求从业者与他人协调,负责监督、管理或培训的工作。例如:会计师、人力资源经理、计算机程序员、教师、药剂师。
	教育背景	除个别职业之外,大多数职业均要求从业者具备 4 年的本科学士学位。

TOP5	工作方式和环境	具体要求
1	站立的时间	该工作需要从业者长时间站立工作。
2	与工作小组合作	与他人组成的团队合作对该工作很重要。
3	需要进行决策的频率	从业者将被要求频繁做出对他人、财务资源、组织形象和声誉的决策。
4	进行决策的自由	该工作可为从业者提供不受监管的自由决策空间。
5	结构性工作和非结构性工作的比例	该工作不允许从业者自己决定工作任务、优先顺序和最终目标。

TOP5	工作活动		具体要求
1	与他人互动		帮助、照料他人。
2	资讯输入		获取信息。
3	与他人互动		建立并维持人际关系。
4	资讯处理过程		做出决策,解决问题。
5	资讯输入		确认对象、行动和事件。
TOP5	类别	工作要求的智体能力	具体要求
1	认识智能	口头表达能力	与他人进行口头交流,使其明白自己传达的信息和思想的能力。
2	认识智能	会话理解能力	通过倾听理解口头词句所包含的信息和思想的能力。
3	认识智能	归纳推理能力	将零散信息组合从中找到一般规律或结论(包括在看似没有联系的事件之间找出相互关系)的能力。
4	认识智能	对问题的敏感度	指出错误或有可能出现错误的能力,这并不包括解决该问题,而只是指发现该问题。
5	认识智能	阅读理解能力	阅读并理解书面信息和思想的能力。
TOP5	工作要求具备的性格		具体要求
1	关心他人		要求工作者能够敏锐感到他人的需要,体谅他人的感受,对他人工作有所理解和帮助。
2	正直		要求工作者诚实,有道德感。
3	协作精神		要求工作者乐于与他人协作,并在工作中表现出和善、合作的态度。
4	可靠性		要求工作者可靠地、有责任感地、值得信赖地履行自己的职责。
5	自制能力		要求工作者即使在十分困难的情况下,也要保持镇静,克制自己,控制怒火,避免过激行为。

三、从业者追求的工作满足

TOP1	职业兴趣	兴趣描述
1	社会性	社会性职业通常涉及与他人协作、沟通以及教育他人的内容。这类职业经常要求工作者为他人提供帮助或服务。
TOP2	工作价值观	价值观内涵
1	成就感	满足此项工作价值观的职业看重工作结果,通过成就感的刺激,使工作者的能力得到最大程度的发挥。工作者的职业需要是才能充分发挥与获得成就感。
2	人际关系	满足此项工作价值观的职业允许工作者为他人提供服务,并在非竞争性的友好环境中与同事协作。相应的前提是同事、道德价值观和社会服务。
TOP5	企业氛围	具体内容
1	创造力	该项工作的从业者可以在工作中尝试他们的想法。
2	保障	该项工作的从业者有稳定的就业。
3	自我管理	该项工作的从业者在规划自己工作时很少受到监管。
4	权力	该项工作的从业者指导他人。
5	报酬	与其他从业者相比,该项工作的从业者报酬较丰厚。

四、职业招聘广告示例

某医院招聘理疗师,条件如下:

健检医师

任职资格:

1.有二级以上医院从业经历者优先;

2.中级以上职称者优先;

3.具《医师执业证书》和《医师资格证书》。

（数据来源:麦可思(MyCOS)-中国职业信息数据库,http://www.mycos.com。）

附表(4)　麻醉师的真实职业环境(2012版)

一、职业描述

麻醉师:在手术或其他医学治疗过程中对病人实施麻醉。

二、从业者的工作要求

TOP15	主要任务
1	使用局部、静脉、脊髓或尾部麻醉法,为医疗过程中的病人注射麻醉剂或镇静剂。
2	判断病人在使用麻醉剂之前、之中、之后是否出现副作用或并发症。
3	维护并提供生命救助管理,帮助病人做好接受紧急手术的准备。
4	记录麻醉剂的类型和用量,记录病人在整个治疗过程中的情况。
5	在手术、助产和其他医疗过程中,检查病人,了解病人病史,并进行测试性诊断。
6	将病人抬放到手术台上,让病人在最大程度上感觉舒服,使得手术能够顺利进行。
7	门诊病人手术后,在病人已经病情稳定和康复时,决定其是应该转移到另一个病房还是可以出院回家。
8	在手术过程中注射麻醉剂,协调手术医生的工作。
9	与其他医学专家一起确定麻醉剂或镇静剂的类型和注射方法,使病人不会感觉到疼痛。
10	协调并指挥护士、医疗人员和其他健康护理人员的工作。
11	订购实验室器材、X光和其他诊断方法的设备。
12	通过检查、测试和报告来诊断病情。
13	管理麻醉剂服务,协调麻醉与其他医疗活动,制定治疗计划和程序。
14	在不同场合下提供医疗护理和咨询、开药、治疗,并建议病人是否需要做手术。
15	向学生和工作人员讲解麻醉剂使用的类型和方法、并发症症状以及对抗异异情况的紧急救助方法。
TOP5	工作要求具备的主要技能	举例说明
1	基本技能——积极学习	例如:理解一条新闻的启示。
2	基本技能——科学分析	例如:进行常规体化化验来判定健康状况。
3	技术能力——疑难排解	例如:看机器下面的漏油而判断故障原因。
4	解决复杂问题的能力——解决复杂的问题	例如:寻找工具来完成工作。
5	基本技能——学习方法	例如:从他人那里学到完成任务的不同方法。
TOP5	工作需要的知识	具体的知识结构
1	生物学	关于植物和动物有机体、组织、细胞、功能、依赖性、互为影响以及与环境之间的关系的知识。

2	中文语言	关于汉语语言结构和内容的知识,包括词的意义和书写、构成规则和语法。
3	消费者服务与个人服务	关于向顾客和个人提供服务的原理和过程的知识,包括评估顾客需求、达到服务质量标准、确定顾客的满意程度。
4	化学	关于物质的化学组成、结构、性质、化学反应及变化的知识,包括化学物品使用、危险特征、生产技术和处理方法。
5	心理学	关于人类行为和表现、个人的能力、个性和兴趣差异,学习和动力、心理研究方法,对行为和情感紊乱的评价和治疗的知识。

工作要求的任职资格	资格分类	资格级别
任职资格——要求相当程度职务准备	总体经验	需要从业者最少具备 2 年到 4 年与工作相关的技能、知识或工作经验。例如:一个会计必须完成 4 年的大学课程并从事会计工作若干年后,才有资格成为会计师。
	在职培训	从业者通常须具备几年的有关工作经验、在职培训或职业培训经历。
	任职资格举例	这个大类中的许多职业都要求从业者与他人协调,负责监督、管理或培训的工作。例如:会计师、人力资源经理、计算机程序员、教师、药剂师。
	教育背景	除个别职业之外,大多数职业均要求从业者具备 4 年的本科学士学位。

TOP5	工作方式和环境	具体要求
1	犯错后果	如果从业者犯了一个无法马上纠正的错误,该错误的后果会很严重。
2	与疾病或传染病的接触	该工作需要从业者频繁暴露在疾病或传染病的环境中。
3	与工作小组合作	与他人组成的团队合作对该工作很重要。
4	进行决策的自由	该工作可为从业者提供不受监管的自由决策空间。
5	需要进行决策的频率	从业者将被要求频繁做出对他人、财务资源、组织形象和声誉的决策。

TOP5	工作活动	具体要求
1	资讯输入	对过程、原材料和周遭环境的情况进行监控。
2	与他人互动	帮助、照料他人。
3	资讯输入	确认对象、行动和事件。
4	工作产出	建立档案或信息记录在案。
5	资讯处理过程	作出决策,解决问题。

TOP5	类别	工作要求的智体能力	具体要求
1	认识智能	对问题的敏感度	指出错误或有可能出现错误的能力,这并不包括解决该问题,而只是指发现该问题。
2	认识智能	会话理解能力	通过倾听,理解口头词句所包含的信息和思想的能力。
3	认识智能	演绎推理能力	将总体规则运用到具体问题中,并据此找出有意义的答案的能力。
4	认识智能	归纳推理能力	将零散信息组合从中找到一般规律或结论(包括在看似没有联系的事件之间找出相互关系)的能力。
5	感觉能力	近距离视力	在近距离内(几米之内)辨认细节的能力。

TOP5	工作要求具备的性格	具体要求
1	承受压力	要求工作者能够接受批评并能在巨大压力下冷静、有效地处理工作。

续表

2	可靠性	要求工作者可靠地、有责任感地、值得信赖地履行自己的职责。
3	自制能力	要求工作者即使在十分困难的情况下,也要保持镇静,克制自己,控制情绪,避免过激行为。
4	细微观察	要求工作者在工作中注重细节,完美地完成任务。
5	正直	要求工作者诚实,有道德感。

三、从业者追求的工作满足

TOP1	职业兴趣	兴趣描述
1	研究性	研究性职业通常需要工作者在工作中注入自己的理念,进行大量的思考。这类职业需要工作者通过研究找出事实,经过思考找出问题所在。

TOP2	工作价值观	价值观内涵
1	成就感	满足此项工作价值观的职业看重工作结果,通过成就感的刺激,使工作者的能力得到最大程度的发挥。相应的前提是才能充分发挥与获得成就感。
2	人际关系	满足此项工作价值观的职业允许工作者为他人提供服务,并在非竞争性的友好环境中与同事协作。相应的前提是同事、道德价值观和社会服务。

TOP5	企业氛围	具体内容
1	自我管理	该项工作的从业者在规划自己工作时很少受到监管。
2	同事	该项工作的从业者有容易共处的同事。
3	认可	该项工作的从业者因其工作得到认可。
4	责任	该项工作的从业者可以做决策并为其负责。
5	保障	该项工作的从业者有稳定的就业。

四、职业招聘广告示例

某医院招聘麻醉师,条件如下:

麻醉师

任职资格:

1.具有一年以上临床麻醉工作经验者优先,麻醉师以上职称者优先;

2.能熟练掌握全麻、颈丛、臂丛、椎管内等各种麻醉;

3.能配合各种手术的抢救工作;

4.有二甲以上医院相关工作背景者优先。

（数据来源:麦可思(MyCOS)-中国职业信息数据库,http://www.mycos.com。）

附表(5)　内科医师的真实职业环境(2012版)

一、职业描述

内科医师:诊断并为身体内部器官和系统出现的疾病和伤痛提供非手术治疗。主要为患有一系列与内脏有关的疾病的成年人进行治疗。

二、从业者的工作要求

TOP15	主要任务
1	治疗身体内部失调,例如:高血压、心脏病、糖尿病以及肺、脑、肾出现的问题。
2	分析数据记录、报告、测试结果或检验信息,诊断病人病情。

续表

3	通过开药、治疗和其他专门的医疗护理法来治疗或预防疾病和伤痛。	
4	为成年病人提供长期的综合医疗护理,包括疾病诊断和非手术类疾病治疗。	
5	治疗普通的健康疾病,例如:传染、流感和肺炎,同时也包括一些在青春期、成年阶段和老年阶段出现的严重的、慢性的复杂疾病。	
6	检查病人的病情和进展情况,重新确定病人是否需要接受治疗。	
7	收集、记录并维护病人信息,例如:病史、报告和检查结果。	
8	在不同疾病同时发生或诊断结果不明晰时继续诊断。	
9	解释医疗程序,并和病人讨论测试结果或即将进行的治疗。	
10	向病人和社区成员就健康饮食、活动、卫生和疾病防治提供建议。	
11	必要时指点病人到其他医学专家或全科医生处就诊。	
12	使病人获得对可预防疾病的免疫。	
13	向手术医生介绍病人的危险状况,推荐一些风险最小的治疗方法。	
14	指挥并协调护士、学生、助手、专家、理疗师和其他医疗人员的工作。	
15	向其他负责为病人进行特殊或困难问题治疗的医生提供服务信息。	

TOP5	工作要求具备的主要技能	举例说明
1	基本技能——积极学习	例如:理解一条新闻的启示。
2	基本技能——有效的口头沟通	例如:能快速了解患者的病情。
3	基本技能——学习方法	例如:从他人那里学到完成任务的不同方法。
4	社交技能——服务他人	例如:根据观察询问患者是否需要其他服务。
5	基本技能——科学分析	例如:进行常规体检化验来判定健康状况。

TOP5	工作需要的知识	具体的知识结构
1	中文语言	关于汉语语言结构和内容的知识,包括词的意义和书写、构成规则和语法。
2	生物学	关于植物和动物有机体、组织、细胞、功能、依赖性、互为影响以及与环境之间的关系的知识。
3	治疗与保健咨询	关于诊断、治疗和恢复身体与精神功能紊乱及提供职业咨询和指导的原则、方法和程序的知识。
4	教育与培训	关于课程和培训的设计和方法、教授和指导个人及团体、评估培训效果的知识。
5	心理学	关于人类行为和表现、个人的能力、个性和兴趣差异,学习和动力、心理研究方法,对行为和情感紊乱的评价和治疗的知识。

工作要求的任职资格	资格分类	资格级别
任职资格——要求相当程度职务准备	总体经验	需要从业者最少具备 2 年到 4 年与工作相关的技能、知识或工作经验。例如:一个会计必须完成 4 年的大学课程并从事会计工作若干年后,才有资格成为会计师。
	在职培训	从业者通常须具备几年的有关工作经验、在职培训或职业培训经历。
	任职资格举例	这个大类中的许多职业都要求从业者与他人协调,负责监督、管理或培训的工作。例如:会计师、人力资源经理、计算机程序员、教师、药剂师。
	教育背景	除个别职业之外,大多数职业均要求从业者具备四年的本科学士学位。

TOP5	工作方式和环境	具体要求
1	与工作小组合作	与他人组成的团队合作对该工作很重要。

续表

2	信函和备忘录	该工作需要频繁书写信函和备忘录。
3	身体接触的密切程度	该工作需要从业者经常与他人在身体上进行密切接触。
4	决策对同事或公司业绩的影响	从业者所做的决策将影响同事工作、客户服务以及公司的业绩。
5	精确的重要性	该工作对精确度的要求很高。

TOP5	工作活动	具体要求
1	资讯处理过程	做出决策,解决问题。
2	与他人互动	帮助、照料他人。
3	资讯输入	获取信息。
4	资讯处理过程	更新并运用相关知识。
5	资讯处理过程	对数据或资讯进行分析。

TOP5	类别	工作要求的智体能力	具体要求
1	认识智能	对问题的敏感度	指出错误或有可能出现错误的能力,这并不包括解决该问题,而只是指发现该问题。
2	认识智能	口头表达能力	与他人进行口头交流,使其明白自己传达的信息和思想的能力。
3	认识智能	归纳推理能力	将零散信息组合从中找到一般规律或结论(包括在看似没有联系的事件之间找出相互关系)的能力。
4	认识智能	会话理解能力	通过倾听理解口头词句所包含的信息和思想的能力。
5	认识智能	阅读理解能力	阅读并理解书面信息和思想的能力。

TOP5	工作要求具备的性格	具体要求
1	正直	要求工作者诚实,有道德感。
2	细微观察	要求工作者在工作中注重细节,完美地完成任务。
3	可靠性	要求工作者可靠地、有责任感地、值得信赖地履行自己的职责。
4	关心他人	要求工作者能够感到他人的需要,体谅他人的感受,对他人工作有所理解和帮助。
5	自制能力	要求工作者即使在十分困难的情况下,也要保持镇静,克制自己,控制怒火,避免过激行为。

三、从业者追求的工作满足

TOP1	职业兴趣	兴趣描述
1	研究性	研究性职业通常需要工作者在工作中注入自己的理念,进行大量的思考。这类职业需要工作者通过研究找出事实,经过思考找出问题所在。

TOP2	工作价值观	价值观内涵
1	成就感	满足此项工作价值观的职业看重工作结果,通过成就感的刺激,使工作者的能力得到最大程度的发挥。相应的前提是才能充分发挥与获得成就感。
2	独立性	满足此项工作价值观的职业允许工作者独立工作、独立决策。相应的前提是创造力、责任感以及自主权。

TOP5	企业氛围	具体内容
1	自我管理	该项工作的从业者在规划自己工作时很少受到监管。
2	认可	该项工作的从业者因其工作得到认可。
3	报酬	与其他从业者相比,该项工作的从业者报酬较丰厚。
4	活动	该项工作的从业者随时都很忙碌充实。
5	保障	该项工作的从业者有稳定的就业。

四、职业招聘广告示例

某医院招聘内科医师,条件如下:

内科医师

任职资格:

1. 具有主治医师以上职称,本科及以上学历,证照全者优先录用;

2. 具有良好的医患沟通能力,具有良好的服务理念;

3. 二甲以上医院工作两年以上,具有中西结合经验的医师优先录用。

(数据来源:麦可思(MyCOS)-中国职业信息数据库,http://www.mycos.com。)

附表(6) 验光师的真实职业环境(2012版)

一、职业描述

验光师:诊断、管理并治疗眼睛和视觉系统的疾病。检查眼睛和视觉系统,诊断问题或损伤,为病人配置合适的镜片,并对其进行治疗。

二、从业者的工作要求

TOP10	主要任务	
1	使用观察镜、工具和医药器材检查眼睛;确定视觉的敏锐程度和聚焦;诊断疾病,确定是否有其他病变,例如:青光眼和色盲。	
2	分析测试结果,制订治疗方案。	
3	确定眼镜或隐形眼镜的度数,并提供其他视觉矫正辅助帮助。	
4	如果条件允许,可以为治疗眼疾开药。	
5	告知患者如何护理隐形眼镜、保持用眼卫生以及光线安全因素。	
6	如果认为患者还需要进行别的治疗,指点其到眼科医生或其他健康护理医生处就诊。	
7	除去患者眼睛中的异物。	
8	为接受眼部手术的病人在术前和术后提供白内障和激光矫正术。	
9	为纠正或保护视力制定医疗方案。	
10	提供视力矫正和近视修复服务。	
TOP5	工作要求具备的主要技能	举例说明
1	基本技能——积极聆听	例如:听懂患者的需求。
2	系统技能——判断和决策	例如:判断安排职工休假将怎样影响工作。
3	基本技能——批判性思维	例如:判断下属是否有正当的迟到理由。
4	基本技能——理解性阅读	例如:阅读填表说明。
5	基本技能——科学分析	例如:进行常规体检化验来判定健康状况。
TOP5	工作需要的知识	具体的知识结构
1	消费者服务与个人服务	关于向顾客和个人提供服务的原理和过程的知识,包括评估顾客需求、达到服务质量标准、确定顾客的满意程度。
2	中文语言	关于汉语语言结构和内容的知识,包括词的意义和书写、构成规则和语法。
3	生物学	关于植物和动物有机体、组织、细胞、功能、依赖性、互为影响以及与环境之间的关系的知识。
4	数学	关于算术、代数、几何、微积分、统计及应用的知识。
5	经济学与会计	关于经济和会计原则与实践、金融市场、银行业以及对金融数据进行分析和报告的知识。

续表

工作要求的任职资格	资格分类	资格级别
任职资格——要求相当程度职务准备	总体经验	需要从业者最少具备 2 年到 4 年与工作相关的技能、知识或工作经验。例如：一个会计必须完成 4 年的大学课程并从事会计工作若干年后，才有资格成为会计师。
	在职培训	从业者通常须具备几年的有关工作经验、在职培训或职业培训经历。
	任职资格举例	这个大类中的许多职业都要求从业者与他人协调，负责监督、管理或培训的工作。例如：会计师、人力资源经理、计算机程序员、教师、药剂师。
	教育背景	除个别职业之外，大多数职业均要求从业者具备 4 年的本科学士学位。

TOP5	工作方式和环境	具体要求
1	需要进行决策的频率	从业者将被要求频繁做出对他人、财务资源或组织形象和声誉的决策。
2	精确的重要性	该工作对精确度的要求很高。
3	电话	该工作需要从业者频繁进行电话谈话。
4	接触外部顾客	与外部顾客或公众合作对该工作很重要。
5	结构性工作和非结构性工作的比例	该工作不允许从业者自己决定工作任务、优先顺序和最终目标。

TOP5	工作活动	具体要求
1	资讯处理过程	做出决策，解决问题。
2	资讯处理过程	更新并运用相关知识。
3	与他人互动	为公众服务或跟公众一起活动。
4	资讯处理过程	处理资讯。
5	与他人互动	建立并维持人际关系。

TOP5	类别	工作要求的智体能力	具体要求
1	认识智能	口头表达能力	与他人进行口头交流使其明白自己传达的信息和思想的能力。
2	认识智能	对问题的敏感度	指出错误或有可能出现错误的能力，这并不包括解决该问题，而只是指发现该问题。
3	运动神经能力	手臂与手的稳定度	在平稳地移动一只手臂时保持手臂和手掌不动。
4	感觉能力	近距离视力	在近距离内（几米之内）辨认细节的能力。
5	认识智能	会话理解能力	通过倾听理解口头词句所包含的信息和思想的能力。

TOP5	工作要求具备的性格	具体要求
1	细微观察	要求工作者在工作中注重细节，完美地完成任务。
2	关心他人	要求工作者能够感到他人的需要，体谅他人的感受，对他人工作有所理解和帮助。
3	正直	要求工作者诚实、有道德感。
4	可靠性	要求工作者可靠地、有责任感地、值得信赖地履行自己的职责。
5	协作精神	要求工作者乐于与他人协作并在工作中表现出和善、合作的态度。

三、从业者追求的工作满足

TOP1	职业兴趣	兴趣描述
1	研究性	研究性职业通常需要工作者在工作中注入自己的理念，进行大量的思考。这类职业需要工作者通过研究找出事实，经过思考找出问题所在。

TOP2	工作价值观	价值观内涵
1	成就感	满足此项工作价值观的职业看重工作结果,通过成就感的刺激,使工作者的能力得到最大程度的发挥。相应的前提是才能充分发挥与获得成就感。
2	独立性	满足此项工作价值观的职业允许工作者独立工作、独立决策。相应的前提是创造力、责任感以及自主权。
TOP5	企业氛围	具体内容
1	报酬	与其他从业者相比,该项工作的从业者报酬较丰厚。
2	保障	该项工作的从业者有稳定的就业。
3	认可	该项工作的从业者因其工作得到认可。
4	社会地位	该项工作的从业者受到公司和社区的尊敬。
5	工作条件	该项工作的从业者有良好的工作环境。

四、职业招聘广告示例

某医院招聘验光师,条件如下:

验光师

任职资格:

1.具有验光师专业资格证书,有相关从业经验者优先;

2.年龄 22—35 岁。

（数据来源:麦可思(MyCOS)-中国职业信息数据库,http://www.mycos.com。）

附表(7)　药剂师的真实职业环境(2012 版)

一、职业描述

药剂师:根据内科医师、牙医或其他获得授权的医师所开的药单配药。

二、从业者的工作要求

TOP11	主要任务	
1	审查处方,确保所开药品、药品成分的精确并评估其有效性。	
2	对药物相互作用、副作用、一次服药量和正确的药物保存方法提供信息和建议。	
3	分析开药趋势,确保符合病人症状,防止药物的过量食用或有害的相互作用。	
4	购买药物,保管药物,正确贮存和使用。	
5	记录各项数据,例如:配药单、病人病单、收费系统文件和存货,控制放射性细胞核、登记有毒药品、麻醉剂和控制类药物。	
6	向患有糖尿病、哮喘、需戒烟或高血压的病人提供专门的服务。	
7	对病人选择药物品牌、设备和健康护理用品提供建议。	
8	与健康护理的专家合作,策划、监控并评估药物和食物疗法的质量和效果,对药物的应用和特性提供意见。	
9	按照医生和牙医的处方,通过计算、称量、测量并混合各种成分来配药,或者监督配药过程。	
10	举行加强健康和疾病预防活动。例如:训练人们使用血压测量计或糖尿病监视器等工具。	
11	在合适的时候,指点病人到其他健康专家和机构就诊。	
TOP5	工作要求具备的主要技能	举例说明
1	基本技能——积极学习	例如:理解一条新闻的启示。
2	社交技能——服务他人	例如:根据观察询问患者是否需要其他服务。

续表

3	基本技能——有效的口头沟通	例如:能快速了解患者的病情。
4	基本技能——学习方法	例如:从他人那里学到完成任务的不同方法。
5	社交技能——理解他人	例如:能容忍患者的各种抱怨和乱发脾气。

TOP5	工作需要的知识	具体的知识结构
1	消费者服务与个人服务	关于向顾客和个人提供服务的原理和过程的知识,包括评估顾客需求、达到服务质量标准、确定顾客的满意程度。
2	数学	关于算术、代数、几何、微积分、统计及应用的知识。
3	化学	关于物质的化学组成、结构、性质、化学反应及变化的知识,包括使用化学物品、危险特征、生产技术和处理方法。
4	中文语言	关于汉语语言结构和内容的知识,包括词的意义和书写、构成规则和语法。
5	行政与管理	关于战略策划、资源分配、人力资源建模、领导技巧、生产方法和人员及资源的协调的商业与管理原理的知识。

工作要求的任职资格	资格分类	资格级别
任职资格——要求相当程度职务准备	总体经验	需要从业者最少具备2年到4年与工作相关的技能、知识或工作经验。例如:一个会计必须完成4年的大学课程并从事会计工作若干年后,才有资格成为会计师。
	在职培训	从业者通常须具备几年的有关工作经验、在职培训或职业培训经历。
	任职资格举例	这个大类中的许多职业都要求从业者与他人协调,负责监督、管理或培训的工作。例如:会计师、人力资源经理、计算机程序员、教师、药剂师。
	教育背景	除个别职业之外,大多数职业均要求从业者具备4年的本科学士学位。

TOP5	工作方式和环境	具体要求
1	进行决策的自由	该工作可为从业者提供不受监管的自由决策空间。
2	站立的时间	该工作需要从业者长时间站立工作。
3	需要进行决策的频率	从业者将被要求频繁做出对他人、财务资源或组织形象和声誉的决策。
4	重复同样工作的重要性	不停地对该工作重复同样的身体动作(例如:将数据录入)或智力活动(例如:检查分类账的录入)。
5	面对面讨论	该工作会频繁要求从业者与个人或团体进行面对面讨论。

TOP5	工作活动	具体要求
1	资讯输入	获取信息。
2	工作产出	操作计算机。
3	资讯处理过程	更新并运用相关知识。
4	资讯处理过程	做出决策,解决问题。
5	与他人互动	建立并维持人际关系。

TOP5	类别	工作要求的智体能力	具体要求
1	认识智能	口头表达能力	与他人进行口头交流使其明白自己传达的信息和思想的能力。
2	认识智能	对问题的敏感度	指出错误或有可能出现的错误的能力,这并不包括解决该问题,而只是指发现该问题。
3	认识智能	会话理解能力	通过倾听理解口头词句所包含的信息和思想的能力。

4	感觉能力	话语的清晰度	清楚表达以使他人理解的能力。
5	认识智能	阅读理解能力	阅读并理解书面信息和思想的能力。
TOP5	工作要求具备的性格		具体要求
1	细微观察		要求工作者在工作中注重细节,完美地完成任务。
2	可靠性		要求工作者可靠地、有责任感地、值得信赖地履行自己的职责。
3	正直		要求工作者诚实,有道德感。
4	承受压力		要求工作者能够接受批评并能在巨大压力下冷静、有效地处理工作。
5	关心他人		要求工作者能够敏感到他人的需要,体谅他人的感受,对他人工作有所理解和帮助。

三、从业者追求的工作满足

TOP1	职业兴趣	兴趣描述
1	研究性	研究性职业通常需要工作者在工作中注入自己的理念,进行大量的思考。这类职业需要工作者通过研究找出事实,经过思考找出问题所在。
TOP2	工作价值观	价值观内涵
1	成就感	满足此项工作价值观的职业看重工作结果,通过成就感的刺激,使工作者的能力得到最大程度的发挥。相应的前提是才能充分发挥与获得成就感。
2	人际关系	满足此项工作价值观的职业允许工作者为他人提供服务,并在非竞争性的友好环境中与同事协作。相应的前提是同事、道德价值观和社会服务。
TOP5	企业氛围	具体内容
1	认可	该项工作的从业者因其工作得到认可。
2	活动	该项工作的从业者随时都很忙碌充实。
3	责任	该项工作的从业者可以做决策并为其负责。
4	社会服务	该项工作可以使从业者为其他人做贡献。
5	权力	该项工作的从业者指导他人。

四、职业招聘广告示例

某医院招聘药剂师,条件如下:

药剂师

任职资格:

具本科学历和相关执业证件。

（数据来源:麦可思（MyCOS）-中国职业信息数据库,http://www.mycos.com。）

附表(8)　医疗设备修理技术员的真实职业环境(2012版)

一、职业描述

医疗设备修理技术员:修理、调试或维修生物医疗设备或医用电器设备。

二、从业者的工作要求

TOP15	主要任务
1	使用测试和分析仪器,根据厂商的说明书检查和测试有故障的医疗及相关设备。
2	检查医疗设备、设施的结构环境和设备的正确使用,以保护患者和职员免受电子或机械危害并确保操作遵照安全章程。

续表

3	拆卸故障设备并且除去、修理和替换有缺陷的部件,譬如:马达、传动器或变压器。
4	保留、更新与维护、修理设备相关的记录。
5	进行定期检修或服务,譬如:清洁、润滑和调整设备。
6	根据制造商的指南和故障修理技术知识,使用手动工具、电动工具和测量设备测试和校准部件和设备。
7	向员工解释和展示医疗设备的正确操作方法和定期维护设备。
8	学习技术指南和参加由设备厂商提供的培训课程以获得最新知识。
9	遵守规定的章程、方针和其他必要的指示,使用图纸、示意图、技术指南、接线图和空气流程图,计划和完成工作任务。
10	使用焊铁焊接松动的接线。
11	测试、评估和分类额外的或使用中的医疗设备,并根据规定确定操作性能、条件和配置。
12	研究目录和修理零件清单,以找到修理零件的来源、申请购买的零件并记录相关收据。
13	根据规格、用户需要和技术要求评估技术规格,以确定最适合计划用途和可能购买的设备和系统。
14	将专业技术应用于发展医疗水平,维护标准操作程序。
15	计算安装医疗、牙科或相关设备的功耗和空间需要,并根据制造商的说明书安装部件。

TOP5	工作要求具备的主要技能	举例说明
1	技术能力——疑难排解	例如:看机器下面的漏油而判断故障原因。
2	技术能力——设备维护	例如:按照仪表的指示为设备做常规维护。
3	技术能力——维修机器和系统	例如:拧紧螺丝以使门正常关闭。
4	基本技能——理解性阅读	例如:阅读填表说明。
5	技术能力——安装能力	例如:根据指示来安装软件或大件家电。

TOP5	工作需要的知识	具体的知识结构
1	计算机与电子学	关于线路板、处理器、芯片、电子设备和电脑软硬件的知识,包括应用软件和程序编写。
2	消费者服务与个人服务	关于向顾客和个人提供服务的原理和过程的知识,包括评估顾客需求、达到服务质量标准、确定顾客的满意程度。
3	机械	关于机械和工具的知识,包括其设计、使用、修理和维护。
4	工程与技术	关于工程科技的实际应用的知识,包括应用原理、技术、程序和设备来设计和生产多种产品和服务。
5	中文语言	关于汉语语言结构和内容的知识,包括词的意义和书写、构成规则和语法。

工作要求的任职资格	资格分类	资格级别
任职资格——要求中等程度职务准备	总体经验	要求工作者具备与此职业相关的技能、知识和工作经验。例如:在成为一个电工之前必须当3年或4年的学徒或者接受过职业培训,并且通常还要求工作者通过从业资格考试获取证书方能工作。
	在职培训	从业者需要接受1年或2年的培训,包括在职工作经验的积累和接受经验丰富的工作者的指导。
	任职资格举例	通常要求从业者运用沟通技巧和组织能力,协调、监督、管理或培训他人以达到目标。例如:电工、森林保护人员、法律秘书、记者以及保险销售代理人。
	教育背景	这个级别的任职资格中的大多数职业要求从业者接受过职业培训学校的培训,具备在职工作经验或者大中专文凭。一些职业要求学士学位文凭。

TOP5	工作方式和环境	具体要求
1	结构性工作和非结构性工作的比例	该工作不允许从业者自己决定工作任务、优先顺序和最终目标。
2	决策对同事或公司业绩的影响	从业者所做的决策将影响同事工作、客户服务以及公司的业绩。
3	时间压力	该工作需要从业者经常在严格截止日期的要求下工作。
4	进行决策的自由	该工作可为从业者提供不受监管的自由决策空间。
5	需要进行决策的频率	从业者将被要求频繁做出对他人、财务资源或组织形象和声誉的决策。

TOP5	工作活动	具体要求
1	工作产出	对电子设备进行维修和维护。
2	资讯输入	检查设备、结构或原材料。
3	资讯输入	获取信息。
4	资讯输入	确认对象、行动和事件。
5	资讯处理过程	更新并运用相关知识。

TOP5	类别	工作要求的智体能力	具体要求
1	认识智能	对问题的敏感度	指出错误或有可能出现错误的能力,这并不包括解决该问题,而只是指发现该问题。
2	感觉能力	近距离视力	在近距离内(几米之内)辨认细节的能力。
3	认识智能	演绎推理能力	将总体规则运用到具体问题中,并据此找出有意义的答案的能力。
4	认识智能	整理资讯的能力	根据一个规则或一系列规则(如:数字、字母、词句、图片及数学运算规则)将事物或行动按照一个特定顺序或模式排列的能力。
5	认识智能	阅读理解能力	阅读并理解书面信息和思想的能力。

TOP5	工作要求具备的性格	具体要求
1	细微观察	要求工作者在工作中注重细节,完美地完成任务。
2	正直	要求工作者诚实,有道德感。
3	可靠性	要求工作者可靠地、有责任感地、值得信赖地履行自己的职责。
4	分析思考	要求工作者分析资讯,运用逻辑思维处理工作相关问题。
5	协作精神	要求工作者乐于与他人协作,并在工作中表现出和善、合作的态度。

三、从业者追求的工作满足

TOP1	职业兴趣	兴趣描述
1	实务性	实务性职业通常需要工作者在工作中动手解决实际问题。一般要与植物和动物打交道并处理如木材、工具与机械等实物。其中的许多职业要求在户外工作并且不必做大量文书工作,也无须经常与他人协作。

TOP2	工作价值观	价值观内涵
1	工作条件	满足此项工作价值观的职业为工作者提供工作保障和良好的工作条件。相应的前提是行动、报酬、独立性、保障、多样性和工作条件。
2	成就感	满足此项工作价值观的职业看重工作结果,通过成就感的刺激使工作者的能力得到最大程度的发挥。相应的前提是才能充分发挥与获得成就感。

TOP5	企业氛围	具体内容
1	独立性	该项工作的从业者可以独立完成工作。
2	监督,人力关系	该项工作从业者的上级管理者通过管理对手下的员工进行支持。

续表

3	工作条件	该项工作的从业者有良好的工作环境。
4	成就	该项工作的从业者有成就感。
5	能力使用	该项工作的从业者可以发挥他们的个人能力。

四、职业招聘广告示例

某医院招聘医疗设备修理技术员,条件如下:

医疗设备维修工程师

任职资格:

1.本科学历;

2.有相关工作经验者优先;

3.熟悉医疗设备性能,能独立维修医院常用设备。

(数据来源:麦可思(MyCOS)-中国职业信息数据库,http://www.mycos.com。)

附表(9)医学及临床实验的技术员的真实职业环境(2012版)

一、职业描述

医学及临床实验的技术员:完成诊断、治疗和疾病预防的日常医学实验。在医学技术专家的指导下完成其他工作。

二、从业者的工作要求

TOP5	主要任务	
1	对血液、尿液等体液进行化学分析,利用显微镜或自动分析仪诊断疾病或身体反常之处,将检测结果输入计算机。	
2	安装、调整、维护并清洁医学实验设备。	
3	利用特殊的医学和电子设备分析测试和实验结果,确保其与实验的要求相一致。	
4	分析并记录测试数据,撰写包含各种图表和文字描述的实验报告。	
5	从事医学研究以进一步控制和治疗各类疾病。	
TOP5	工作要求具备的主要技能	举例说明
1	技术能力——质量控制分析	例如:检查工作记录是否出错。
2	基本技能——积极学习	例如:理解一条新闻的启示。
3	技术能力——疑难排解	例如:看机器下面的漏油而判断故障原因。
4	基本技能——科学分析	例如:进行常规体化验来判定健康状况。
5	技术能力——操作和控制	例如:调整复印机的设置以缩小复印件尺寸。
TOP5	工作需要的知识	具体的知识结构
1	消费者服务与个人服务	关于向顾客和个人提供服务的原理和过程的知识,包括评估顾客需求、达到服务质量标准、确定顾客的满意程度。
2	文秘	关于行政和文书记录程序和系统的知识,例如文字处理、文件和记录归档、速记和誊写、设计表格以及其他一些办公程序和专门用语。
3	教育与培训	关于课程和培训的设计和方法、教授和指导个人及团体、评估培训效果的知识。

4	治疗与保健咨询	关于诊断、治疗和恢复身体与精神功能紊乱及提供职业咨询和指导的原则、方法和程序的知识。
5	生物学	关于植物和动物有机体、组织、细胞、功能、依赖性、互为影响以及与环境之间的关系的知识。

工作要求的任职资格	资格分类	资格级别
任职资格——要求初级程度职务准备	总体经验	已掌握一些与本职业相关的技能、知识或经验,通常从业资格不强求这些经验。例如:接触大众的工作经验对成为出纳员有所帮助,但没有这类工作经验的人也很容易成为合格出纳员。
	在职培训	需要与经验丰富的工作者一起工作,时间从几个月到一年不等。
	任职资格举例	通常要求从业者运用知识和技能为他人提供帮助。例如:钣金工、森林消防员、客户服务代表、药房技师、售货员(零售)以及银行出纳员。
	教育背景	通常要求从业者具备高中文凭,有时可能要求从业者参加过职业培训或与工作相关的培训课程。在某些情况下,要求从业者拥有大中专学历或学士学位。

TOP5	工作方式和环境	具体要求
1	站立的时间	该工作需要从业者长时间站立工作。
2	与工作小组合作	与他人组成的团队合作对该工作很重要。
3	犯错后果	如果从业者犯了一个无法马上纠正的错误,该错误的后果会很严重。
4	穿戴普通保护性或安全设备	该工作需要从业者经常穿戴普通保护性或安全设备,例如:安全鞋、护眼镜、手套、听力保护设备、硬质帽或救生衣。
5	与疾病或传染病的接触	该工作需要从业者频繁暴露在疾病或传染病之中。

TOP5	工作活动	具体要求
1	工作产出	归档或信息记录在案。
2	资讯输入	获取信息。
3	资讯处理过程	更新并运用相关知识。
4	资讯输入	检查设备、结构或原材料。
5	资讯处理过程	对相关信息做出判断,以此确保行为符合标准或规定。

TOP5	类别	工作要求的智体能力	具体要求
1	感觉能力	近距离视力	在近距离内(几米之内)辨认细节的能力。
2	认识智能	归纳推理能力	将零散信息组合从中找到一般规律或结论(包括在看似没有联系的事件之间找出相互关系)的能力。
3	认识智能	演绎推理能力	将总体规则运用到具体问题中,并据此找出有意义的答案的能力。
4	认识智能	对问题的敏感度	指出错误或可能产生的错误的能力,这并不包括解决该问题,而只是指发现该问题。
5	认识智能	会话理解能力	通过倾听理解口头词句所包含的信息和思想的能力。

TOP5	工作要求具备的性格	具体要求
1	正直	要求工作者诚实,有道德感。
2	细微观察	要求工作者在工作中注重细节,完美地完成任务。
3	可靠性	要求工作者可靠地、有责任感、值得信赖地履行自己的职责。
4	关心他人	要求工作者能够敏感到他人的需要,体谅他人的感受,对他人工作有所理解和帮助。

续表

5	承受压力	要求工作者能够接受批评并冷静、有效地处理巨大压力下的工作。

三、从业者追求的工作满足

TOP1	职业兴趣	兴趣描述
1	实务性	实务性职业通常需要工作者在工作中动手解决实际问题。一般要与植物和动物打交道,并处理如木材、工具与机械等实物。其中的许多职业要求在户外工作,并且不必做大量文书工作,也无须经常与他人协作。

TOP2	工作价值观	价值观内涵
1	成就感	满足此项工作价值观的职业看重工作结果,通过成就感的刺激,使工作者的能力得到最大程度的发挥。相应的前提是才能充分发挥与获得成就感。
2	人际关系	满足此项工作价值观的职业允许工作者为他人提供服务,并在非竞争性的友好环境中与同事协作。相应的前提是同事、道德价值观和社会服务。

TOP5	企业氛围	具体内容
1	独立性	该项工作的从业者可以独立完成工作。
2	公司政策和惯例	该项工作的从业者受到公司的公平对待。
3	监督,人力关系	该项工作从业者的上级管理者通过管理对手下的员工进行支持。
4	工作条件	该项工作的从业者有良好的工作环境。
5	同事	该项工作的从业者有容易共处的同事。

四、职业招聘广告示例

某医院招聘医学及临床实验的技术员,条件如下:

实验室技术人员

岗位职责:

1.根据部门项目进展和生产任务,按时认真完成每日实验工作;

2.熟悉部门工作流程,严格按照标准流程,准确、独立地完成各项实验操作;

3.保管、维护部门的实验仪器、设备,并负责日常清洁;

4.对于工作中出现的各种问题及时向上级汇报,不隐瞒事实;

5.定期汇报实验和工作进程。

任职资格:

1.生物技术、生物科学、生物工程或生物制药等相关专业,本科及以上学历;

2.测序及相关领域有一年以上工作经验,或熟悉分子生物学实验,有实验室工作经验者优先;

3.能够熟练阅读英文资料。

(数据来源:麦可思(MyCOS)-中国职业信息数据库,http://www.mycos.com。)

附表(10)　注册护士的真实职业环境(2012 版)

一、职业描述

注册护士:评估病人的健康问题和需求,制定并执行护理计划,完成医疗记录;向生病、受伤或残疾的病人提供护理服务;可能要对病人的健康维护和疾病预防提供建议或病例管理;有职业证书和许可;包括高级从业护士,例如:护士长、门诊护士专门医师、注册护士和注册护士麻醉师;高级从业护士由 RN 批准,完成

了正式教育,并享有高度自主权和专业职能。

二、从业者的工作要求

TOP13	主要任务
1	维护精确、详细的报告和记录。
2	监督、记录并报告病人的症状和病情。
3	记录病人的医疗信息和重要症状。
4	按照病人的反应和病情修改病人的治疗计划。
5	与健康护理小组队员一起评估、策划,并执行病人的治疗计划。
6	解释并评估诊断结果,确认病人的病情。
7	监督病人护理的所有方面,包括饮食和身体活动。
8	指导并管理技能较差的护士、健康护理人员,或者在轮班中管理一个特定团队。
9	协助病人做好检查和治疗的准备。
10	观察护士和病人,确保提供了适当的护理服务。
11	评估个人、家庭或社区的需求,包括评估个人的家庭和工作环境,以确认可能的健康问题。
12	指导个人、家庭和团体了解健康教育、疾病预防和妊娠,制定健康改善计划。
13	准备房间,对用具和设备消毒,确保进行了供给的维护。

TOP5	工作要求具备的主要技能	举例说明
1	基本技能——有效的口头沟通	例如:能快速了解患者的病情。
2	社交技能——服务他人	例如:根据观察询问患者是否需要其他服务。
3	社交技能——理解他人	例如:觉察出病人因为等待太久而生气。
4	基本技能——积极学习	例如:理解一条新闻的启示,如新的市场或就业机会。
5	技术能力——疑难排解	例如:看机器下面的漏油而判断故障原因。

TOP5	工作需要的知识	具体的知识结构
1	心理学	关于人类行为和表现、个人的能力、个性和兴趣差异;学习和动力、心理研究方法,对行为和情感紊乱的评价和治疗的知识。
2	消费者服务与个人服务	关于向顾客和个人提供服务的原理和过程的知识,包括评估顾客需求、达到服务质量标准、确定顾客的满意程度。
3	中文语言	关于汉语语言结构和内容的知识,包括词的意义和书写、构成规则和语法。
4	生物学	关于植物和动物有机体、组织、细胞、功能、依赖性、互为影响以及与环境之间的关系的知识。
5	治疗与保健咨询	关于诊断、治疗和恢复身体与精神功能紊乱及提供职业咨询和指导的原则、方法和程序的知识。

工作要求的任职资格	资格分类	资格级别
任职资格——要求中等程度职务准备	总体经验	要求工作者具备与此职业相关的技能、知识和工作经验。例如:在成为一个电工之前必须当三年或四年的学徒或者接受过职业培训,并且通常还要求工作者通过从业资格考试获取证书方能工作。
	在职培训	从业者需要接受一年或两年的培训,包括在职工作经验的积累和接受经验丰富的工作者的指导。
	任职资格举例	通常要求从业者运用沟通技巧和组织能力协调、监督、管理或培训他人以达到目标。例如:电工、森林保护人员、法律秘书、采访人员以及保险销售代理人。
	教育背景	这个级别的任职资格中的大多数职业要求从业者接受过职业培训学校的培训,具备在职工作经验或者大中专文凭。一些职业要求学士学位文凭。

续表

TOP5	工作方式和环境	具体要求
1	决策对同事或公司业绩的影响	从业者所做的决策将影响同事工作、客户服务以及公司的业绩。
2	在环境可控的室内工作	该工作需要从业者经常在环境可控的室内工作。
3	精确的重要性	该工作对精确度的要求很高。
4	需要进行决策的频率	从业者将被要求频繁做出对他人、财务资源或组织形象和声誉的决策。
5	与工作小组合作	与他人组成的团队合作对该工作很重要。

TOP5	工作活动	具体要求
1	与他人互动	帮助、照料他人。
2	工作产出	建立档案或信息记录在案。
3	资讯输入	获取信息。
4	资讯处理过程	更新并运用相关知识。
5	资讯处理过程	组织和计划工作,并确定优先进行的工作。

TOP5	类别	工作要求的智体能力	具体要求
1	认识智能	对问题的敏感度	指出错误或有可能出现的错误的能力,这并不包括解决该问题,而只是指发现该问题。
2	认识智能	口头表达能力	与他人进行口头交流,使其明白自己传达的信息和思想的能力。
3	认识智能	归纳推理能力	将零散信息组合从中找到一般规律或结论(包括在看似没有联系的事件之间找出相互关系)的能力。
4	认识智能	会话理解能力	通过倾听理解口头词句所包含的信息和思想的能力。
5	感觉能力	话语的清晰度	清楚表达以使他人理解的能力。

TOP5	工作要求具备的性格	具体要求
1	正直	要求工作者诚实,有道德感。
2	可靠性	要求工作者可靠地、有责任感地、值得信赖地履行自己的职责。
3	自制能力	要求工作者即使在十分困难的情况下,也要保持镇静,克制自己,控制怒火,避免过激行为。
4	关心他人	要求工作者能够感到他人的需要,体谅他人的感受,对他人工作有所理解和帮助。
5	协作精神	要求工作者乐于与他人协作,并在工作中表现出和善、合作的态度。

三、从业者追求的工作满足

TOP1	职业兴趣	兴趣描述
1	社会性	社会性职业通常涉及与他人协作、沟通以及教育他人的内容。这类职业经常要求工作者为他人提供帮助或服务。

TOP2	工作价值观	价值观内涵
1	成就感	满足此项工作价值观的职业看重工作结果,通过成就感的刺激,使工作者的能力得到最大限度的发挥。相应的前提是才能充分发挥与获得成就感。
2	人际关系	满足此项工作价值观的职业允许工作者为他人提供服务,并在非竞争性的友好环境中与同事协作。相应的前提是同事、道德价值观和社会服务。

TOP5	企业氛围	具体内容
1	道德观	该项工作的从业者不会被强迫做违背他们道德判断的事。
2	权力	该项工作的从业者指导他人。
3	多样性	该项工作的从业者每天都可以接触到一些不同的工作内容。
4	社会地位	该项工作的从业者受到公司和社区的尊敬。
5	保障	该项工作的从业者有稳定的就业。

四、职业招聘广告示例

某医院招聘注册护士,条件如下:

注册护士及助理护士

任职资格:

1.男女均可;

2.具有大中专以上护士或医学学校学历;

3.一年以上工作经验优先,拥有护士职业资格证及良好的英语基础。

（数据来源:麦可思(MyCOS)-中国职业信息数据库,http://www.mycos.com。）

附录 II

大学生职业生涯规划表

一、大学期间生涯规划表

大学期间生涯规划表

基本情况	姓名		性别		年龄		
	就读学校				院系		
	所学专业				兴趣专业		
	起止时间				外语水平		
	年龄跨度				计算机水平		
规划方向	就业			考研		留学	创业
具体目标							
自我剖析（包括现状分析与潜力测评）	认识自我	我的气质					
		我的性格					
		我的能力					
		我的兴趣					
		我的职业价值观					
		我心中理想的职业					
	角色转变目标	从依赖到独立的转变					
		从被动学习到主动学习的转变					
		从未成年人到成年人的转变					
环境因素分析	学校学习、生活等环境分析	本专业的课程设置分析					
		与未来职业发展有关的课程设置					
	行业发展趋势与就业环境分析						
	相关职业与岗位分析						
	国家相关政策法规、经济形势分析						
我的现状与规划成功目标之间的匹配分析							
征求意见	家长意见						
	老师意见						
	同学意见						
	朋友意见						

大学生生涯规划目标分解	大一的目标	1.学业规划目标	
		2.生活成长规划目标	
		3.实践规划目标	
	大二的目标	1.学业规划目标	
		2.生活成长规划目标	
		3.实践规划目标	
	大三的目标	1.学业规划目标	
		2.生活成长规划目标	
		3.实践规划目标	
	大四的目标	1.学业规划目标	
		2.生活成长规划目标	
		3.实践规划目标	
	大五的目标	1.学业规划目标	
		2.生活成长规划目标	
		3.实践规划目标	
大学期间生涯规划目标组合	学习目标	专业学习目标	
		与职业相关的学习目标	
	生活成长目标	体魄健康	
		心理健康	
		学会理财	
		学会管理时间	
		正确交友	
	社会实践目标	参加社团目标	
		见习、实习目标	
		假期社会实践目标	
		到企业兼职打工目标	
大学期间生涯规划成功标准	学习生涯	专业学习成绩优良	
		与总目标相关的学习成绩优良	
	生活成长成功标准	体魄健康	
		心理健康	
		会理财	
		会管理时间	
		人际沟通能力强	
	社会实践成功标准	积极参加社团活动，成为社会骨干	
		见习、实习成绩优良	
		一定的企业经营管理经验或教学工作经验等	
找出差距			
缩小差距方案			

二、大学期间生涯规划各阶段实施、评估与修正表

基本情况	姓名		性别		年龄		政治面貌	
	就读学校							
	专业		兴趣专业		英语水平		计算机水平	
	起止时间							

总目标	

各阶段分目标	学习目标 1.专业学习成绩优良 2.与总目标相关的学习成绩优良	生活成长目标 1.体魄健康 2.心理健康 3.会理财 4.会管理时间 5.人际沟通能力强	初会实践目标 1.积极参与社团活动成为社团骨干 2.见习、实习成绩优良 3.积累员工工作经验，学到工作技能
实施 （具体方案）	1.制定的实施方案应该详细、可以量化 2.可以便于评估 3.必须围绕阶段目标制定	1.文化基础课程考核成绩优良_____门 2.相关专业课程考核优良_____门 3.选修课程考核成绩优良_____门	1.每天坚持体育锻炼_____小时 2.坚持心理素质训练 3.每月收支平衡 4.时间安排合理	1.参加了_____社团活动，每周参加社团活动_____次 2.参加社会公益活动 3.到企业或中学等兼职打工
评估 （内容）	1.达到规划标准的情况 2.未达到的情况 3.找出差距并分析原因	1.达标门数 2.未达标门数 3.差距是_____ 4.原因是_____	1.达标项目 2.未达标项目 3.差距是_____ 4.原因是_____	5.达标门数 6.未达标门数 7.差距是_____ 8.原因是_____
修正 （内容）	1.目标过高过大，不切合实际，需要修订目标 2.实施方案不符合实际，需要调整 3.执行方案不力，要加强实施			

三、大学毕业后职业发展规划表

大学毕业后职业发展规划表

<table>
<tr><td rowspan="6">基本情况</td><td>姓名</td><td></td><td>性别</td><td></td><td>年龄</td><td></td><td>政治面貌</td><td></td></tr>
<tr><td>最高学历</td><td></td><td>婚否</td><td></td><td>毕业学校</td><td colspan="3"></td></tr>
<tr><td>专业</td><td></td><td colspan="2">感兴趣专业</td><td colspan="4"></td></tr>
<tr><td>起止时间</td><td></td><td colspan="2">英语水平</td><td colspan="4"></td></tr>
<tr><td>年龄跨度</td><td></td><td colspan="2">计算机水平</td><td colspan="4"></td></tr>
</table>

规划总目标			

各阶段 分目标	职业方向一		
	职业方向二		
	职业方向三		

自我剖析 （包括现状 分析与潜力 测评）	认识自我	我的气质	
		我的性格	
		我的能力	
		我的兴趣	
	我的职业价值观		
	我心中理想的职业		

环境因素 分析	社会环境分析	
	职业环境分析与岗位分析	
	行业发展趋势与就业形势分析	
	国家相关政策法规、经济形势分析	

我的现状与 规划成功目 标之间的匹 配分析	我的优势	
	我的不足	

征求意见	家长建议	
	老师建议	
	恋人（爱人）建议	
	同事建议	
	朋友建议	

大学毕业后 生涯规划目 标分解	阶段一的目标(××年——××年)		
	阶段二的目标(××年——××年)		
	阶段三的目标(××年——××年)		
	阶段四的目标(××年——××年)		
	阶段五的目标(××年——××年)		
	人生目标	职业目标	
		财富目标	
		家庭目标	
		社会价值目标	
	长期目标	职业目标	
		财富目标	
		家庭目标	
		社会价值目标	
	中期目标	职业目标	
		财富目标	
		家庭目标	
		社会价值目标	

续表

大学毕业后生涯规划组合	职业目标成功标准	
	家庭目标成功标准	
	财富目标成功标准	
	社会价值成功标准	
找出差距		
缩小差距的方案		

附录 Ⅲ

职业兴趣量表

可以帮助你根据测试结果获知自己的职业兴趣,请根据你对每一题目的第一印象作答,不必仔细推敲,答案没有对错之分。题目作答可根据与实际情况符合程度来判断,与你的实际情况相符合的用"√"表示,得 2 分;不符合的用"×"表示,得 0 分;难以回答的用"?"表示,得 1 分。对于有些你没有机会从事的工作,你也可以在"假设"从事过这些工作的情况下做出判断。在做完从(R)→(C)共 108 道题后,再分类统计各自总分,填入后面的成绩登记表,并依次完成类型确定。

(R)问题(1~18):

( )1. 你曾经将钢笔全部拆散加以清洗并能独立地将它装起来吗?

( )2. 你会用积木搭出许多造型吗?或小时候常拼七巧板吗?

( )3. 你在中学里喜欢做实验吗?

( )4. 你对一些动手较多的技术工(如电工、修钟表、印照片、织毛线、绣花、剪纸等)很感兴趣吗?

( )5. 当你家里有些东西需要小修小补时(诸如窗子关不严,凳子坏了,衣服不合身等),常常是由你来做吗?

( )6. 你常常偷偷地去摸弄不让你摸弄的机器或机械(诸如打字机、摩托车、电梯、机床等)吗?

( )7. 你是否深深体会到身边有一把镊子钳或老虎钳等工具,会给你提供许多便利呢?

( )8. 看到老师傅在做活,你能很快地、准确地模仿吗?

( )9. 你喜欢把一件事做完后再做另一件事吗?

( )10. 在做事情前,你经常害怕出错,而对工作安排反复检查吗?

( )11. 你喜欢亲自动手制作一些东西,从中得到乐趣吗?

( )12. 你喜欢使用锤子、斧头一类的工具吗?

( )13. 如果掌握一门手艺,并能以此为生,你会感到非常满意吗?

( )14. 你曾渴望当一名汽车司机吗?

( )15. 小时候,你经常把玩具拆开,把里面看个究竟吗?

( )16. 你喜欢修理自行车、电器一类的工作吗?

( )17. 你喜欢跟各类机械打交道吗?

( )18. 你亲手制作或修理的东西经常令你的朋友满意吗?

(I)问题(19~36):

( )19. 你对电视或单位里的智力竞赛很有兴趣吗?

(　)20. 你经常到新华书店或图书馆翻阅图书(文艺小说除外)吗?

(　)21. 学生时代你常常会主动地去做一些有趣的习题吗?

(　)22. 你对一件新产品或新事物的构造或工作原理感兴趣吗?

(　)23. 当有人向你请教某事情如何做时,你总喜欢讲清内部原理,而不仅仅是操作步骤吗?

(　)24. 你常常会对一件想知道但又无法详细知道的事物想象出它将是什么或将怎么变化吗?

(　)25. 看到别人在为一个有趣的难题争论不休时,你会加入进去或者独自一人思考,直到解决为止吗?

(　)26. 看推理小说或电影时,你常常分析推理谁是罪犯,并且这种分析时常与最后结果相吻合吗?

(　)27. 你喜欢做一些需要运用智力的游戏吗?

(　)28. 相比而言,你更喜欢独自一人思考问题吗?

(　)29. 你的理想是当一名科学家吗?

(　)30. 你经常不停地思考某一问题,直到想出正确的答案吗?

(　)31. 你喜欢抽象思维的工作吗?

(　)32. 你喜欢解答较难问题吗?

(　)33. 你喜欢阅读自然科学方面的书籍和杂志吗?

(　)34. 你能够做那种需要持续集中注意力的工作吗?

(　)35. 你喜欢学数学吗?

(　)36. 如果独自在实验室里做长时间的实验,你能坚持吗?

(A)问题(37~54):

(　)37. 你对戏剧、电影、文艺小说、音乐、美术等其中的一两个方面较感兴趣吗?

(　)38. 你常常喜欢对文艺界的明星品头论足吗?

(　)39. 你参加过文艺演出、绘画训练或经常写诗歌、短文吗?

(　)40. 你的朋友经常赞扬你把自己的房间布置得比较优雅并有品位吗?

(　)41. 你对别人的服装、外貌及家具摆设等能做出比较准确的评价吗?

(　)42. 你认为一个人的仪表美主要是为了表现一个人对美的追求,而不是为了得到别人的赞扬或羡慕吗?

(　)43. 你觉得工作之余坐下来听听音乐,看看画册或欣赏戏剧等,是你最大的乐趣吗?

(　)44. 遇到有美术展览会、歌星演唱会等活动,你常常去观赏吗?

(　)45. 音乐能使你陶醉吗?

(　)46. 你喜欢成为人们注意的焦点吗?

(　)47. 你喜欢不时地夸耀一下自己取得的成就吗?

(　)48. 你喜欢做戏剧、音乐、歌舞、摄影等方面的工作吗?

(　)49. 你能较为准确地分析美术作品吗?

(　)50. 你爱幻想吗?

(　)51. 看情感影片或小说时,你常禁不住眼圈红润吗?

(　)52. 当接受一项新任务后,你喜欢以自己独特的方法去完成它吗?

（　）53. 你有文艺方面的天赋吗？

（　）54. 与推理小说相比，你更喜欢言情小说吗？

(S) 问题 (55～72)：

（　）55. 你常常主动给朋友写信或打电话吗？

（　）56. 你能列出五个你自认为够朋友的人吗？

（　）57. 你很愿意参加学校、单位或社会团体组织的各种活动吗？

（　）58. 你看到不相识的人遇到困难时，能主动去帮助他，或向他表示你同情与安慰的心情吗？

（　）59. 你喜欢去新场所活动并结交新朋友吗？

（　）60. 对一些令人讨厌的人，你常常会由于某种理由原谅他、同情他甚至帮助他吗？

（　）61. 有些活动，虽然没有报酬，但你觉得这些活动对社会有好处，就积极参加吗？

（　）62. 你很注意你的仪容风度，这主要是为了让人产生良好的印象吗？

（　）63. 大家公认你是一名勤劳踏实、愿为大家服务的人吗？

（　）64. 旅途中你喜欢与人交谈吗？

（　）65. 你喜欢参加各种各样的聚会吗？

（　）66. 你很容易结识同性朋友吗？

（　）67. 你乐于解除别人的痛苦吗？

（　）68. 对于社会问题，你很少持中庸的态度吗？

（　）69. 听别人谈"家中被盗"一类的事，很容易引起你的同情吗？

（　）70. 你通常不喜欢一个人独处吗？

（　）71. 做事时，你喜欢听取别人的意见吗？

（　）72. 和一群人在一起的时候，你经常能找到恰当的话题吗？

(E) 问题 (73～90)：

（　）73. 当你有钱后，你愿意用于投资吗？

（　）74. 你常常能发现别人组织的活动的某些不足，并提出建议让他们改进吗？

（　）75. 你相信如果让你去做一个个体户，一定会成为万元户吗？

（　）76. 你在上学时曾经担任过某些职务（诸如班干部、课代表等）并且自认为干得不错吗？

（　）77. 你有信心去说服别人接受你的观点吗？

（　）78. 你对一大堆的数字感到头疼吗？

（　）79. 做一件事情时，你常常事先仔细考虑它的利弊得失吗？

（　）80. 在别人跟你算账或讲一套理由时，你常常能换一个角度考虑，而发现其中的漏洞吗？

（　）81. 你曾经渴望有机会参加探险吗？

（　）82. 你认为在管理活动中以个人的意志影响别人的行为是很必要的吗？

（　）83. 如果待遇相同，你宁愿当一名商品推销员，而不愿当一名机关办事员吗？

（　）84. 当你开始做一件事后，即使碰到再多的困难，你也执著地干下去吗？

（　）85. 你总是主动地向别人提出自己的建议吗？

（　）86. 你更喜欢自己下了赌注的比赛或游戏吗？

（　）87.和不熟悉的人交谈对你来说毫不困难吗？

（　）88.和别人谈判时,你不愿意放弃自己的观点,是吗？

（　）89.在集体讨论中,你不愿意保持沉默,是吗？

（　）90.你不愿意从事虽然工资少,但是比较稳定的职业,是吗？

(C)问题(91～108)：

（　）91.你能够用一两个小时坐下来抄写一份你不感兴趣的材料吗？

（　）92.你能按领导或老师的要求尽自己的能力做好每一件事吗？

（　）93.无论填报什么表格,你都非常认真吗？

（　）94.在讨论会上,如果不少人已经讲的观点与你的不同,你就不发表自己的观点了吗？

（　）95.你常常觉得在你周围有不少人比你更有才能吗？

（　）96.你喜欢重复别人已经做过的事情而不喜欢做那些要自己动脑筋摸索着干的事吗？

（　）97.你喜欢做那些已经很习惯了的工作,同时最好这种工作责任小一些,工作时还能聊聊天,听听歌曲吗？

（　）98.你经常将非常琐碎的事情整理好吗？

（　）99.你总留有充裕的时间去赴约会吗？

（　）100.对别人借你的和你借别人的东西,你都能记得很清楚吗？

（　）101.你喜欢经常请示上级吗？

（　）102.你喜欢按部就班地完成要做的工作吗？

（　）103.对于急躁、爱发脾气的人,你仍能以礼相待吗？

（　）104.你是一个沉静而不易动感情的人吗？

（　）105.你喜欢把一切安排得整整齐齐,井井有条吗？

（　）106.你经常收拾房间,保持房间整洁吗？

（　）107.你办事常常思前想后吗？

（　）108.每次写信你都要好好考虑,写完后至少重复看一遍吗？

请你将上述6个部分答题结果的得分分别填入下表：

职业兴趣自我测评成绩登记表

类型	得分
现实型（R）	
研究型（I）	
艺术型（A）	
社会型（S）	
管理型（E）	
常规型（C）	

如果你在某一部分得分明显高出其他部分,说明你属于该种典型类型的人。一般说来,综合性的兴趣特征者在生活中居多数。那么,怎么确定你自己的综合特征呢？

第一步,列出得分较高的三个兴趣类型的代号（　）（　）（　）。

第二步,将得分最高的兴趣类型代号的字母填入第一空格。例如,你是现实型,则（R）。

第三步,再将得分较高的兴趣类型代号,从高至低依次填入空格。

如果第二个特征是I,第三特征是A,则（R）（I）（A）。

第四步,据此可知这位填表格者的兴趣特征是现实、研究、艺术型。

附录 IV

MBTI 人格量表

请选出下列选项中对你来说最真实的倾向。请注意,这里的所有选择没有"对"与"错"之分,并且每一个问题都只有 A 和 B 两种选择。请仔细阅读题目,但不要在某一道题上花额外多的时间,如果当时不清楚的话,可以先跳过去,待会儿再回过头来做。请尽可能地答完所有问题。请把你的答案写到答题纸上。

第一部分

哪一个答案更接近地描述了你自己通常的感受或行为方式?

1. 当你某日想去一个地方,你会_____。

    A 事先计划好了,然后再去

    B 先去,然后随机应变

2. 如果你是一位老师,你愿教_____。

    A 注重实践的课程

    B 注重理论的课程

3. 遇到问题时,你通常喜欢_____。

    A 和别人讨论解决方法

    B 自己想办法解决

4. 你认为_____。

    A 很早就应该开始为聚会、约会等做准备

    B 不必先做准备,去了以后见机行事

5. 你通常和_____相处得更好。

    A 喜欢想象的人

    B 注重现实的人

6. 你更多时候是_____。

    A 让情感驾驭理智

    B 让理智驾驭情感

7. 当你和一群人在一起时,你常常是更愿意_____。

    A 加入到大家的谈话中去

    B 独自和熟识的人交谈

8. 你最喜欢_____做事情。

    A 按兴致

    B 按计划

9. 你希望自己被看作是一个_____。

 A 实干家

 B 发明家

10. 当别人问你一个问题时,你经常会_____。

 A 马上就做回答

 B 先在脑子里想一想

11. 你喜欢与_____打交道。

 A 常有出人意料想法的人

 B 按照常理行事的人

12. 按日程表办事_____。

 A 正合你意

 B 束缚了你

13. 你觉得通常别人_____。

 A 要花很长的时间才能和你相熟

 B 很快就能和你熟识

14. 为"如何过周末"定一个计划_____。

 A 是有必要的

 B 完全没必要

15. 下列哪一个评价更适合你。

 A 性情中人

 B 理智的人

16. 更多的时候,你倾向于_____。

 A 独处

 B 同他人在一起

17. 在日常工作中,你更喜欢_____。

 A 在时间紧迫的情况下,争分夺秒地工作

 B 做好提前量,尽早把工作做完

18. 你更愿把_____作为朋友。

 A 总能有新想法的人

 B 脚踏实地的人

19. 你是一个_____。

 A 兴趣广泛,什么都想尝试的人

 B 专注地投入某个兴趣的人

20. 当你有一项特别的工作要做时,你喜欢先_____。

 A 察看到工作的全貌

 B 找出必须要做的环节

21. 你更接受_____。

 A 以情动人

 B 以理服人

22. 当你为了消遣而阅读时,你_____。

　　A 欣赏作者奇特、独创的表达

　　B 喜欢作者的表达直接、明确

23. 新认识你的人_____了解到你的兴趣所在。

　　A 马上就能

　　B 只有真正和你熟悉以后才能

24. 在旅行时,你喜欢_____。

　　A 随兴致行事

　　B 事先知道一天中该做的事

25. 做许多人都做的事时,你喜欢_____。

　　A 按惯例去做

　　B 发明自己的新方法

26. 多数人说你是一个_____。

　　A 不爱吐露心事的人

　　B 非常坦率的人

第二部分

你更容易喜欢或倾向哪一个词? 注意:这里的倾向不是指你向往得到的,而是指你现在已经具有的。

27. A 看不见的	B 看得见的	(	)
28. A 计划	B 随意	(	)
29. A 温情	B 坚定	(	)
30. A 事实	B 想法	(	)
31. A 思维	B 情感	(	)
32. A 热忱	B 平静	(	)
33. A 说服	B 打动	(	)
34. A 陈述	B 概念	(	)
35. A 分析	B 同情	(	)
36. A 系统性	B 随机性	(	)
37. A 敏感	B 精确	(	)
38. A 缄默	B 健谈	(	)
39. A 常识性的	B 理论性的	(	)
40. A 侠肝义胆	B 深谋远虑	(	)
41. A 正式	B 非正式	(	)
42. A 沉静	B 活跃	(	)
43. A 利益	B 祝福	(	)
44. A 理论性	B 确定性	(	)
45. A 坚定的	B 忠诚的	(	)
46. A 理想	B 现实	(	)

47. A 雄心	B 柔肠	(	)
48. A 想象中的	B 事实上的	(	)
49. A 冷静的	B 激情的	(	)
50. A 制作	B 创造	(	)
51. A 热情的	B 中立的	(	)
52. A 明理的	B 迷人的	(	)
53. A 有同情心	B 有逻辑头脑	(	)
54. A 生产	B 设计	(	)
55. A 冲动	B 抉择	(	)
56. A 公正的	B 体谅的	(	)
57. A 安静的	B 爱交际的	(	)
58. A 理性	B 感性	(	)
59. A 不受限制的	B 安排好的	(	)
60. A 具体	B 抽象	(	)
61. A 能干的	B 细腻的	(	)
62. A 开放	B 私密	(	)
63. A 建造	B 发明	(	)
64. A 有序的	B 随便的	(	)
65. A 想象	B 现实	(	)
66. A 好胜的	B 好心的	(	)
67. A 理论	B 事实	(	)
68. A 很少的朋友	B 很多的朋友	(	)
69. A 可能	B 确知	(	)
70. A 宽容的	B 坚决的	(	)
71. A 新异的	B 已知的	(	)
72. A 温柔	B 力量	(	)
73. A 实用	B 创新	(	)

第三部分

哪一个答案更接近地描述了你自己通常的感受或行为方式？

74. 和一群人在一起聚会通常会让你感到_____。
　　A 兴致勃勃
　　B 筋疲力尽

75. 你在做一个决定时,更多地会_____。
　　A 权衡实际的得失
　　B 考虑其他人的感受

76. 通常你更喜欢_____。
　　A 提前安排好该做什么
　　B 到时候率性而为

77. 当你一个人在家时,你_____?
    A 能够沉浸在自己的思维中
    B 总觉得应该做点什么事情

78. 多数情况下,你_____。
    A 随兴致做事
    B 按日程表做事

79. 你通常_____。
    A 容易和大家打成一片
    B 独处的时候更多

80. 你做事更倾向于_____。
    A 等到各方面的信息都全了以后再做计划
    B 提前很久就订计划

81. 别人_____交上朋友。
    A 容易和你
    B 较难和你

82. 你通常喜欢上_____的课程。
    A 探讨理论和概念
    B 列举事实和图表

83. 在聚会时,你_____。
    A 说的时候多
    B 听的时候多

84. 你觉得自己更倾向于_____。
    A 随意的人
    B 有秩序的人

85. 你_____。
    A 只同那些兴趣相同的人才能长谈
    B 只要愿意,和任何人都可以长聊

86. 当你有一个报告需要在一个星期内交出时,你_____。
    A 常留出足够的时间并能提早完成
    B 常常是在最后一刻及时赶出来

87. 哪一个对你来说是更高的评价?_____
    A 有好胜心的
    B 有同情心的

88. 你觉得按日程表办事_____。
    A 虽有必要,但不喜欢
    B 有帮助的,非常喜欢

89. 你更愿在一个_____的老板手下工作。
    A 态度亲切,但有时会感情用事
    B 态度严厉,但始终按逻辑办事

90. 在完成一项大任务时,你常常是_____。

    A 边做边考虑下一步

    B 事先想好每个步骤

91. 在社交场合,你通常觉得_____。

    A 很难和不认识的人进行交谈

    B 很容易和多数人谈笑风生

92. 你常常是_____。

    A 按已经有效的方法做事

    B 尝试一下有没有更好的办法

93. 你更喜欢按_____做事情。

    A 当天的感觉

    B 已订好的日程表

MBTI 人格量表记分规则

E—I 量表:

3,7,10,19,23,32,62,74,79,81,83 中有多少选 A,就在 E 维度上加几分。

13,16,26,38,42,57,68,77,85,91 中有多少选 B,就在 E 维度上加几分。

两者之和即为 E 维度原始得分。$I=21-E$。若 E 大于 I,在答题纸上标注 E,反之,标注 I。得分不同,虽然同属一种维度,但程度有所差别。以下分类可以作一个参考:

$E(I)=11\sim13$,轻微偏向外向(内向),

$E(I)=14\sim16$,中等程度外向(内向),

$E(I)=17\sim19$,明确外向(内向),

$E(I)=20\sim21$,绝对外向(内向)。

S—N 量表:

2,9,25,30,34,39,50,52,54,60,63,73,92 中有多少选 A,就在 S 维度上加几分。

5,11,18,22,27,44,46,48,65,67,69,71,82 中有多少选 B,就在 S 维度上加几分。

两者之和即为 S 维度原始得分。$N=26-S$。若 S 大于 N,在答题纸上标注 S,反之标注 N,若两者相等,标注 N。

得分不同,虽然同属一种维度,但程度有所差别。以下分类可以作一个参考:

$S(N)=13\sim15$,轻微偏好,

$S(N)=16\sim20$,中等程度偏好,

$S(N)=21\sim24$,明确偏好,

$S(N)=25\sim26$,绝对偏好。

T—F 量表:

31,33,35,43,45,47,49,56,58,61,66,75,87 中有多少选 A,就在 T 维度上加几分。

6,15,21,29,37,40,51,53,70,72,89 中有多少选 B,就在 T 维度上加几分。

两者之和即为 T 维度原始得分。F＝24－T。若 T 大于 F,在答题纸上标注 T,反之标注 F,若两者相等,标注 F。

得分不同,虽然同属一种维度,但程度有所差别。以下分类可以作一个参考:

T(F)＝12～14,轻微偏好,

T(F)＝16～20,中等程度偏好,

T(F)＝21～24,明确偏好,

T(F)＝25～26,绝对偏好。

J—P 量表:

1,4,12,14,20,28,36,41,64,76,86 中有多少选 A,就在 J 维度上加几分。

8,17,24,55,59,78,80,84,88,90,93 中有多少选 B,就在 J 维度上加几分。

两者之和即为 J 维度原始得分。P＝22－J。若 J 大于 P,在答题纸上标注 J,反之,标注 P,若两者相等,标注 P。

得分不同,虽同属一种维度,但程度有所差别。以下分类可以作一个参考:

J(P)＝11～13,轻微偏好,

J(P)＝14～16,中等程度偏好,

J(P)＝17～20,明确偏好,

J(P)＝21～22,绝对偏好。

参考文献

[1]李红,方爱珍.医学类专业大学生职业发展与就业指导.北京:高等教育出版社,2008.

[2]王群,夏文芳.医学类学生职业生涯与就业指南.上海:复旦大学出版社,2011.

[3]张凤,赵敏.大学生就业与发展实务.北京:电子工业出版社,2010.

[4]王沛.大学生职业决策与职业生涯规划.北京:科学出版社,2007.

[5]钟谷兰,杨开.大学生职业生涯发展和规划.上海:华东师范大学出版社,2008.

[6]方伟.大学生职业生涯规划咨询案例教程.北京:北京大学出版社,2008.

[7]GCDF 中国培训中心.全球职业规划师(GCDF)资格培训教程.北京:中国财政经济出版社,2006.

[8]陈曦,赵北平.大学生就业指导(第 2 版).武汉:武汉理工大学出版社,2007.

[9]章成斌.大学生思想政治教育课程化建设的探索与实践.北京:光明日报出版社,2011.

[10]就业与创业课题组.大学生就业与创业指导教程.北京:中国传媒大学出版社,2011.

[11]全国高等学校学生信息咨询与就业指导中心.大学生职业发展与就业指导.北京:高等教育出版社,2009.

[12][德国]罗伯特·C.里尔登(Robert C.Reardon),珍妮特·G.伦兹(Janet G.Lenz),等.职业生涯发展与规划.侯志瑾译.北京:中国人民大学出版社,2010.

[13]钟思嘉.生涯咨询实战手册.北京:中国轻工业出版社,2010.

[14][新西兰]因克森(Kerr Inkson).理解职业生涯——九种你必须了解的职业隐喻.高中华译.北京:中国轻工业出版社,2011.

[15]于泳红.价值冲突——转型时期大学生的职业选择.北京:中国社会出版社,2010.

[16]全国高等学校学生信息咨询与就业指导中心组编.职业发展与就业指导.北京:高等教育出版社,2009.

[17]温州医学院学生就业指导服务中心.2011 届本专科毕业生就业情况白皮书.2011.

[18]张智慧.团队精神:打造黄金团队.北京:新华出版社,2007.

[19]李全玉.团队精神全集.深圳:海天出版社,2009.

[20]许中华.点石成金:医学生创新思维.北京:中国协和医科大学出版社,2008.

[21]王达林.创造天下.北京:清华大学出版社,2009.

[22]沈之菲.生涯心理辅导.上海:上海教育出版社,2004.

[23]张伟远.西方职业指导的理论和模式评述.华东师范大学学报.2007,2(3):17—18.

[24]任江林.关于提高大学生就业能力的几点思考.教育与职业.2005,(6):47—48.

[25]许玫,张生妹.大学生如何进行生涯规划.上海:复旦大学出版社,2006.

[26]周矩,彭通武.大学生职场核心能力训练(经典)教程.重庆:重庆出版社,2006.

[27]史永安.大学生就业指导.杭州:浙江科学技术出版社,2009.

［28］乔德宝,濮方毅.大学生就业与职业发展指导——启航职场　规划人生.上海:同济大学出版社,2007.

［29］杨一波.战胜职场——大学生就业指导.北京:清华大学出版社,2007.

［30］雷体翠.大学,可以这样度过.武汉:华中科技大学出版社,2011.

［31］李林.医学生职业规划与就业指导.西安:西北大学出版社,2011.

［32］周文霞.职业成功:从概念到实践.上海:复旦大学出版社,2006.

［33］马永霞.国外大学生就业指导的启示.辽宁高等教育研究.2005,4(2):23—24.

［34］郭江平.全程化就业指导模式探析.韶关学院学报.2006,2(4):45—46.

［35］谢致远.关于培养大学生就业能力的思考.教育发展研究.2005(1):90—92.

［36］周静.大学生就业能力现状分析与对策.黑龙江教育(高教研究与评估).2010(3):22—24.

［37］《北京就业》编辑部.近六成缺乏明确就业目标——大学生求职难难在就业能力差.北京就业(成功就业版),2007(9):48—49.

［38］许中华.点石成金:医学生创新思维.北京:中国协和医科大学出版社,2008.

［39］王达林.创造天下.北京:清华大学出版社,2009.

图书在版编目(CIP)数据

医学生职业生涯规划与发展 / 唐闻捷,王占岳主编.

—杭州:浙江大学出版社,2013.6(2024.7重印)

ISBN 978-7-308-11130-0

Ⅰ.①医... Ⅱ.①唐...②王... Ⅲ.①医学院校—大学生—职业选择 Ⅳ.①G647.38

中国版本图书馆 CIP 数据核字(2013)第 024471 号

医学生职业生涯规划与发展

唐闻捷　王占岳　主编

责任编辑	石国华
文字编辑	杨凌宇　朱晓宇
封面设计	刘依群
出版发行	浙江大学出版社
	(杭州市天目山路 148 号　邮政编码 310007)
	(网址:http://www.zjupress.com)
排　　版	杭州星云光电图文制作工作室
印　　刷	浙江省邮电印刷股份有限公司
开　　本	787mm×1092mm　1/16
印　　张	12.5
字　　数	312 千
版 印 次	2013 年 6 月第 1 版　2024 年 7 月第 4 次印刷
书　　号	ISBN 978-7-308-11130-0
定　　价	35.00 元